HEYNE BÜCHER

JUDITH WARNER

HILLARY CLINTON

First Lady

Mit einem Nachwort
von Susan Faludi

Aus dem Amerikanischen
von Ellen Schlootz und
Christian Röthlingshöfer

WILHELM HEYNE VERLAG
MÜNCHEN

HEYNE ALLGEMEINE REIHE
Nr. 01/8944

Titel der Originalausgabe
HILLARY CLINTON
THE INSIDE STORY
Die Originalausgabe erschien
im Verlag Signet/Penguin Books USA Inc.

Printed in Germany 1993
Umschlagillustration: Pandis Media/Allan Tannenbaum/
Syga, München
Umschlaggestaltung: Atelier Ingrid Schütz, München
Gesamtherstellung: Ebner Ulm

ISBN 3-453-07389-4

Inhalt

Dank

Dieses Buch wäre nicht ohne die Hilfe von Max Berley zustande gekommen, der viele der Interviews machte und einen großen Teil der Recherchen übernahm.

Danken möchte ich auch Lisa Caputo, Reverend Don Jones, Gloria Steinem, Naomi Wolf, Ruth Mandel, Fred Altshuler, Brownie Ledbetter, Thomas F. (Mack) McLarty, Betsey Wright, Connie Fails, Carolyn Staley, Richard Stearns, Eleanor Acheson, Nancy Snyderman, Professor Alan Schechter, Morton und Patricia Fry, Allen Bersin, Bill Coleman, Phyllis Brandon, Max und Ellen Brantley und Eleanor McGovern, die mir ihre Zeit großzügig zur Verfügung stellten und wichtige Beiträge leisteten. Ebenso danke ich den zahlreichen Interviewpartnern, die ungenannt bleiben wollten.

Zu besonderem Dank bin ich Charles Flynn Allen verpflichtet, der mir die uneingeschränkte Verwendung von Interviewmitschriften für sein Buch *The Comeback Kid* gestattete, das er gemeinsam mit Jonathan Portis geschrieben hat. Artikel und Interviews von Garry Wille, Christopher Buchard, Eleanor Clift und Gail Sheehy lieferten mir Hintergrundmaterial von unschätzbarem Wert. Danken möchte ich auch der *Arkansas Democrat-Gazette*, deren Bibliothek ich benutzen konnte, Lisa Featherstone für ihre wichtigen Recherchen und den Mitarbeitern des Ms.-Magazins, die mich bei diesem Projekt ausdauernd unterstützten und ermutigten. Besonderer Dank gilt Kimberly Witherspoon, die dies alles ermöglicht hat.

[illegible]

[illegible]

Der [illegible] von [illegible] Marys Nach-
[illegible] ob [illegible] die Fernsehreporterin [illegible] Moderatorin
[illegible]

Einleitung

Die mächtigste Frau der Welt

Ende Januar 1991 nahm Hillary Rodham Clinton ihre Tochter Chelsea Clinton mit nach San Francisco, wo sie mit drei ihrer engsten Freundinnen und deren Töchtern ein Wochenende verbringen wollte.

Der Wochenendausflug von Mutter und Tochter war schon seit langem geplant. Er erforderte Änderungen im Terminkalender, freie Tage mußten koordiniert werden, und dann mußte man den Mut haben, sich in ein Flugzeug zu setzen, während der Golfkrieg tobte und die Nachrichten über mögliche Terroristenüberfälle auf amerikanische Flughäfen sich mehrten.

Hillary Clinton wollte auf keinen Fall auf diesen Flug verzichten. Sie verbrachte vier wunderbare Tage mit ihren Freundinnen und deren übermütigen Töchtern. Sie gingen in Sausalito rudern, ließen sich aus einem chinesischen Restaurant das Essen kommen, besichtigten das Planetarium der Stadt und plauderten ohne Unterbrechung.

Nur ein einziges Mal wurden ihre herrlichen Tage etwas gestört. Als die Freundinnen eines Nachmittags in San Francisco in einem Straßencafé saßen und Irish Coffee tranken, blieb ein Passant stehen und fragte eine von ihnen, ob sie zufällig die berühmte Schauspielerin Mary Steenburgen sei.

»Ja«, sagte Mary Steenburgen und schnitt eine Grimasse. »Ja, das bin ich.«

Der Mann ging um den Tisch herum und fragte Marys Nachbarin, ob sie die Fernsehreporterin und Talkshow-Moderatorin Nancy Snyderman sei.

Nancy Snyderman bejahte die Frage. »Ja, ganz recht.«

Nachdem der Passant ihren Blicken entschwunden war, wandte sich Hillary Clinton, First Lady des Bundesstaates Arkansas, der Modeschöpferin Connie Fails aus Little Rock zu und lächelte. »Ist es nicht wunderbar«, sagte sie, »daß wir nicht in Arkansas sind, sondern hier, wo uns keiner kennt?«

Was in zwei Jahren alles passieren kann!

Nie mehr wird Hillary Clinton durch eine Großstadtstraße spazieren können, ohne erkannt zu werden. Auch in Cafés wird sie heute nicht mehr oft sitzen. Mit dem Buick in der Stadt umherfahren – damit ist es vorbei. Schluß mit den Kinobesuchen am Abend, wenn sie mit Chelsea einen Platz in der Mitte freihielt, während Bill am Kiosk Popcorn kaufte. Vorbei war es auch damit, im Verein Christlicher Junger Frauen schnell mal auszuhelfen oder auf der *Mall* mit Chelsea einkaufen zu gehen, ohne Leibwächter vom Secret Service. Auch das stille Büro in der Anwaltskanzlei Rose war Vergangenheit. Am Wahlabend hatten sie vor ihrem Bürofenster ein Spruchband aufgehängt: »Wir sind stolz auf Sie, Hillary.«

Von alledem hieß es Abschied nehmen.

Ihr Name ist heute in aller Munde.

»Hillary! Hillary!«

Die Menschen, die auf dem Rasen vor dem Old State House dichtgedrängt standen, riefen ihren Namen, während Bill Clinton bekanntgab, daß er die Wahl annehme. Zeitweise übertönten sie ihn sogar, und das am Abend jenes Tages, da er zum 42. Präsidenten der Vereinigten Staaten gewählt worden war.

Er mußte ein wenig grinsen.

»Ihr dürft sie feiern«, sagte er.

»Hillary! Hillary!« schrie die Menge.

Hillary Clinton ist vielleicht die erste First Lady, mit der sich 280 Millionen Amerikaner auf du und du fühlen.

Sie ist »Hillary, die böse Hexe«, wie es Pat Buchanan auf dem Nationalkonvent der Republikaner so herausrutschte; Hillary, die Heldin junger Frauen und berufstätiger Mütter; Hillary, die Mitkandidatin, wie sie von den Buttons mit dem Wahlspruch »Wählt Hillarys Ehemann« lächelte. An europäischen Zeitungskiosken prangte ihr Name nach der Wahl in den Schlagzeilen. »Hillarys Ehemann gewählt«, meldete die Berliner *Tageszeitung*. In *Paris-Match* hieß es:

»Die Frau, die ihm den Sieg sicherte.« Und die *Bildzeitung* nannte sie einfach »Die mächtigste Frau der Welt«.

Eine Woche vor der Wahl gestand Hillary Clinton der *New York Times*-Kolumnistin Anna Quindlen, mit der sie auf der Fahrt zum Flughafen im Fond einer Limousine saß, sie könne mit ihrem wachsenden Bekanntheitsgrad nicht Schritt halten. Was es für sie bedeute, wurde sie gefragt, daß sie jetzt zur mächtigsten Frau der Welt werde, zu einem Rollenvorbild für Millionen?

Sie war um eine Antwort etwas verlegen. »Dieses Gefühl hat mich förmlich überflutet«, antwortete sie ausweichend. »Ich empfinde sehr stark das Maß der Verantwortung.«

»Wir werden einfach knobeln und sehen, was dabei herauskommt.«

Es war erst ein Jahr her, daß Hillary Clinton sich bei den Fernsehzuschauern in den Vereinigten Staaten einen Namen gemacht hatte. Es war ihr aufsehenerregender Auftritt am 26. Januar 1992 in der Fernsehsendung *60 Minutes.* Niemand, der diese Sendung gesehen hat, wird jemals das Gesicht der künftigen First Lady vergessen, wie sie an der Seite ihres Ehemanns erschien und das Innerste, den Zusammenhalt ihrer Ehe offenbarte. Mit ihren blitzenden blauen Augen und einem steifen Lächeln, das ihr hin und wieder vor unterdrücktem Zorn verging, wandte sie sich mit einem festen Blick an die Fernsehzuschauer des Landes und sagte: »Was Sie hier sehen, das bekommen Sie. Nehmen Sie uns so, oder lassen Sie es bleiben. Und wissen Sie, wenn Ihnen das nicht genügt, verdammt, dann wählen Sie ihn nicht.«

In diesem alptraumhaften Augenblick wurde ein Phänomen geboren. Hillary Rodham Clinton, Anwältin, Aktivistin, Mutter, Politikerfrau, Feministin, brannte sich förmlich in die amerikanische Psyche ein. Sie konnte nicht ahnen, daß sie – über Bill Clintons nicht abgeleisteten Wehrdienst hinaus und sogar trotz einer Nachtklubsängerin namens Gennifer – von der Republikanischen Partei zur Willie Horton der Wahlkampagne 1992 erwählt werden sollte. Die treue Kirchgängerin und ehemaliges Goldwater-Girl hätte sich kaum vorgestellt, daß sie nur wenige Monate später von Leuten wie Pat Robertson, Pat Buchanan und Marilyn Quayle in die Rolle einer modernen Lilith gedrängt werden sollte. Und für das andere Extrem galt dasselbe: Wer hätte geahnt, daß sich diese blauäugige Anwaltin mit dem Haarreif auf ihrem Blondhaar, die Ehefrau des demokratischen Präsidentschaftskandidaten, zu einem Magneten für eine Generation von jungen, berufstätigen Frauen und Müttern entwickeln würde?

»Ich frage mich manchmal, wie Geschichte geschrieben wird«, sagte Hillary Clinton einmal mit jenem vorsichtigen Unterton, der den Stil ihrer öffentlichen Äußerungen kennzeichnet. Während der Wahlkampagne im vergangenen Jahr hat sie oft Verblüffung darüber geäußert, daß ihr Leben und ihre Worte ebensoviel Aufmerksamkeit auf sich zogen wie bedeutende Weltereignisse.

Im vergangenen April sagte sie zu einer Reporterin von *Glamour*: »Es ist so schwer, dafür zu sorgen, daß die Leute sich auf das konzentrieren, was in ihrem eigenen Leben wichtig ist.«

Wie der Wahlkampf im vergangenen Jahr gezeigt hat, ist Hillary Clinton das, was für das Leben der Leute wichtig ist. Sie verkörpert all das, was heute an amerikanischen Frauen gut oder schlecht ist, und so ist ihr Name zu einem Symbol für jenes Thema geworden, das im amerikanischen Kulturkonflikt seit dem Verfassungszusatz über die Gleichberechtigung am hitzigsten diskutiert wurde. Dadurch, daß sie ist, wer sie ist, und das verkörpert, wofür sie eintritt, ist Hillary Rodham Clinton zu einer wichtigen Figur der amerikanischen Sozialgeschichte geworden. Sie ist die erste Ehefrau eines Präsidentschaftskandidaten, der es gelungen ist, die Nation aufgrund ihrer Persönlichkeit und einer geschickten Strategie zu spalten. In ihrem Leben spiegelt sich der Lebensweg von Frauen, die während der gesellschaftlichen Umbrüche der späten sechziger Jahre erwachsen wurden, in den Siebzigern heirateten und/oder ins Berufsleben eintraten, in den Achtzigern beruflichen Erfolg und Status gewannen und im Wahljahr 1992 für die Rechten all das symbolisierten, was in deren Augen am amerikanischen Lebensstil verkehrt war, und für die Linken sowohl Weiterentwicklung als auch Kompromiß verkörperten.

Hillary Clinton legte 1969 ihr College-Examen ab, gerade zu der Zeit, als die amerikanische Frauenbewegung in Fahrt kam. Wie viele andere Frauen aus ihrer aufrührerischen Generation kämpfte sie in ihren frühen Erwachsenenjahren mit dem Zwiespalt von Beruf und Ehe, von Tradition und Innovation, von Loyalität und Stolz. Als sie ihr Jurastudium abschloß, träumte sie davon, in Washington eine große Karriere zu machen. Dann folgte sie »dem Ruf ihres Herzens« nach Arkansas, um mit dem Mann, den sie liebte, ein gemeinsames Leben aufzubauen und ihm zu helfen, in das Gouverneursamt gewählt zu werden. Sie gab die ganztägige juristische Tätigkeit auf, um sich einen Namen als Firmenanwältin zu machen und ihre Familie zu ernähren. Sie verdiente schließlich viermal so viel wie ihr Ehemann. Obwohl sie sich in ihrer Firma rasch Respekt verschaffte und in die Entscheidungsebene aufstieg, sie daran mitwirkte, das Erziehungssystem in Arkansas, das nicht mehr auf der Höhe der Zeit war, zu modernisieren, und zweimal zu den hundert besten Anwälten in den Vereinigten Staaten ernannt wurde, erfüllten sich ihre Karriereträume nicht.

Hillary Clintons Leben ist ebenso von den Triumphen wie auch von den Opfern der Frauen ihrer Generation gekennzeichnet. Als Bill Clinton 1978 zum erstenmal zum Gouverneur von Arkansas gewählt wurde, galt Hillary als ein gewisses Handicap. Ihr Aussehen hatte sich seit ihrer College-Zeit mit ihren linken Tendenzen kaum verändert. Sie schminkte sich nicht, versteckte ihre Augen hinter dicken Brillengläsern, trug weite, formlose Pullover und sackartige Röcke und tat wenig, um ihre farblosen Ringellocken zu bändigen. Sie schockierte Clintons Wählerschaft damit, daß sie ihren Mädchennamen behielt – selbst noch nach der Geburt ihrer Tochter Chelsea. So trug sie ihrenTeil dazu bei, daß Clinton 1980 nicht wiedergewählt wurde.

Doch als Bill Clinton bei der Wahl 1982 wieder Gouverneur wurde, hatte er eine Frau mit völlig verändertem Aussehen an seiner Seite. Sie hatte sich die Haare gefärbt, die Brille durch Kontaktlinsen ersetzt und sich eine neue Garderobe zugelegt. Bei Clintons Amtsübernahme in jenem Jahr trug sie ein perlenbesticktes Kleid aus Seide und Spitzen, und die Modebewußten brachen in Lobeshymnen aus. Sie begann, am Ostersonntag Hüte zu tragen. Sie hatte bestanden.

Die Lektionen dieses Jahres kamen ihr später zugute. Als Bill Clintons Präsidentschaftswahlkampf ein Jahrzehnt später neue Anforderungen an ihr Erscheinungsbild stellte, wußte sie, wie sie zu reagieren hatte. Sie wußte, was wichtig war und was nicht. Sie legte den Haarreif ab. Und als das nicht genügte, veränderte sie ihr öffentliches Auftreten von Grund auf. Aus der aggressiven, freimütigen Anwältin, der Mitkandidatin mit eindeutig feministischen Bindungen verwandelte sie sich in eine starke, aber pflichtbewußte Ehefrau, die stolz an der Seite ihres Mannes auf einem Podest stand, gegenüber von Tipper Gore und deren Ehemann. Als ihre loyalen Ansprachen und strategischen Maßnahmen als zu schroff angesehen wurden, nahm sie sich zurück und versuchte es mit Pastelltönen; als der Nationalkonvent der Demokraten stattfand, paßte sie sich der festlichen Stimmung an und gab ihr eigenes Rezept für Schokoladenkekse zum besten. Als sie sich nach dem Konvent der Republikaner wieder ins Rampenlicht wagen konnte, sprang sie erneut voller Energie auf den Wahlkampfzug auf, hämmerte mit den Fäusten auf die Rednerpulte und nahm kein Blatt vor den Mund. Als ihrem Mann zeitweilig die Stimme versagte, redete sie an seiner Stelle. In der Wahlnacht reichte sie ihm die Notizzettel für die Ansprache, mit der er die Präsidentschaft annahm. Ihre Partnerschaft hat den Prüfungen der Zeit und allen öffentlichen Anfeindungen standgehalten. Doch Hillary Clinton mußte dafür ihren persönlichen Tribut zahlen.

Im zurückliegenden Jahr mußte sie Herabsetzungen in der Presse über sich ergehen lassen, spitze Bemerkungen über ihre persönliche Integrität hinnehmen und regelrechte Haßausbrüche gegen die *Ehefrau* des Kandidaten, zu denen sich die Republikaner auf ihrem Konvent hinreißen ließen, ertragen. Zum Glück hatte sie sich bereits in Arkansas ein dickes Fell zugelegt. »Ich repräsentiere den Generationenwechsel«, erklärte sie den Zuschauern der Sendung *Today*. »Es geht nicht um mich.«

Das ist wahr. Hillary Clinton wurde im vergangenen Wahljahr zu einer Art Spiegel, in dem sich Amerikas Ängste über die Entwicklung der Geschlechterbeziehungen, über Familien mit zwei Verdienern und über die Ehe an sich spiegelten. Ebenso wie das Land heftig hin und her schwankte, wie es sich zu den gesellschaftlichen Veränderungen in den vergangenen fünfundzwanzig Jahren stellen sollte, unterhielt es eine ambivalente Beziehung zu Hillary Clinton: Manchmal wurde sie geliebt, manchmal gehaßt und beinahe immer in einem gewissen Maß gefürchtet. Wenn die Öffentlichkeit von Hillary Clinton fasziniert war, war sie zugleich auch von sich selbst fasziniert. Wenn Hillary gehaßt oder geliebt wurde, antwortete die amerikanische Gesellschaft auf das, was sie an sich selbst liebte und haßte.

Man hat Hillary Clinton zu einer Art Ikone für unsere Epoche gemacht. Und nun, da Clintons erste Amtszeit im Weißen Haus beginnt, wird es Zeit, daß die Menschen sie auch als eine wirkliche Person kennenlernen.

Hillary Diane wurde am 26. Oktober 1947 in Chicago als Tochter von Dorothy und Hugh Rodham geboren. Ihr Vater besaß ein kleines Textilgeschäft. Sie wuchs als Methodistin heran und wurde stark von einem jungen Pfarrer beeinflußt, der die Jugendlichen der Gemeinde in die Armenviertel von Schwarzen und Hispanics in der Innenstadt von Chicago mitnahm.

1965 zog sie in den Osten, um ins Wellesley College einzutreten, wo sie bei ihrer Graduierung 1969 die erste Rede vortrug, die ein Studierender zu diesem feierlichen Anlaß gehalten hatte. Sie nutzte ihre Redezeit zum Teil dafür, einem anderen Redner des Tages, Senator Edward Brooke, eine Standpauke zu halten, weil er sich so nichtssagend geäußert habe. Diese Dreistigkeit hatte zur Folge, daß ihr Foto im Magazin *Life* erschien.

Nachdem sie Wellesley College absolviert hatte, schrieb sie sich an der juristischen Fakultät der Yale University ein. Dort demonstrierte sie gegen Diskriminierungen, beteiligte sich an der Herausgabe einer alternativen juristischen Zeitschrift und lernte Bill Clinton kennen. Sie arbeitete ein Jahr an einem Forschungsprojekt über kindliche Entwicklung und Familienrecht. Nach ihrem Abschluß baute sie dieses Interesse weiter aus und arbeitete für den *Children Defense Fund* als Anwältin. Sechs Monate war sie als Rechtsbeistand in dem Team des Rechtskomitees des Repräsentantenhauses tätig, das Anschuldigungen gegen Präsident Nixon untersuchte. 1974 siedelte sie nach Fayetteville im Bundesstaat Arkansas über, unterrichtete dort an der juristischen Fakultät und heiratete 1975 Bill Clinton.

1980 trat sie als Prozeßanwältin in die angesehene Anwaltskanzlei Rose in Little Rock ein. Im selben Monat brachte sie ihre einzige Tochter, Chelsea, zur Welt. Dann wurde sie Vorstandsmitglied in drei größeren Unternehmen, für zwei davon, den Joghurtproduzenten TCBY und den Einzelhandelsriesen Wal-Mart, war sie die erste Frau der Firmengeschichte überhaupt in einer solchen Position. Sie brachte Wal-Mart dazu, bei der Einstellung und Beförderung von Angestellten mehr Frauen und Angehörige von Minderheiten zu berücksichtigen, und trug entscheidend dazu bei, daß das Unternehmen energischere Maßnahmen für den Umweltschutz ergriff.

Die Frau, die von ihren Freunden als lustig, loyal, leidenschaftlich und fürsorglich beschrieben wird, hatte nie geplant, First Lady der Vereinigten Staaten zu werden. Zuerst wollte sie Astronautin werden. Doch von der NASA erhielt sie den Bescheid, sie solle ihre

Träume anderswo verwirklichen, und so nahm sie statt dessen die Rechtswissenschaft ins Visier. Ihre Mutter war überzeugt, daß Hillary es bis zum Obersten Gerichtshof schaffen würde. Ihre Kommilitonen aus der juristischen Fakultät dachten, sie würde später ein politisches Amt übernehmen. Ihr Ehemann wollte sie in sein Kabinett aufnehmen.

»Ich möchte mich im Weißen Haus für die Kinder einsetzen«, war das letzte, was sie in diesem Zusammenhang äußerte.

»Ich habe keinerlei persönliche Ambitionen«, erklärte Hillary Clinton vor ein paar Jahren einem Lokalreporter. »Ich finde, man sollte ein bißchen Spaß am Leben haben und sich nicht allzu ernst nehmen.« Ihr bisheriges Leben hat bewiesen, daß diese beiden Äußerungen, wenn nicht unwahr, so doch ziemlich unzureichend sind. Es trifft zu, daß ihre Ambitionen, seit sie nach Arkansas übersiedelte, sich nie unabhängig von Bill Clintons auf höhere politische Ziele gerichteten Träumen entfalteten. Doch heute, da sie ihre wichtigste Position antritt, läßt sich nur schwer abschätzen, ob sie im Weißen Haus eine Nebenrolle übernimmt oder ob sie eine Hauptrolle spielen wird.

Als Bill Clinton 1987 zum erstenmal erwog, für die Präsidentschaft zu kandidieren – es dann aber nicht tat –, wurde Hillary von der *Arkansas Gazette* gefragt, wie ihr wohl zumute wäre, wenn sie selbst in einen Präsidentschaftswahlkampf verwickelt würde. »Es ist einfach unmöglich, sich auch nur vorzustellen, was es bedeuten würde«, sagte sie damals. »Man könnte sich hinsetzen und versuchen, es mit dem Verstand zu erfassen, aber es tatsächlich zu erleben, das muß etwas ganz anderes sein.«

Der Wahlkampf hat stattgefunden und ist vorbei, und Hillary Clinton hat erfahren – mit aller Härte –, was es bedeutet, zwölf Monate im Scheinwerferlicht einer schonungslosen Öffentlichkeit zu stehen. Jetzt beginnt die Zeit, in der es gilt herauszufinden, was es bedeutet, First Lady zu sein. Nachdem Hillary Clinton die Erfolgsleiter im Berufsleben hinaufgestiegen war, hat sie nun die schwierigste Aufgabe ihres Lebens hinter sich gebracht. Jetzt ist sie die mächtigste Frau in den Vereinigten Staaten. Wie wird sie diese Macht gebrauchen? Welche Art First Lady wird sie sein? Die Zeit ist gekommen, diese Fragen zu beantworten. Am besten fängt man damit an, zu schauen, was für ein Mensch sie ist und welche Entwicklung sie bis heute genommen hat.

Hillary Rodham

Park Ridge im Bundesstaat Illinois war Anfang der fünfziger Jahre für Eltern der Traum einer Wohngegend, und auch für Kinder war es ein Paradies. Hugh und Dorothy Rodham waren Eltern mit Träumen, und an oberster Stelle stand, ihre Kinder glücklich zu machen. Kurz nach dem Zweiten Weltkrieg schlossen auch sie sich der amerikanischen Stadtfluchtbewegung an. Massenhaft verließen Familien die überfüllten Großstädte und wagten den Sprung in die Vorstadt. Hugh Rodham arbeitete als Vertreter und rackerte hart, um ein kleines Textilgeschäft zu gründen. Dorothy Rodham war Hausfrau und Mutter, die große Hoffnungen in ihre Familie setzte, besonders in ihre Tochter Hillary, ein helles Köpfchen, das noch nicht zur Schule ging. Park Ridge war damals wie heute eine Schlafstadt, in der Familien lebten, deren Väter und Mütter jeden Tag nach Chicago pendelten. Die meisten von ihnen waren in den vierziger und fünfziger Jahren in den Vorort gezogen, der erst ein paar Jahrzehnte vorher eingemeindet worden war. Angelockt hatte sie die Verheißung ausgezeichneter Schulen, baumgesäumter Straßen mit Gaslaternen, die ihr Licht auf die in Stein gemeißelten Straßennamen warfen, und das Wohnen im Einfamilienhaus von bescheidener oder gar ansehnlicher Größe. Außerdem verfügte die Vorstadt in der Ortsmitte über ein paar sehenswerte Gebäude, zum Beispiel das Pickwick-Theater. Und in der Nähe gab es einen herrlichen See. Nur eine Sache erwies sich als ziemlich störend: »Ich bin unter Warteschleifen über dem O'Hare-Flughafen aufgewachsen«, scherzte Hillary Clinton einmal.

Den Rodhams machte das nicht besonders viel aus. Sie hatten Park Ridge nicht gewählt, um hier in Immobilien zu investieren, obwohl ihr Haus aus gelben Ziegelsteinen in der Wisner Road wirklich einen netten Eindruck machte. Es war ein geräumiges Heim im georgianischen Stil mit hohen Bäumen im Vorgarten und einem wohlgepflegten Rasenstück nach hinten hinaus. Ein komfortabel wirkendes Haus, umgeben von ähnlichen Häusern in einer ruhigen Straße, mit Nachbarn, die ähnlich waren wie sie selbst. Die Familien ließen die Türen unverschlossen, die Kinder fühlten sich in jedem Garten zu Hause, sie radelten mitten auf den verkehrsarmen Straßen oder flitzten über die breiteren Boulevards, wo die Bäume über ihren Köpfen einen Baldachin aus Laub bildeten.

Die Rodhams, eine fünfköpfige Familie, wohlhabend, aber nicht reich, solide und gesetzt, waren typisch für diese Wohngegend. Als Methodisten walisischer und englischer Abstammung fügten sie sich gut in dieses Viertel ein, das erstaunlich homogen war. Eine christlich-konservative Wohngegend, wo spätere Abtreibungsgegner wie Henry Hyde und Penny Pullen zu Hause waren, ein Nest von Erzrepublikanern. Außerdem war es kein Zufall, daß Park Ridge »trokken« war, obwohl schon in der Nachbargemeinde Alkohol verkauft wurde und die häufigen Fahrten aus dem Viertel hinaus und die häufigen Anlieferungen dafür sorgten, daß jeder weiße Lieferwagen, der in der Gegend erschien und in eine Privatzufahrt einbog, augenblicklich Verdacht hervorrief.

Die wichtigste Gemeinsamkeit aller Familien in Park Ridge bestand in ihrem unerschütterlichen Glauben an Erziehung und Ausbildung. Die Eltern gehörten zur oberen Mittelschicht, hatten selbst eine gute Ausbildung genossen und hegten den Wunsch, daß ihre Kinder es noch weiter brächten als sie. Sie waren durchaus bereit, dafür viel Geld zu zahlen.

»Ich habe meinen Vater, der von Staat und Steuern nie sonderlich begeistert war, oft damit aufgezogen, daß er in eine Gegend mit so hohen Einkommenssteuern für den Unterhalt der Schulen gezogen ist«, erzählte Hillary dem Biographen von Bill Clinton, Charles F. Allen. »Obwohl die Bewohner sehr konservative Republikaner waren, haben sie sich in den fünfziger und sechziger Jahren nie darüber beschwert, daß sie für ein gutes Schulsystem Geld hinlegen mußten.«

Schon sehr früh bemühten sich die Eltern Rodham, Hillary und ihre beiden Brüder, Hugh und Tonga, die Einsicht zu vermitteln, daß für sie, so jung sie waren, das Wichtigste sei, die beste Ausbildung zu bekommen. »Lernen um des Lernens willen«, sagte ihre Mutter. »Lernen um des Geldverdienens willen«, scherzte ihr Vater.

Dorothy Rodham selbst hatte keine College-Ausbildung genossen. Sie hatte Hugh Rodham, einen Absolventen der Pennsylvania State University, geheiratet und ihm und ihren Kindern ihr Leben geweiht. Mit ihrem gütigen Herzen und ihrer großen Intelligenz ging sie ganz in der Kindererziehung auf, und sie schien mit ihrem Leben glücklich und zufrieden. Aber sie nahm sich vor, daß ihre Tochter mehr Möglichkeiten zur Entfaltung haben sollte. Ihre Tochter, schwor sie sich, sollte sich ihres Wissens nie so unsicher sein, daß sie in Unterhaltungen verstummte oder nur das Publikum für die stärkere Stimme ihres Ehemannes abgab. Ihre Tochter, das stand für sie fest, sollte in der Lage sein, alles, was sie wollte, zu *sagen* und zu *tun*.

»Ich war entschlossen, dafür zu sorgen, daß meine Tochter nie erleben müßte, daß sie sich nicht zu sagen traut, was ihr auf der Zunge liegt«, sagte sie. »Nur weil sie ein Mädchen ist, sollte das nicht heißen, daß ihr Grenzen gesetzt wurden... Ich weiß nicht, ob das für die damalige Zeit ungewöhnlich war«, erklärte sie einem Reporter der *Washington Post*. »Aber ich nehme an, es wurde mehr akzeptiert, wenn man in seinem eigenen Rollenverständnis blieb.«

Hillarys Wirkungsfeld, beschloß Dorothy Rodham, sollte so weit wie möglich sein, Träume sollten wahr werden können. Es sollte so groß sein, wie Hillarys Glaube an sich selbst es werden ließ. In einem Interview mit dem französischen Magazin *Paris-Match* sagte sie: »Ich habe ihr schon früh erklärt, daß die Schule ein großes Abenteuer ist... daß sie wunderbare Dinge lernen, neue Leidenschaften entwickeln würde. Ich habe sie so motiviert, daß sie sich nicht damit ›abfand‹, zur Schule gehen zu müssen, sondern daß sie richtig von der Lust gepackt war. Vielleicht hat Hillary deshalb nie Angst gehabt. Nicht vor der Schule. Vor gar nichts.«

Hillary selbst berichtete viele Jahre später: »Sie [meine Eltern] haben mir gesagt, es sei meine Pflicht, zur Schule zu gehen, ich hätte die Pflicht, meinen Verstand zu gebrauchen. Sie haben mir erklärt, daß eine gute Ausbildung mir viel mehr Chancen im Leben erschließen würde, daß ich, wenn ich die Schule ernst nähme und fleißig lernte, nicht nur viele Dinge kennenlernte und neugierig würde auf die Welt um mich her, sondern daß ich mir auch alle möglichen Türen öffnete, so daß ich später einen gewissen Einfluß auf meine Umgebung ausüben könnte. Es war Ausbildung um der Ausbildung willen«, erklärte sie dem *Arkansas Democrat*, »aber es war auch mit der Vorstellung verbunden, daß die Schule einen entscheidenden Weg für bessere Chancen darstellte.«

Zum Glück brauchte Hillary nicht besonders angetrieben zu werden. Als Schülerin erlebte sie, wie alle anderen Schulkinder in Amerika, mit beinahe persönlicher Betroffenheit, wie die Sowjets die erste Sputnik-Rakete ins All schickten. In ihrer ersten Regung, etwas für das amerikanische Gemeinwohl zu tun, faßte sie den Entschluß, sich der Naturwissenschaft zu widmen. Dorothy Rodham erzählt: »Als Hillary mit fünf Jahren zur Schule kam, erzählte man ihr, daß die Russen den ersten Satelliten in den Weltraum geschickt hatten. Sie reagierte wie alle anderen Kinder und wie deren Eltern. Dieser Wettlauf ins Weltall war wichtig für unsere Art zu denken: Amerika konnte es nicht hinnehmen, daß die Russen uns überholt hatten. Um sie einzuholen, gab es nur eines: lernen, Wissen erwerben, Erfindungen machen. Ich denke, es war eine Folge dieses historischen Ereignisses, daß unsere Kinder diesen Hunger nach Wissen entwickelten, daß sie auf jedem Gebiet ihr Können an den Tag legen wollten.«

Das Leben zu Hause bestärkte Hillary in ihrem Selbstvertrauen, alles erreichen zu können, was sie sich vornahm. »Ich hatte das Gefühl, daß ich Glück hatte, ein Mädchen zu sein«, sagte sie später zu Charles Allen. »Von meiner Familie habe ich alle Unterstützung bekommen. Ich wurde nicht anders behandelt als meine Brüder, mir wurden keine Beschränkungen auferlegt, weil ich ein Mädchen war, ich konnte mir alles vornehmen. Es hat nur geheißen: Wenn du fleißig genug bist und dich wirklich anstrengst, dann wirst du alles schaffen, was du anstrebst.«

Ihr Zuhause und das sanfte Zureden ihrer Eltern gaben Hillary das Gefühl unbeschränkter Möglichkeiten, aber die Außenwelt zeigte sich nicht ganz so ermutigend. Noch in den unteren Klassen der High School beschloß sie, Astronautin zu werden. Das war in den frühen sechziger Jahren, und das Land, geführt von Präsident Kennedy, war auf eine Mondlandung fixiert. Hillary Rodham schrieb an die NASA und fragte an, was sie tun müsse, um die Ausbildung dort zu beginnen. In ihrer Anfrage erwähnte sie ihre Herkunft und ihre besten Lernfächer. Die NASA schrieb zurück, für Mädchen gäbe es keine Chance zur Bewerbung. Sie war über den Bescheid »äußerst wütend«. Gegenüber der *Washington Post* erklärte sie: »Später wurde mir klar, daß ich sowieso keine Astronautin hätte werden können, weil ich so miserabel sehe. Das hat mich etwas besänftigt.«

Hillary erfuhr zu Hause zu viel Unterstützung, um sich so rasch entmutigen zu lassen. Ihr Vater, dessen Geschäft seinen Tagesablauf weitgehend in Anspruch nahm, stützte seine hochbegabte Tochter ebenso wie seine Ehefrau, nur tat er es auf eine zurückhaltendere Art.

»Es war wirklich die klassische Eltern-Konstellation, in der die Mutter einen ermutigt und unterstützt und der Vater Neuigkeiten aus der Außenwelt bringt«, sagte Hillary Clinton in einem Interview mit *Glamour.* »Väter können entscheidend dazu beitragen, daß ein Mädchen Willensstärke entwickelt.« Ihr eigener Vater tat es dadurch, daß er ihre Konkurrenzfähigkeit für praktische Lebenssituationen förderte. Ohne die Tochter zu entmutigen, gab er ihr zu verstehen, daß man immer noch Besseres leisten könne. »Mein Vater kam manchmal nach Hause und sagte: ›Das hast du gut gemacht, aber könntest du es nicht noch besser machen? Das Leben draußen ist hart.‹« Seine Ermutigung wurde durch seinen Realitätssinn gedämpft.

Hugh Rodhams Methode, die bei einer weniger robusten Person, als Hillary es war, unangemessen hart hätte wirken können, beruhte auf echter Sorge. Er hatte sich dank eines Footballstipendiums an der Pennsylvania State University einschreiben können und war sich darüber im klaren, wie knapp er es geschafft hatte, zu einer akademischen Ausbildung zu kommen. Er wollte nicht, daß seine Tochter jemals dieses Risiko einging.

»Meine Eltern haben wirklich hohe Erwartungen in mich gesetzt und waren nur selten zufrieden«, sagte Hillary Clinton zur Reporterin des *Democrat.* »Wenn ich mit einer guten Note nach Hause kam, hat mein Vater oft gesagt: ›Die Aufgabe muß leicht gewesen sein.‹«

Doch ihr Elan war nicht zu brechen. »Ich hatte immer das Gefühl, eine Herausforderung bestehen zu müssen. Es ist mir immer so vorgekommen, daß es draußen in der Welt noch etwas anderes gab, wonach ich streben sollte.«

Neben der Schule entwickelte Hillary neue Talente, legte sich mit der Entschlossenheit einer jungen Perfektionistin Steckenpferde zu. Auch ihre Brüder waren ziemlich umtriebig. Dorothy Rodham geriet in die typische Chauffeursrolle einer Vorstadtmutter. »Damals habe ich alle meine Zeit im Auto verbracht; ich hatte drei Kinder, und jedes von ihnen wollte seiner kleinen Beschäftigung nachgehen. Ich habe sie immer dazu ermuntert, zu tun, was sie tun wollten. So ist meine Zeit damit draufgegangen, sie in unserem Ort hin und her zu fahren«, berichtete sie *Paris-Match.*

Als pflichtbewußte Tochter einer Familie aus der oberen Mittelschicht nahm Hillary Musik- und Tanzunterricht. Mit zehn Jahren steckte sie bereits in Ballettschuhen, ein kräftiges Mädchen, das stolz auf seine rosa Strumpfhose und sein Tutu war und dem das glatte, dunkelblonde Haar tief über die Schultern fiel. Ihr Klavierunterricht war nicht ganz so erfolgreich. »Sie hatte einen wunderbaren Lehrer«, erzählte ihre Mutter, »aber sie trieb sich und ihn zur Verzweiflung, weil sie nur mit einer Hand spielen konnte!«

Obwohl es den Rodhams finanziell gutging und Dorothy Rodham die ganze Zeit zu Hause war, achtete sie darauf, daß ihre Kinder nicht verwöhnt wurden. Vor allem wollte sie nicht, daß sich Hillary zu einem privilegierten Prinzeßchen entwickelte. »Sie ist nie für häusliche Arbeiten bezahlt worden, wie manche Eltern es bei ihren Kindern machen, ein Dollar fürs Rasenmähen, ein Dollar fürs Autowaschen«, berichtete Dorothy Rodham *Paris-Match.* »Mein Mann hat oft gesagt: ›Sie essen und schlafen gratis! Wir werden sie nicht auch noch dafür bezahlen!‹«

Schon von früh auf wurde Hillary ermutigt, sich ihr eigenes Taschengeld zu verdienen. Sie fing als Babysitter an, als sie selbst praktisch noch ein Kind war, half in einem Tagesheim aus, und als sie etwas größer war, arbeitete sie als Verkäuferin in einem Geschäft. Auch die Ferien wurden mit ähnlich einträglichen Beschäftigungen verbracht. Dorothy Rodham ließ Faulheit nicht durchgehen. Sie hatte große Pläne mit ihrer Tochter und sagte sich, Verantwortungsgefühl könne Hillary nicht schaden. Das sagte sie ihr auch.

»Ich habe mit Hillary immer wie mit einem erwachsenen Menschen gesprochen«, sagte sie. »Soviel ich weiß, reden heute die Eltern so mit ihren Kindern, aber damals war das Gegenteil der Fall. Man hat in ihnen nur Kinder gesehen und gar nicht erst versucht, ihnen Dinge zu erklären. Ich war da ganz anders.«

Hillary Rodham ging in ihren ersten drei High-School-Jahren auf die Maine East High School, die auch Harrison Ford besucht hatte, und wurde dann in ihrem letzten Jahr der neu erbauten Maine South High School zugeteilt. Diese Zeit öffnete ihr für vieles die Augen. Zum erstenmal hatte sie Mitschüler aus anderen Vororten als Park Ridge: Arbeiterkinder aus Skokie, Katholiken und Juden und sogar ein paar Kinder von Leuten, die erst in jüngerer Zeit eingewandert waren. Anders als viele ihrer Klassenkameraden bemühte sich Hillary sehr darum, sich mit den Neuankömmlingen anzufreunden.

»Hillary zog immer gern mit möglichst vielen Leuten aus verschiedenen Gruppen herum«, erzählte Sherry Heiden, Genetikerin und enge Freundin Hillarys aus jener Zeit. »Sie war anderen gegenüber immer tolerant, sie war nie engstirnig.«

Doch so sehr Hillary sich auch persönlich bemühte, es konnte nichts daran ändern, daß die Integrationsbemühungen der Schule nicht so weit gingen, auch schwarze Schüler aufzunehmen. »Es war eine rein weiße Wohngegend«, sagte Sherry Heiden. »Ich glaube, erst als wir ins letzte Jahr kamen, gab es an der ganzen Schule einen einzigen schwarzen Schüler.«

Nun hat Don Jones seinen Auftritt, gegenwärtig Religionsprofessor an der Drew University in New Jersey. In Hillarys erstem Jahr auf der High School hatte Jones gerade die theologische Fakultät der Drew University verlassen und seine erste Anstellung als Jugendpfarrer an der First Methodist, der Kirche der Rodhams, zugewiesen bekommen. Die Begegnung mit Jones sollte zu einer der prägendsten Erfahrungen im Leben der jungen Hillary Rodham werden.

»Wir ließen gerade die Ära Eisenhower, die Ära Pat Boone, die Zeit der Passivität hinter uns und traten in die revolutionäre Dekade ein, die so vieles mit sich bringen sollte«, erzählt Jones. »Kennedy war gerade gewählt worden, und schon zwei Jahre später wurden die Gesetze über die Bürgerrechte verabschiedet. Damals kam ich zum erstenmal mit Hillary in Kontakt.«

Ihre Freunde waren zu der Zeit fürs Autofahren noch zu jung und durften ohne Begleitung der Eltern nicht einmal in die Innenstadt von Chicago fahren. Jones machte mit der Jugendgruppe Ausflüge ins Zentrum von Chicago. Sie besuchten ein Freizeitzentrum in einem der berüchtigsten Viertel der Stadt und kamen mit Banden von Schwarzen und mit lateinamerikanischen Gruppen zusammen. Unter Jones' Anleitung begannen Hillary und ein paar andere Mädchen aus der High School Babysitter-Brigaden für die Kinder von Wanderarbeitern zu organisieren, die unweit von Park Ridge im Westen und Süden auf damals noch landwirtschaftlich genutzten Flächen lebten.

»Er hat uns immer wieder schonungslos gepredigt, daß Christsein sich nicht damit erschöpfte, daß man sich Sorgen um das eigene Seelenheil machte«, berichtete Hillary Clinton dem Magazin *Newsweek*.

»Ich glaube nicht, daß diese Kinder zuvor schon einmal Armut erlebt haben. Ich glaube nicht, daß sie je Umgang mit Kindern hatten, die nicht aus den gleichen Verhältnissen kamen wie sie«, sagt Jones. »Die Religion, der Kirchgang dienten bei den meisten dieser Leute dazu, ihre recht traditionsgebundenen konservativen Wertvorstellungen zu verstärken. Und als ich dort ankam und diese Gruppe weißer Jugendlicher aus der Mittelschicht in die Innenstadt von Chicago mitnahm, war das ziemlich radikal.«

Jones hatte auf der Drew University bei dem angesehenen Theologen Paul Tillich studiert und war mit neuen, kreativen Methoden konfrontiert worden, die Theologie zu Kunst und Kultur in Beziehung zu setzen. Was er dort gelernt und begriffen hatte, nahm er nach Park Ridge mit, wo er die Schulkinder mit Picasso, E. E. Cummings und Stephen Crane bekannt machte. Die Gruppe sang Folksongs, Lieder von Bob Dylan, ein paar Kinder begleiteten auf der Gitarre, und danach sprachen sie über die Texte. Jones führte auch Filme vor, deren Themen für die Jugendlichen von Belang waren.

»Ich habe zum Beispiel einen Druck von Picassos *Guernica* mit nach Chicago zu den Jugendlichen aus dem Armenviertel genommen, habe ihn gegen eine Stuhllehne gelehnt und beide Gruppen, die aus Chicago und die aus dem Vorort, gebeten, das Bild anzusehen und dabei zu schweigen, und dann haben wir darüber gesprochen, was sie dabei erlebt hatten. Ich habe sie gefragt, ob das Bild sie an etwas erinnere, welche Musik sie sich dazu vorstellen könnten – ich wollte gerechte Verhältnisse schaffen, damit die besser ausgebildeten Kinder keinen Vorteil dadurch hatten, daß sie sich besser ausdrükken konnten. Ich habe ihnen ganz einfache Fragen gestellt wie: Was fällt euch daran auf, was packt euch? Manche Kinder haben gesagt, das Baby und die Mutter, die weinten und klagten, oder der gebrochene Arm oder die Glühbirne in der Mitte. Und dann habe ich weiter gefragt: Hat euch das an etwas erinnert, was ihr selbst erlebt habt? Das Erstaunliche war, daß die Kinder aus der Innenstadt die tragischen Dimensionen dieses Bildes besser erfaßten als die aus dem Vorort. Ich erinnere mich, daß ein Mädchen anfing zu weinen und sagte: ›Warum hat mein Onkel sterben müssen, nur weil er sich auf den falschen Parkplatz gestellt hatte?‹ Dann hat sie uns erzählt, daß ihr Onkel vor drei Tagen seinen Wagen auf dem falschen Platz geparkt hatte, und da hat ein Typ seine Pistole gezogen und gesagt, das sei sein Abstellplatz. Die beiden waren in Streit geraten, und der Kerl hat ihren Onkel erschossen.«

Sherry Heiden, die auch zu Hillarys Jugendgruppe gehörte, erzählt, daß diese Besuche in der Innenstadt von Chicago ein fester Bestandteil der »goldenen« frühen sechziger Jahre gewesen seien, als alles zunehmend hoffnungsvoller aussah und die Drogen noch nicht in die Schulen eingedrungen waren. »In dieser Zeit ist der Idealismus gewachsen, der den Geist der sechziger und frühen siebziger Jahre bestimmt hat. Wir glaubten, daß es zu ungeheuren gesellschaftlichen Veränderungen kommen würde, wenn wir nur die Perspektive veränderten.«

Einen Höhepunkt dieser Periode erlebte Hillary 1962, als sie durch Don Jones die Bekanntschaft von Martin Luther King jr. machte. Er hielt damals eine Rede vor dem Sunday Evening Club, einem wöchentlichen Treffen, bei dem Prediger aus ganz Amerika in Chicago auftraten und in der Orchestra Hall Vorträge hielten. Als King seinen Vortrag beendet hatte, führte Don Jones seine Jugendgruppe zu ihm hinter die Bühne und stellte ihm die Jugendlichen einzeln vor. Hillary Rodhams Augen leuchteten, als sie King die Hand schüttelte.

Nachmittags nach dem Unterricht ging Hillary häufig bei Jones in seinem Büro in der Kirche vorbei. Sie sprach gern über ihre Ideen. »Sie war damals schon ein intellektuelles Wesen«, sagt er. »Sie war aufgeschlossen. Sie war neugierig und offen für das, was das Leben bringen sollte. Ich machte sie mit vielen neuen Dingen bekannt, und sie war einfach unersättlich.« Jones führte Hillary Rodham – in kleinen Schritten – in die schwierigen theologischen Schriften von Dietrich Bonhoeffer, Reinhold Niebuhr und Paul Tillich ein. Dann beschloß er, sie mit einer Herausforderung anderer Art zu konfrontieren.

Er griff hinter sich und zog ein schmales Taschenbuch aus dem Regal.

»Schau«, sagte er, »das solltest du lesen. Wir unterhalten uns dann später darüber.«

Hillary warf einen Blick auf den Umschlag. Es war J. D. Salingers *Fänger im Roggen*, damals ein skandalumwittertes Buch.

»Sie las den Roman, äußerte sich aber nicht weiter darüber, so daß auch ich nicht viel dazu sagte«, berichtete Jones. »Aber auf dem

College mußte sie es für den Englischunterricht noch einmal lesen. In ihrem zweiten Collegejahr schrieb sie mir in einem Brief: ›Ich habe es Ihnen damals nicht gesagt, aber als Sie mir den *Fänger im Roggen* zu lesen gaben, gefiel mir das Buch nicht, und außerdem fand ich es ein bißchen zu hoch für mich. Aber jetzt, nachdem ich es zum zweitenmal gelesen habe, ist mir, glaube ich, klargeworden, warum Sie es mir geliehen hatten. Übrigens glaube ich nicht, daß es zu hoch für mich war.‹«

Dann gestand sie, daß Holden Caufield sie sehr an ihren jüngeren Bruder Hugh erinnert habe.

»Hughie war ein bißchen ein Schlawiner«, sagt Jones. »Ein kleiner Rabauke. Ich denke, ich habe ein bißchen dazu beigetragen, ihn zu bändigen.«

(Hugh Rodham spielte später als Quarterback unter Trainer Joe Paterno an der Pennsylvania State University und ist heute als ein angesehener Pflichtanwalt in Miami tätig.)

Als Jones an eine andere Kirche versetzt wurde, bedeutete dies das Ende einer Ära in der kirchlichen Jugendarbeit. Er und Hillary blieben zwar in Briefkontakt, aber der neue Pfarrer war aus einem ganz anderen Holz geschnitzt. »Er hält mich für eine Radikale«, schrieb Hillary an Jones.

Auch sie selbst trat nun in eine neue Lebensphase ein, denn sie bereitete sich aufs College vor. Sie durchlebte auch alle Höhen und Tiefen des Teenagerlebens an der High School. Es fiel ihr gar nicht so leicht, sich an die Spielregeln zu halten.

»Ich habe erlebt, daß viele meiner Freundinnen, die wirklich unternehmungslustig und intelligent waren und außerdem gut in der Schule, sich allmählich Sorgen machten, daß die Jungs sie für Intelligenzbestien halten könnten, und sie ließen langsam in ihren Leistungen nach oder belegten weniger Kurse, weil ihre Freunde nicht daran teilnahmen«, erklärte Hillary Clinton der *Washington Post*. »Und ich weiß noch, daß ich dachte: ›Mein Gott, warum tun sie denn das?‹ Ich habe es einfach nicht verstanden.«

Aber es interessierte sie auch nicht sehr. Sie folgte ihrem eigenen Kopf, kleidete sich nach ihren eigenen Vorstellungen, trug eine Brille und nahm das Lernen wichtiger, als sich Gedanken über ihr nächstes Rendezvous zu machen. »Hillary war nie modebewußt«, berichtete Dorothy Rodham dem Modejournal *W*. »Sie mußte nicht haben, was die anderen Mädchen ihres Alters hatten.«

Ihre Gleichgültigkeit gegenüber Flirts und Mode bedeutete jedoch nicht, daß sie keinen Erfolg bei Jungen hatte – durchaus nicht.

»Sie war bei den Jungs beliebt«, sagt Jones. »Und nicht, weil sie herumgeflirtet hätte. Sie war nicht... sie war keine hinreißende Schönheit, aber sie war recht hübsch. Was die Jungs in ihrer Umgebung anzog, das war ihre persönliche Art, ihre Bereitschaft, mit ihnen zu sprechen, von gleich zu gleich, und auf sie einzugehen.«

Als Kind hatte sich Hillary buchstäblich erkämpft, von den Jungen der Nachbarschaft als ebenbürtig anerkannt zu werden. Wie Gail Sheehy berichtet, gab es in dem Viertel ein Mädchen namens Suzy, das sich ein Vergnügen daraus machte, Hillary zu schlagen. Hillary, die ein ziemlich ausgeglichenes Kind war, konnte zuerst gar nicht fassen, was ihr geschah. Doch nachdem sie immer häufiger weinend nach Hause kam, redete ihre Mutter ihr zu, ihre Wut herauszulassen und zurückzuschlagen.

»In unserem Haus ist kein Platz für Feiglinge«, sagte sie. »Du mußt dich gegen sie zur Wehr setzen. Wenn sie dich das nächste Mal schlägt, dann schlägst du zurück.«

Hillary beherzigte den Rat und ging wieder nach draußen. Sofort wurde sie von ihrer Peinigerin und mehreren Jungs umringt. Plötzlich, ohne viel Nachdenken, holte sie aus und schlug diese Suzy nieder. Von ihrem Sieg überwältigt, lief Hillary nach Hause und sagte stolz zu ihrer Mutter: »Jetzt kann ich mit den Jungs spielen!«

»Die Jungen haben auf Hillary gut reagiert«, schloß ihre Mutter. »Sie hat einfach das Kommando übernommen, und die haben das akzeptiert.«

Manchmal waren ihre Mitschülerinnen nicht gut auf sie zu sprechen, weil es ihr so leichtfiel, mit Jungen in Kontakt zu kommen. Während eines Ferienausflugs mit ein paar Schulfreundinnen bekam sie ein Problem mit einem Mädchen, das unbedingt die Bekanntschaft von Jungen machen wollte, dabei aber keinen Erfolg hatte, während Hillary, ganz ohne ihr Zutun, bald einen kleinen Kreis von Verehrern um sich geschart hatte. Einmal saß sie mit einem neuen Bekannten bis nach Mitternacht plaudernd auf der Veranda, und als sie zu Bett gehen wollte, mußte sie feststellen, daß ihre Freundin vor Wut schäumte. Es war ihrem Empfinden für weibliche Solidarität nicht eben förderlich.

Doch zumeist steckte Hillary mit einer großen Gruppe von Freunden zusammen, Jungen wie Mädchen. Sie gingen zu Football- und Basketballspielen und hinterher zu Schulfesten oder in Lokale. Anfang der sechziger Jahre war mit Drogen nicht viel los, und Alkohol rührte keiner von ihnen an. Ihre Freunde waren wie sie selbst sehr leistungsbewußt und gerieten nicht leicht mit ihren Eltern oder dem Gesetz in Konflikt. Zumeist trafen sich die Freunde im Haus von Hillarys Freundin Betsy Johnson; sie waren fünfzehn bis zwanzig Leute, saßen herum, aßen etwas, schauten Fernsehen und unterhielten sich. Daß sie zu zweit ausgingen, kam selten vor.

Hillary organisierte Basare und Amateursport-Turniere, um Geld für Wanderarbeiter zu sammeln. Sie nahm in der Schule mit Steve Goodman und ihrem Freund und langjährigen Bewunderer Rick Rickett an einer Talent-Show teil, aber sie schimpfte mit ihnen, weil sie nicht genug probten. Sie hatte eine unglaubliche Begabung, die Jungen in der High School für ihre kleinen sozialen Projekte einzuspannen.

»Sie hatte immer die Energie und den Schwung und die Fähigkeit, Leute an sich zu ziehen und richtig einzuschätzen, ob sie imstande waren, sich voll einzusetzen, oder ob sie es nur aus Gründen taten, die mit echter Hingabe nichts zu tun hatten«, sagte ihre Freundin Sherry Heiden lachend.

Sie ging mit ihrer Jugendgruppe zum Schlittschuhlaufen, zum Skifahren und Schlittenfahren. Sie spielte auch Softball, denn Mannschaftssport hatte sie besonders gern. Allerdings gab es damals noch keine reinen Mädchen-Teams. Mädchen, die sich außerhalb des eigentlichen Studiums betätigen und hervortun wollten, erhielten den Rat, in den Schulklubs oder in der studentischen Selbstverwaltung mitzuarbeiten. Und genau das tat Hillary Rodham.

In ihrem letzten Jahr an der High School wurde sie »senior leader« – eine Art Hilfslehrerin. Sie war auch Vorsitzende des Organisationskomitees, eine undankbare und etwas frustrierende Tätigkeit: Sie mußte sich vor 2700 Schüler stellen und die Schulversammlungen leiten. Sie war Vizepräsidentin ihres Jahrgangs im vorletzten Schuljahr und gehörte beim Abschluß zu den besten fünf Prozent. Bei ihrem Schulabschluß errang sie so viele Auszeichnungen, daß es »schon peinlich« war, wie *People* Dorothy Rodham zitierte.

Die High School war eindeutig ein verheißungsvoller Anfang.

»Man brauchte Hillary nur anzusehen und wußte, daß sie Rechtsanwältin werden würde, und sie wollte es werden; und alles, was sie werden wollte, würde sie schaffen. Sie war immer echt motiviert«, sagte ihr Klassenkamerad Michael Andrews, der heute an der Main South High School Mathematik unterrichtet.

Auch zeigten sich erste Anzeichen ihrer Begabung für das Verhandeln und Vermitteln, die prägend für ihre Aktivitäten im College und an der juristischen Fakultät werden sollten. »Sie hatte Energie und Selbstvertrauen, war offensichtlich sehr motiviert und konnte Dinge auf die Beine stellen. Sie hatte viel Initiative und ausgeprägte Führungseigenschaften. Die jungen Leute blickten automatisch zu ihr auf, weil sie freimütig über Dinge sprach, an die sie glaubte. Sie nahm manchmal unpopuläre Haltungen zu bestimmten Themen ein und war bereit, ihre Minderheitsposition zu akzeptieren und zu rechtfertigen«, erinnert sich Kenneth Reese, Hillarys Lehrer und Koordinator des Schülerrats während ihres letzten Jahrs an der High School.

»Es war nicht so, als wäre sie in irgendeiner Weise aufsässig gewesen. Aber sie hatte Vertrauen zu ihren Fähigkeiten, sie war aufgeweckt und hatte starke Überzeugungen, zu denen sie mit Entschiedenheit stand«, sagte Reese. »Sie betrachtete ein Problem von allen Seiten, konnte sie integrieren und dann ein Urteil fällen. Die Schüler haben sie respektiert. Sie haben Respekt vor jemandem, der gute Führungseigenschaften hat und die Dinge artikulieren kann.«

»Ich glaube, sie haben auch deshalb zu ihr aufgeblickt, weil sie wirklich an ihnen interessiert war und an dem, was sie taten«, berichtet Ann Finneran, eine Sportlehrerin an der Maine South High School, bei der Hillary in ihrem letzten Jahr die Riege anführte. »Sie gehörte nicht zu denen, die Abstand halten und sich als etwas Besseres vorkommen. Sie hatte viel Sympathie für andere.«

Die Bedeutung von Dorothy Rodhams Einfluß auf Hillary in ihrer frühen Erziehungsphase läßt sich gar nicht überschätzen. Sie brachte ihrer Tochter bei, welch unbegrenzte Möglichkeiten Wissen und Bildung bieten – und welch enormes Potential in ihr steckte. Zudem glaubte sie an sich selbst. Sherry Heiden berichtet, Mrs. Rodham sei die einzige ihr bekannte Mutter gewesen, die am Community College, einer Art Volkshochschule, Kurse belegte, um in ihrer freien Zeit »einfach etwas mit ihrem Kopf zu machen«.

»Dorothy hatte großen Einfluß auf Hillary. Sie interessiert sich enorm dafür, wie es in der Welt und in den Köpfen der Menschen zugeht«, sagt Sherry Heiden.

Ihre Mutter bot Hillary ein Beispiel für Selbstachtung.

Diese Eigenschaft wird auf allen Schuljahrbuch-Fotos von Hillary sichtbar, die im Sommer dieses letzten High-School-Jahres aufgenommen wurden. Auf allen Bildern schaut sie zuversichtlich in die Zukunft. Sie sitzt auf Gruppenfotos immer vorne in der Mitte, die Hände artig im Schoß gefaltet, die Augen auf die Kamera gerichtet. Ihre Kleidung ist sorgfältig ausgewählt und nimmt im Stil geradezu Ann Taylor vorweg: karierter Rock, ärmellose Bluse, Schuhe mit nicht allzu hohen Absätzen. Ihr Haar ist elegant geschnitten und hinten eingedreht. Sie hat eine Intensität, die ihren Mitschülern fehlt. Eine ungeheure Präsenz.

Mit der Entscheidung, aufs Wellesley College zu gehen, hob sich Hillary Rodham von ihren Mitschülern ab, denn die meisten Schüler besuchten Colleges am Ort. Hillarys Entscheidung für Wellesley wurde, wie Kenneth Reese berichtet, als »abenteuerlustig und kosmopolitisch« angesehen.

In Wirklichkeit war es noch abenteuerlicher, als Reese gedacht hatte. Hillary hatte sich aus einer Augenblickseingebung heraus für Wellesley entschieden. In ihrem letzten High-School-Jahr hatte sie zwei junge Lehrerinnen gehabt, die für ihren Magistergrad an der Northwestern University studierten und zum Unterrichten ihrer Schule zugeteilt worden waren. Eine von ihnen hatte Wellesley, die andere Smith College absolviert. »Sie waren beide so intelligent und gescheit und tolle Lehrerinnen, und sie haben mir so zugesetzt, mich bei diesen Colleges zu bewerben, an die ich vorher überhaupt nicht gedacht hatte«, erklärte Hillary Charles Allen. »Und als ich dann angenommen war, haben sie mir in den Ohren gelegen, die finanziellen und all die anderen damit verbundenen Fragen zu regeln. So kam ich nach Wellesley.«

Der Campus von Wellesley wirkte auf Fotos sehr hübsch, stellte sie fest, elegant, aber auch einschüchternd. Doch Hillary blieb nicht lange eingeschüchtert.

Die sechziger Jahre, sagte Hillary Rodham einmal, seien »beherrscht gewesen von Männern mit Träumen, Männern in der Bürgerrechtsbewegung und im Friedenskorps«. Sie war in der Absicht nach Wellesley gekommen, an eines der besten, fortschrittlichsten Mädchen-Colleges im Land, in dieser Männerwelt des gesellschaftlichen Fortschritts ihren Platz zu finden. Wellesley war damals der richtige Ort dafür.

Hillary traf in dem College als eine typische Park-Ridge-Republikanerin ein. Sie trug Faltenröcke und Peter-Pan-Blusen, Slipper und Kniestrümpfe. In ihrer High School-Zeit hatte sie für Goldwater Klinken geputzt, nun wurde das einstige Goldwater-Girl zur Vorsitzenden der Jungen Republikaner. Sie setzte sich entschieden gegen einen starken Staat und hohe Steuern ein, und obwohl sie ein Herz für die Armen hatte, glaubte sie daran, daß die Bürger sich selbst helfen mußten und die Lokalverwaltungen sich um ihren eigenen Bereich kümmern sollten. All diese Dinge sollten sich nun ziemlich rasch ändern.

Als sie im Herbst 1965 ins College eintrat, trat die Goldwater-Johnson-Wahl, bei der sie mit all der Leidenschaftlichkeit eines Teenagers für den rechten Flügel ihre Stimme erhoben hatte, allmählich in den Hintergrund und wurde Geschichte. Während ihres letzten halben Jahrs an der High School war sehr viel geschehen in der Welt. Martin Luther King jr. hatte den Marsch nach Selma im Bundesstaat Alabama angeführt. Zum erstenmal hatten Amerikaner aus dem Norden der Vereinigten Staaten gesehen, wie Afroamerikaner mit Feuerwehrschläuchen traktiert und mit Polizeihunden gehetzt wurden. Hillary Rodham, die erst vor zwei Jahren Luther Kings Hand geschüttelt hatte, sah weiße Polizisten in Schaftstiefeln, die mit Viehtreiberstöcken auf friedliche schwarze und weiße Demonstranten einschlugen, erlebte, daß Militär zur Aufrechterhaltung des Friedens geholt und eingesetzt wurde. Solche Bilder prägten sich ihr unauslöschlich ein.

Hillary entschied sich im Hauptfach für politische Wissenschaften und studierte daneben auch Psychologie. Ihr Mentor war ein Professor namens Alan Schechter, ein liberaler, aufgeschlossener Mann, der sich leidenschaftlich für das Thema der Bürgerrechte engagierte. Eine Gruppe junger Studentinnen war eifrig bemüht, diese Leidenschaft zu teilen. Sie studierten gemeinsam und erlebten während dieser Zeit die Attentate auf Martin Luther King jr. und Robert F. Kennedy, den Sturz von Malcolm X und der Schwarzen Panther, die Weathermen, den Vietnam-Krieg und die Protestmärsche. »Wir erlebten die Attentate auf diese führenden Männer, wir erlebten den Untergang aller Hoffnungen und der Aussicht auf Fortschritt, wir hatten den Krieg und all die Teach-ins«, erinnert sich Schechter. »Was die Probleme angeht, mit denen die Gesellschaft konfrontiert war, war dies wirklich ein einzigartiger Augenblick in der amerikanischen Geschichte.«

»Wir waren mitten im Studium, als alles in die Binsen zu gehen schien«, sagt Kris Olson Rogers, eine Freundin aus der College-Zeit, die heute Dekan und Professorin der Rechte an der Northwestern-Rechtsfakultät der Lewis and Clark University ist. »Und auf dem Campus spiegelte sich oft die Unruhe wider, die innerhalb der Gesellschaft im großen Maßstab herrschte.«

Das galt sicher auch für Hillary Rodham. Im Verlauf ihres ersten College-Jahres radikalisierte sie sich – in einem gewissen Maß. Sie übernahm die Hornbrille, die Großmutterröcke und Musselinkleider, die damals alle trugen. Ihre akademische Laufbahn entwickelte sich zu einer Suche nach »Relevanz«. Sie rückte auf dem gemäßigten Rockefeller-Flügel der Republikanischen Partei nach links, und 1968 beteiligte sie sich bereits am Wahlkampf des Demokraten Eugene McCarthy, machte sich Gedanken über Frauenfragen und sprach über die Rechte von Minderheiten und die Bedürfnisse der Armen.

»Mit Hillary vollzog sich eine große Wandlung«, berichtet Jeff Shields, Staatsanwalt in Chicago, der in seiner Studentenzeit in Harvard mit ihr ging. »Eine große Veränderung hatte das Land erfaßt, und davon kam einiges bei ihr zum Ausdruck.«

Shields, der während ihres ersten Semesters mit ihr auszugehen begann, beschreibt ihre Verwandlung, wie aus einem jungen Mädchen, das in seinen Ansichten noch nicht gefestigt war, eine kundige politische Denkerin wurde, der nichts größeren Spaß bereitete als eine gute Debatte. »Zu Beginn meiner Bekanntschaft mit Hillary neigte sie dazu, mehr zuzuhören als selber zu reden«, erzählt er. »Doch mit der Zeit festigten sich ihre Überzeugungen. Wir saßen oft mit Freunden bei irgend jemandem in der Wohnung um einen Tisch, tranken Bier oder Cola und führten lebhafte Gespräche über Bürgerrechte und internationale Themen – besonders im Zusammenhang mit Südostasien.«

Shields zufolge hatte Hillary anscheinend immer eine politische Mission – selbst wenn sie noch keine genaue Vorstellung damit verband. »Schon als ich sie kennenlernte, war ich beeindruckt von ihrem echten Interesse an unserem staatlichen System und Regierungsfragen, die sie aus der Sicht eines Menschen betrachtete, der sich beteiligen und etwas bewirken möchte, aber nicht genau weiß, wie er das bewerkstelligen soll«, sagt er. »Sie hatte keine fest umrissenen Ambitionen und war sich noch nicht im klaren darüber, ob sie

Links: Hillary Rodham, das »Goldwater-Girl«, 1965 auf einem Foto aus dem Jahrbuch ihrer High School.
(Peter Frahm)

Mitte: Die siebzehnjährige Hillary Rodham, Mitte vorn, wurde bei einem Treffen mit den Jahrgangsbesten des Staates zur »erfolgversprechendsten Schulabgängerin« gewählt.

Unten: In diesem Haus in Park Ridge, Illinois, verbrachte Hillary Rodham ihre Kindheit.
(Peter Frahm)

Links: Die Studentenschafts-vorsitzende des Wellesley College Hillary Rodham beeindruckte in der Zeitschrift *Life* mit ihrer Abschlußrede, in der sie für eine »spontanere, engagiertere und effektivere Lebensweise« plädierte. *(Lee Balterman/Life magazine)*

Unten: Der bewundernde Blick der Ehefrau. Hillary Rodham hält die Bibel, als ihr Mann Bill Clinton als Gouverneur von Arkansas vereidigt wird. *(Arkansas Democrat-Gazette)*

in irgendein Amt gewählt werden wollte, und sie gab schon gar nicht zu erkennen, daß sie nach einem Politiker Ausschau hielt, um sich mit ihm zu verbinden – ich bin überzeugt, sie wäre gekränkt gewesen, wenn damals jemand die Sprache auf so etwas gebracht hätte.«

Manche ihrer Freunde sagen, der tatsächliche Einstellungswandel, der sich bei Hillary während ihrer College-Zeit vollzog, werde überschätzt. Daß sie sich als Teenager für Goldwater und die Jungen Republikaner eingesetzt hatte, darin sei nur zum letztenmal das unbewußte Verlangen des Kindes, die Eltern nachzuahmen, zum Ausdruck gekommen. Hillary sei nie eine hartgesottene Konservative gewesen, betonen sie.

»Ihr Denken beruhte, wie bei uns allen, größtenteils auf der Einstellung ihrer Eltern«, berichtet ihre Freundin und politische Gesinnungsgenossin Eleanor »Eldee« Acheson. Eleanor, die aus einer liberalen, sehr politischen Familie stammte, begrüßte es, daß ihre Kommilitonin nach links rückte. Im Herbst 1968 kutschierte sie mit Hillary durch die Lande; die beiden jungen Frauen unterstützten damals die Kandidatur von Senator Hubert Humphrey, verteilten Wahlbroschüren und machten Telefonservice in Massachusetts und New Hampshire. »Ich habe in keinem Gespräch mit ihr den Eindruck gehabt, sie sei konservativ eingestellt, das wäre in diskriminierenden Ansichten gegenüber Schwarzen oder Juden oder weiß Gott wem zum Ausdruck gekommen. Ich kann mich an so etwas überhaupt nicht erinnern.«

In einem Seminar über Verfassungsrecht, an dem sie beide in ihrem letzten College-Jahr teilnahmen, schlossen Eleanor Acheson und Hillary engere Freundschaft. Es wurde von Professor Schechter gehalten, der zu einem neuen Schlag akademischer Lehrer der Geistes- und Sozialwissenschaften gehörte und die Seminardiskussionen nach pragmatischen Gesichtspunkten leitete und im Hinblick auf die Gerichtspraxis unterrichtete.

Eleanor Acheson, eine scharfsinnige, willensstarke Person, die Geschichte im Hauptfach studierte, fühlte sich zu der intelligenten, gefühlsbetonten Kommilitonin mit dem strahlenden Lächeln hingezogen, die, wie sie selbst, eine schwere Brille mit dicken Gläsern trug und ihr langes Haar nachlässig mit einer Spange im Nacken zusammenhielt.

»Sie war nicht so eine Alleswisserin, die den anderen Vorträge hielt und den Professor belehren wollte und jede Frage im Kontext ihrer politischen Meinung beantwortete«, sagt sie über Hillary. »Sie hat fabelhaft scharfsinnige Fragen gestellt und damit einen neuen Zugang zum Thema eröffnet, den sie dazu benutzte, einzelnen Punkten und Fragen nachzugehen.«

»Sie hat ihre Überzeugungen nie aggressiv vorgetragen«, sagt Dana Stambaugh Semeraro, Hillarys »große Schwester« in Wellesley. »Sie war immer so enthusiastisch, daß sie andere dazu anregte, es ihr nachzumachen. Sie war anders als viele Leute, die sich einer Sache verschreiben und recht kränkend und herablassend werden, wenn man sich nicht in gleicher Weise für die betreffende Sache engagiert. Sie stand mit beiden Beinen auf der Erde, sie hatte viel Humor, und sie war beliebt.«

Hillary und Eleanor Acheson sprachen häufig und leidenschaftlich über die Fragen, die sie bewegten. Oft blieben sie auf den Stufen vor der Founders Hall stehen, begrüßten sich knapp und redeten miteinander, bis sie zu spät zum Unterricht kamen. »Wenn man ihr begegnete, konnte man einfach ›hi‹ sagen und weitergehen, aber wenn man stehenbleiben und sich mit ihr über irgend etwas unterhalten wollte, dann wurde man richtig in ein Gespräch gezogen, mehr als man gedacht hatte«, erzählt Eleanor Acheson. »Sie war damals schon ungefähr so wie heute: sehr lustig, mit einem großartigen Humor, aber nicht im geringsten leichtfertig oder oberflächlich. Wenn man also stehenblieb und sagte: ›Hast du diesen oder jenen Artikel gelesen?‹ war sofort klar, daß sie ihn gelesen hatte und außerdem etwa zehn andere Artikel, und dann wurde sie von dem Gespräch geradezu fortgerissen. Und es war sehr fundiert. Sie war ganz bei der Sache und kannte sich aus.

Eleanor Acheson, Hillary und ein paar andere Freundinnen bezogen nahegelegene Zimmer in dem modernen Stone-Davis-Wohnheim-Komplex. Sie waren eine Gruppe natürlicher, gefühlsbetonter, engagierter, politisch aktiver junger Frauen. Sie kamen beinahe alle aus relativ konservativen Familien der oberen Mittelschicht, und fast alle rangen sie darum, mit den politischen Ansichten ihrer Eltern zu brechen.

»Ich würde uns als typisch ernste Studenten der späten sechziger Jahre bezeichnen. Wir waren idealistisch gesinnt und glaubten, daß jeder einzelne wirklich etwas bewirken könnte«, berichtet Kris Rogers.

Es war ein idyllischer Ort zum Studieren: hohe Bäume, eine elegante landschaftliche Umgebung im New-England-Stil, gotische Backsteinbauten, ein Speisesaal, durch dessen Fenster man über die Laubkronen der Bäume blickte und wo man im Freundeskreis bei manch ausgedehntem Dinner saß. Im Gemeinschaftsraum des Stone-Davis-Heims war Hillary oft abends anzutreffen, wie sie eine Art Salon über gesellschaftliche Fragen führte, umgeben von Freunden, die heftig über die Probleme des Tages debattierten oder die ersten Phasen einer neuerlichen Initiative zur College-Reform entwarfen. Hillarys außergewöhnliches Führungstalent verschaffte ihr eine Sonderstellung. »Hillary gehörte zweifellos zu den führenden Köpfen im College«, sagt Rogers. »Aber sie war diejenige, die immer Reden hielt, Versammlungen einberief, Sachen auf die Beine stellte. Sie war ein Katalysator.«

Den Studentinnen war es im ersten Studienjahr nicht gestattet, ein Auto zu haben, ohne Erlaubnis der Eltern die Wochenenden woanders zu verbringen oder in ihren Zimmern junge Männer zu empfangen. So nahmen sie am Wochenende einen Zug der Green Line nach Boston, wo sie sich in den Buchhandlungen oder in den Cafés um den Harvard Square die Zeit vertrieben. Es gab Cocktails und kleine Partys mit Harvard-Studenten und mit den Männern vom Massachusetts Institute of Technology (MIT), aber ein tolles Gesellschaftsleben war das nicht. »Das größte ›gesellschaftliche Ereignis‹ auf dem Campus«, sagt Rogers, »war Tee am Mittwochnachmittag, mit einem Stückchen Zucker oder zwei.«

Hillary lernte Jeff Shields kennen, als sie einmal mit seinem Zimmergenossen ausging. In der ersten Hälfte ihres letzten Jahres ging sie mit ihm, aber sie ging auch mit anderen jungen Männern aus, alle, Rogers zufolge, »poli-sci (Studenten der politischen Wissenschaften), ernste, idealistische Typen, politisch aktiv, mit dem Glauben an eine gute Regierung, keine wild dreinblickenden Radikalen.«

Shields, ein Harvard-Student, der Hillary im Studium zwei Jahre voraus war, erinnert sich an sie als eine ernsthafte, aktive, intellektuelle junge Frau, mit der man Spaß haben konnte, die aber ihre Zeit vorwiegend damit verbrachte, in der Politik zu leben, zu atmen und darüber zu reden.

Sie unternahm mit ihm lange Spaziergänge um den See bei Wellesley und sprach dabei unentwegt. »Sie hörte sich an, was die Leute beschäftigte und was sie als Lektüre interessant fanden, dann las sie das Werk des betreffenden Autors, erschien wieder und konnte darüber diskutieren.« Nachdem sie den See ein paarmal umrundet hatten, gab Hillary Shields ein Exemplar von Thoreaus *Walden*. Sie unterhielten sich auch über Locke und über die frühen politischen Philosophen.

»Unsere Beziehung beruhte auf dem Gespräch, vielen Gesprächen«, sagt er.

Doch hin und wieder machten Hillary und Shields in ihren politischen Gesprächen eine Pause. Sie gingen zu Football-Spielen und Tanzveranstaltungen und Partys im Winthrop House, seinem Studentenheim in Harvard. Sie tanzten zu Beatles-Songs und Motown. Hillary mochte die Supremes besonders gern.

Das Bild der geselligen Hillary, die gerne tanzte, ist eher das, das Alan Schechter in Erinnerung hat. »Sie war nicht übermäßig auf Bücher versessen oder an Noten interessiert oder eine allzu fleißige Schülerin«, sagt er. »Sie war eine warmherzige, freundschaftliche, fröhliche, entspannte Person, die aus sich herausging.«

Sie war außerdem eine hübsche junge Frau, mit glattem Blondhaar, das ihr locker über die Schultern fiel, und einer schlanken, sportlichen Figur. Aber sie war nicht der Typ, der sich freitagnachmittags über sein Aussehen grämte, weil eine Abendeinladung in Harvard bevorstand. »Sie war keine Frau, die viel darüber nachdachte, wie sie aussah oder was sie anziehen sollte«, erzählt eine ehemalige Kommilitonin.

Sie war eine außergewöhnlich loyale Freundin, sie hätte sich eher ein Bein ausgerissen, als mit anzusehen, daß jemand unnötig litt, und sie setzte alles daran, daß immer gerecht entschieden wurde. »Sie hat Dinge, die geschahen, nicht einfach hingenommen und sich damit abgefunden«, sagt die ehemalige Mitstudentin. »Sie hat die Pflichten der Gemeinschaft teilweise selbst erledigt, um die Gruppe zusammenzuhalten und Veränderungen herbeizuführen.«

Während andere Studentinnen in Wellesley sich in der Bibliothek vergruben oder ihre Zeit damit vertrödelten, von ihren fernen Freunden zu träumen oder sich Campus-Intrigen auszudenken, betätigte sich Hillary in der studentischen Selbstverwaltung oder ging Aktivitäten außerhalb des College nach.

Sie folgte einem strengen Zeitplan. Sie unternahm häufig Fahrten in den Bostoner Stadtteil Roxbury, wo sie Kindern armer Leute das Lesen beibrachte. Boston war damals in Auseinandersetzungen um die Gewährung des Stimmrechts für Schwarze verwickelt. Hillary und ihre Freunde begannen an einer Alternativzeitung für die schwarze Bewohnerschaft zu arbeiten und schlossen sich Gemeinschaftsaktionen von politischen Gruppen aus Wellesley, Harvard und vom MIT an.

Wellesley ging damals, wie das Land überhaupt, einer Periode des Wandels entgegen. In Hillary Rodhams erstem Studienjahr war die größte Zahl schwarzer Studentinnen, die jemals zugelassen worden waren, ins College eingetreten. Sie bildeten die erste Vereinigung afroamerikanischer Frauen auf dem Campus und beschuldigten die Leitung, sie verfolge eine geheime Quotenpolitik, um die Zahl der Schwarzen niedrig zu halten. Es war von Streiks und anderen politischen Aktionen die Rede. In der Kapelle von Wellesley wurde eine Versammlung aller Studierenden einberufen. Hillary übernahm den Vorsitz.

Sie vermittelte zwischen den einzelnen Gruppen, hielt Verbindungen offen und baute Brücken. Sie bildete Koalitionen von Gruppen und diente als »Verbindungsfrau« zwischen diesen Gruppen und der Verwaltung, sobald ein Zustand der Polarisierung eingetreten war. »Sie hat eine Art Pendeldiplomatie zwischen den Gruppierungen betrieben«, sagt Kris Rogers. »Sie hatte eine Begabung dafür, eine Brücke zwischen verschiedenen Gruppen von Studentinnen zu bilden. Sie versuchte zu erreichen, daß alle miteinander sprachen, und suchte nach einer Möglichkeit, das College aus seiner Trägheit aufzurütteln und auch die Anliegen der schwarzen Studentinnen zu berücksichtigen.«

Rogers meint, es sei Hillarys gar nicht so weit zurückliegender Konservatismus gewesen, der sie zu einer so begabten Vermittlerin gemacht habe. »Während sie persönlich mehr zu einer demokratischen Position überging, brachte sie es zuwege, jene Verbindungskanäle zu ihren früheren Wurzeln nicht zu blockieren. Sie verdankte ihnen sicher ihr Einfühlungsvermögen in das Denken verschiedener Bevölkerungssegmente, die in jener Zeit häufig überhaupt nicht miteinander sprachen.«

In ihrem vorletzten College-Jahr wurde Hillary Studentenberaterin und kümmerte sich in ihrem Wohnheim um die Erstsemester. Sie arbeitete sich auch durch die Ränge der Campus-Politik nach oben. Sie schloß sich dem Kampf um eine Lockerung der Hausordnung an und gehörte zu den Anführerinnen der Proteste gegen die strengen akademischen Vorschriften des Stundenplans in Wellesley; außerdem setzte sie sich für ein einfaches Bestanden – nicht bestanden-Benotungssystem ein. Als Präsidentin der studentischen Selbstverwaltung organisierte sie in ihrem letzten Jahr die erste Runde von Teach-ins über Vietnam, die auf dem Campus stattfanden. Die Berichte über die Eskalation des Krieges verwandelten Sorge rasch in Empörung, und die Haltung der Studentenschaft gegenüber dem Krieg wurde zunehmend feindseliger. Die Teach-ins hatten ursprünglich mehr pädagogische als polemische Ziele verfolgen sollen, doch die vorherrschende Antikriegsstimmung unter den Studentinnen verwandelte sich rasch in Protestkundgebungen.

Sie fielen allerdings maßvoll aus im Vergleich zu den Antikriegsaktivitäten an anderen Bildungsstätten in diesem Herbst 1968. Die Studentinnen am Wellesley College waren den unmittelbaren Nöten, die sich mit der Einberufung verbanden, nicht ausgesetzt. Niemand vom ROTC (Reserve Officers' Training Corps) oder von der CIA erschien auf dem Campus, um Kriegsteilnehmer zu rekrutieren. Der Protest blieb eine akademische, intellektuelle Angelegenheit, nicht ein Akt des bürgerlichen Ungehorsams, und würde sich sicherlich nicht nachteilig auf die Zukunft einer liberalen, pragmatisch denkenden jungen Frau mit beruflichem Ehrgeiz auswirken.

Eine solche junge Frau war Hillary Rodham. Sie war, in Alan Schechters Worten, eine »pragmatisch denkende Liberale, die an den, wie ich es nenne, instrumentalen Liberalismus glaubte: mit Hilfe der Regierung die nicht befriedigten Bedürfnisse der Gesellschaft zu befriedigen, jenen Menschen zu helfen, die nicht ganz in die Gesellschaft aufgenommen sind.«

Sie schrieb als Abschlußarbeit eine vergleichende Untersuchung von kommunalen Aufbauprogrammen für die Armen und analysierte sie, um die Bedingungen herauszuarbeiten, unter denen eine Beteiligung der Armen an der verantwortlichen Führung ihres Lebens eine positive, dauerhafte Wirkung haben könnte. Dabei kam sie zu dem Ergebnis, daß auf kurze Sicht eine Beteiligung der Armen an der Verbesserung ihrer Lebenssituation ihnen helfen würde, doch die Verbesserung wäre nur vorübergehend. Um eine länger anhaltende Wirkung zu erzielen, wären nachhaltigere Hilfen notwendig. Von allen vier Dozenten, die ihre Arbeit beurteilten, erhielt sie die Bestnote.

»Die Arbeit war in einem liberalen, fortschrittlichen Geist gehalten, aber keineswegs radikal«, sagt Schechter, der ihre Arbeit betreute. »Sie war fortschrittlich, aber kritisch. Pragmatisch. Genauso wie sie es später in ihrer ganzen beruflichen Tätigkeit hielt.«

Ebenso wie Hillary nie sehr weit rechts gestanden hatte, ging ihr Schwenk nach links gerade nur bis zur Mitte. »Sie hielt sich eigentlich sehr in der Hauptströmung«, sagt Jeff Shields. »Sie verfocht keine Gegenkultur. Ich hatte bei ihr nie das Gefühl, daß sie aussteigen oder sich radikalisieren würde, nicht einmal in ihrem Denken, weil sie, auch als sie endgültig ins liberale Lager wechselte, immer innerhalb eines ziemlich konventionellen Rahmens blieb.«

Der vielleicht wichtigste Kurs, den Hillary Rodham in Wellesley belegte, war Schechters verfassungsrechtliches Seminar, das er dort während ihres letzten Studienjahrs hielt. Einmal in der Woche kam die kleine Gruppe von Abschluß-Studentinnen zusammen und diskutierte über die Themen des Tages. Viele von ihnen waren an der Anti-Vietnam-Bewegung beteiligt, manche, wie Hillary, hatten im Wahlkampf für Eugene McCarthy gearbeitet, andere, wie Eleanor Acheson, für Bobby Kennedy. Sie waren unglücklich über den Kurs, den Amerika damals einschlug. Sie erlebten, wie ihre Brüder, Vettern und Freunde in den Krieg mußten. Sie fanden, daß die Regierung den Kontakt zur Realität verloren habe. Sie waren engagiert und glaubten, daß allein der Umstand, daß sie in den ausgehenden sechziger Jahren am College studierten, schon von historischer Bedeutung sei. Und sie waren frustriert bei dem Gedanken, daß bei ihrer Abschlußfeier niemand über ihre gemeinsame Zeit sprechen würde.

»Wir brauchen eine Jahrgangssprecherin, eine von uns«, erklärte eine der Studentinnen. Hillary und Eleanor Acheson stimmten ihr zu. Mit Schechters ermutigendem Beistand gingen sie zur Rektorin Ruth Adams, trugen ihr die Idee vor und erhielten – was nicht überraschte – eine abschlägige Antwort.

Die Studentinnen des Verfassungsrechts trugen ihren Standpunkt der Vollversammlung der Studierenden vor, die ihn mit Begeisterung billigte. Dann machten sie sich daran, eine Sprecherin auszusuchen, die gut mit der Verwaltung zurechtkäme. Eine gute Studentin, eine Jahrgangsführerin, eine beliebte Kommilitonin, die wirklich für ihre Mitstudierenden sprach. Man einigte sich auf Hillary Rodham. Ihre Wahl lag nahe; sie war Vorsitzende der studentischen Selbstverwaltung, eine Studentin mit lauter Bestnoten, auf dem Campus bekannt und beliebt. Nachdem sie so lange Mittlerdienste zwischen so vielen

Gruppen geleistet hatte, war sie eine der wenigen, von denen eine jede sagen konnte, sie sei eine faire Vertreterin ihrer Interessen.

Die College-Leitung stimmte zu. Wellesley-Rektorin Adams verlangte nur, daß die Ausführungen der Sprecherin einen Konsens innerhalb des Abschlußjahrgangs zum Ausdruck bringen müßten. Auch sollten sie »angemessen« sein und das College nicht in Verlegenheit bringen. In einem »Konsens-Stil«, wie er damals typisch war, ersuchte Hillary ihre Jahrgangskolleginnen um Anregungen für ihre Rede. Sie überschwemmten sie mit Ideen, Gedichten und Zitaten. Sie wollten, daß sie über das sprach, was sie in den vergangenen vier Jahren miterlebt hatten: die Eskalation des Vietnamkriegs, die Attentate auf Martin Luther King und Robert Kennedy und die Krawalle in den Städten. Ein kleines Komitee von Redenschreiberinnen, unter ihnen Eleanor Acheson, sichtete die Vorschläge und skizzierte einen ersten Entwurf.

Ein paar Tage vor dem »commencement«, der akademischen Abschlußfeier zur Verleihung der Grade, verlangte die Rektorin, daß man ihr die Rede zur Durchsicht vorlegte. Eleanor Acheson und ihre Freundinnen lehnten ab und bezogen sich auf eine gerichtliche Verfügung, die eine Vorzensur für nicht rechtens erklärte. Sie legten Hillary einen abschließenden Entwurf der Rede vor, die dann ihre letzten Veränderungen daran vornahm.

Damals war es Tradition, daß die College-Leitung für die Examensfeier einen auswärtigen Redner einlud. In Hillarys Abschlußjahr war die Wahl auf Senator Edward Brooke gefallen, einen liberalen Republikaner aus Massachusetts. Die Planung der Feier, die offensichtlich auf keinen Krieg der Worte von den »Kanzeln« eingestellt war, sah vor, daß Brooke direkt vor Hillary Rodham sprach. Das war ein bedauerlicher Mißgriff.

An diesem Tag kamen viele prominente Gäste. Eleanor Achesons Großvater Dean Acheson, unter Truman Außenminister, erschien mit seiner Ehefrau. Paul Nitze, stellvertretender Verteidigungsminister während des Vietnamkrieges, kam wegen seiner Tochter Nina. Weitere Prominente aus Wirtschaft, Finanzwelt und Regierung fanden sich ein und zogen mehr Pressereporter an als üblich.

Senator Brooke absolvierte die ihm zugemessene Redezeit ohne einen Zwischenfall. Und ohne viel Substanz, fanden viele von Hillarys Mitstudentinnen. »Es war eine abgedroschene Rede, voller hochgestochener Worte und Begriffe, aber sie hätte überall, zu jeder beliebigen Zeit gehalten werden können«, sagt Eleanor Acheson. »Er hat im Inhalt oder in der Aussage nichts über die vier Jahre mitgeteilt, die wir an diesem College verbracht hatten, nichts von dem, was in diesen vier Jahren mit Amerika passiert war. Er hat lauter leeres Stroh gedroschen.«

Als er seine Rede beendet hatte, ging Hillary Rodham auf das Vortragspult zu. Sie wirkte klein und recht jung in ihrem Talar mit dem übergroßen Barett. Sie begrüßte ihre Kommilitoninnen, ihre Eltern, die Kuratoriumsmitglieder und die versammelte ehemalige Studentenschaft. Dann begann sie zu sprechen.

Senator Brookes Ausführungen, erklärte sie, spiegelten eben jenes beliebige, irrelevante Denken wider, das vier Jahre lang das Land in die Irre geführt habe. »Ich stelle fest, daß ich mich in einer vertrauten Situation befinde, nämlich der des Reagierens, was unsere Generation jetzt schon eine ganze Weile tut. Ich reagiere jetzt ganz kurz auf einige Dinge, die Senator Brooke gesagt hat«, stellte sie fest. Aus dem Publikum waren ein paar Laute des Erstaunens oder der Empörung zu vernehmen. Die graduierten Studentinnen tauschten verstohlene Blicke und hielten ein Lächeln zurück. Hillary sprach ein paar Minuten lang frei und erteilte dem Senator eine Rüge. Dann ging sie zu ihrem vorbereiteten Text über. »Jetzt geht es darum, Politik als die Kunst zu betreiben, die das unmöglich Scheinende möglich macht. Uns interessiert nicht so sehr der Aufbau der Gesellschaft als vielmehr der Wiederaufbau des Menschlichen«, sagte sie. Ihre Rede versetzte die Hörer in Staunen; sie schlug in ihrer Form und ihrer Abstraktion einen Ton an, der zu Brookes traditioneller Ansprache so gegensätzlich war, wie sich nur denken ließ. »Es ist merkwürdig, wie Wörter unser Denken auf dem Weg zur Zunge in die Falle locken, aber sie sind in unserem multimedialen Zeitalter notwendige Mittel, wenn man versuchen will, einige der unartikulierten, vielleicht sogar unartikulierbaren Dinge zu erfassen, die wir empfinden. Wir, wir alle, tasten uns durch eine Welt, die niemand von uns versteht, und versuchen, innerhalb dieser Ungewißheit etwas Neues hervorzubringen. Aber es gibt ein paar Dinge, die wir fühlen, Gefühle, die uns sagen, daß unser Gemeinschaftsleben, die Universitäten leider eingeschlossen, das überwiegend an Erwerb und Konkurrenz orientiert ist, nicht die Art von Leben ist, die wir führen wollen. Wir sind auf der Suche nach unmittelbareren, ekstatischeren, mehr durch die Oberfläche dringenden Lebensweisen.«

Es war eine bewegende, wenn auch etwas umständlich verfaßte Rede. Doch nur wenige im Publikum machten sich die Mühe, ihr zuzuhören. Die langen Sätze wurden immer wieder von Geräuschen unterbrochen, von Leuten, die herumraschelten, von knarrenden Klappstühlen. Gemurmelte Kommentare summten durch den Raum, während Hillary sprach. »Hillary war gewissermaßen ins kalte Wasser gesprungen«, berichtet Eleanor Acheson, die maßgeblich am Verfassen der Rede beteiligt gewesen war. »Manche Leute, vor allem Mütter, fanden die Rede einfach unverschämt und ließen sich das nicht ausreden. Eine andere Gruppe gab Hillary absolut recht. Die Rede beunruhigte viele Leute. Die Studentinnen aber waren begeistert. »Sie hat's ihm gegeben, ohne Wenn und Aber«, sagt Schechter.

Ein Auszug aus Hillarys Rede – und ihr Foto – erschienen im Nachrichtenmagazin *Life*. Er war neben ein paar anderen Auszügen abgedruckt und wirkte völlig zahm.

»Abschlußfeiern sind traditionell eine Gelegenheit für alberne Bemerkungen über die Zukunft der anwesenden Graduierten«, hieß es in dem gekürzten Text der rebellischen Stephanie Mills, die ihr Examen am Mills College ablegte. »Mein bedrückender Kommentar zu dieser rosigen, zu dieser unendlichen Zukunft lautet, daß das ein gigantischer Schwindel ist... Unsere Tage als Menschengeschlecht auf diesem Planeten sind gezählt, und der Grund für die Endlichkeit unserer unrosigen Zukunft liegt darin, daß wir im Begriff sind, uns aus der Existenz hinauszubrüten... Es deprimiert mich schrecklich, daß für mich die humanste Lösung darin besteht, überhaupt keine Kinder zu bekommen.«

»Die Realitäten sind da, aber für mich sind sie nicht real«, lautete der Kernspruch eines anderen Redeauszugs, diesmal aus der Ansprache der Studentenschaftsvorsitzenden von der Brown University, Ira Magaziner, die zufällig in Bill Clintons Übergangsteam landete.

Als Hillary Rodham das Wellesley College verließ, hatte sie Triumphe hinter sich und eine Bekanntheit erreicht, die ihre ehrgeizigsten Träume überstieg. Über ihre Abschlußrede war landesweit in der Presse berichtet worden. Ihr Erfolg in der TV-Quiz-Show *College Bowl* hatte ihrem College Ansehen eingetragen. Als sie die Yale University bezog, eilte ihr ein Ruf voraus. Sie war beliebt und, was noch besser ist, geachtet. »Ich dachte, sie würde die erste Richterin am Obersten Bundesgericht werden, die Wellesley absolviert hat«, sagt Schechter.

Doch außerhalb der Geborgenheit des fortschrittlichen Frauen-Colleges bot das Leben nicht immer Triumphe. Hillarys Bekehrung zu McCarthys Idealen brachte sie in einen direkten Konflikt mit ihrem Vater. Wenn sie miteinander in Streit gerieten, war der kritische Faktor immer die Politik. Daß Hillary sich der Demokratischen Partei zuwandte, war in einer Zeit der Besetzung von Universitäten, von Parolen wie »Fremdbestimmung« und »Eigeninitiative« keine große Rebellion. Aber innerhalb ihrer Familie war es ein Aufstand, und die Kontroversen bei Tisch waren manchmal sehr verletzend und einschneidend.

»Wir haben alle davon gesprochen, wie schwierig es sein würde, wieder zu Hause zu sein«, sagt Kris Rogers nachdenklich. »In unserer persönlichen Entwicklung spiegelte sich sehr viel von dem, was sich damals abspielte im Land, wir alle haben Konflikte durchmachen müssen – mein Vater hat Goldwater gewählt. Wir haben uns oft gefragt: ›Wie können wir die Kinder solcher Eltern sein?‹ Und dann wurde uns klar, daß wir es durchaus waren.«

Auch außerhalb der Familie gab es Probleme. »Die Leute haben Hillary das Leben schwergemacht, weil sie die Beste sein wollte«, erklärte Dorothy Rodham gegenüber *Paris-Match*. »Ich denke, jene Jahre waren die Zeit der größten Herausforderung für sie. Sie war eine junge Frau und den Männern ebenbürtig. Das wurde seinerzeit noch nicht akzeptiert.«

»Sie war eine ungewöhnliche junge Frau«, sagt eine ehemalige Kommilitonin. »Sie war nicht so wie andere Leute, insofern als die meisten anderen sich mehr oder weniger irgendwie gleichen. Hillary war wirklich ganz unvergleichlich. Sie war eine sehr starke Persönlichkeit. Sie war nicht nach jedermanns Geschmack.«

In mancher Hinsicht stand Wellesley zu Hillarys Zeit noch mit einem Bein in den fünfziger Jahren. Studentinnen im ersten Jahr mußten spätestens um neun Uhr auf ihren Zimmern sein, nur ausnahmsweise durften sie bis ein Uhr nachts wegbleiben, doch das war eine Seltenheit. (In späteren Jahren, bemerkt Jeff Shields, wurden die Vorschriften »elegant umgangen«.) Erstsemester wurden einer »großen Schwester« zugeteilt, die ihnen half, sich zurechtzufinden, mit Rat und Tat zur Seite stand, ihnen aus Schwierigkeiten wieder heraushalf und an Weihnachten mit ihnen Geschenke tauschte. Hillarys Jahrgang galt zwar wegen der Veränderungen, die das College und das ganze Land betrafen, als ein Umbruchjahrgang, markierte jedoch keineswegs einen völligen Bruch, was die persönlichen Ambitionen früherer Jahrgänge anging. Obwohl Wellesley als ein College galt, in dem sich hochintelligente, hochmotivierte und intellektuelle junge Frauen nur so tummelten, sah die Mehrheit der Studentinnen es als unwahrscheinlich an, nach dem Studium etwas anderes anzufangen als zu heiraten, Kinder großzuziehen und ihre anspruchsvolle Ausbildung dafür zu nutzen, die berufliche Karriere ihrer Ehemänner zu fördern, wie Kris Rogers sagt. Zwar brachte Hillarys Jahrgang als erster eine größere Zahl von Absolventinnen hervor, die Jura studieren wollten, aber selbst von den ehrgeizigsten betrachtete praktisch keine den Einstieg in die Politik als eine Möglichkeit für ihren späteren Lebensweg.

Die Belastungen, denen Hillary als Heranwachsende ausgesetzt war, als ein blitzgescheites, hochmotiviertes Mädchen, das in einer Männerwelt Schranken niederriß, sagte Dorothy Rodham, ließen die Herausforderungen des Wahlkampfs im Jahr 1992 als Lappalien erscheinen. »Die schwierigste Phase ihres Lebens hatte sie durchzustehen, als sie in Wellesley war.«

Sollte Hillary Rodham als junge Frau, die an den Fronten des Generationenwechsels kämpfte, gelitten haben, so war ihrem Geist davon nichts anzumerken. Auf dem Jahrbuch-Foto aus ihrem letzten Collegejahr wirkt sie wie der Inbegriff eines unkonventionellen Freigeistes. Sie sitzt auf einem Felsen an einem Seeufer, läßt ein Bein herabbaumeln, als sei sie bereit zu einem Tritt, ihr Körper ist vor Lachen leicht gebogen, ihr Haar trägt sie glatt und lang. Im Vergleich zu ihren Kommilitoninnen, die den Hintergrund bildeten – ein paar von ihnen in gezierten Posen, den Verlobungsring gut sichtbar an einem Finger der gefalteten Hände, während andere Kostüme und Perlen à la Jackie Kennedy zur Schau stellen –, wirkt sie frappierend jung, beinahe kindlich. Seltsamerweise sieht sie damals mehr so aus wie heute, verglichen mit Fotos, die vor zehn Jahren aufgenommen wurden.

Eleanor Acheson sagt, sie habe immer die Fröhlichkeit und Kraft bewundert, die Hillary damals ausstrahlte. »Ich bin vielen Leuten begegnet, die enorm begabt sind, aber viele von ihnen leiden an Unsicherheit, werden von ihren Eltern angetrieben, und damit ist für sie ein ziemliches Elend verbunden. Hillary hat so etwas nie erlebt.«

»Sie hatte eine gewisse Gelassenheit und Selbstvertrauen«, attestiert ihr Dana Semeraro.

Angesichts ihrer politischen Neigungen und ihres angeborenen Führungstalents war es naheliegend, daß Hillary sich für das Jurastudium entschied. Sie zog zunächst auch die juristische Fakultät von Harvard in Betracht, neigte aber mehr zur Yale University, weil dort politische Philosophie großgeschrieben wurde, aber auch, weil sie ein unerfreuliches Erlebnis mit einem Professor in Harvard gehabt hatte.

Hillary schilderte der *Arkansas Gazette* dieses Erlebnis. »Ich lernte einen sehr angesehenen, älteren Rechtsprofessor kennen, und meine Freundin, die an der juristischen Fakultät in Harvard studierte, stellte mich vor: ›Herr Professor, das ist eine Freundin von mir. Sie versucht für sich herauszufinden, ob sie nächstes Jahr hierherkommen soll oder ob sie sich bei unserer größten Konkurrenz einschreibt.‹

Der hochgewachsene, ziemlich imponierende Professor, eine Gestalt wie aus einem Film, schaute auf mich herab und sagte: ›Nun, erstens haben wir keine größte Konkurrenz, und zweitens brauchen wir nicht noch mehr Frauen.‹ Das hat meine Entscheidung bestimmt. Ich war sowieso mehr für Yale gewesen, aber die Bemerkungen dieses Typs haben den Ausschlag gegeben.«

»Hillary Rodham ist bei weitem die hervorragendste junge Frau, die ich in meinen sieben Jahren als Mitglied des Lehrkörpers von Wellesley unterrichtet habe«, schrieb Alan Schechter in seinem Empfehlungsschreiben an das Immatrikulationsbüro der juristischen Fakultät in Yale. »Ich setze große Hoffnungen auf Hillary und in ihre Zukunft. Sie besitzt die intellektuellen Fähigkeiten, die Persönlichkeit und den Charakter, um der amerikanischen Gesellschaft außergewöhnliche Dienste zu leisten.«

Weder Schechter noch sonst einer von Hillarys Freunden oder Lehrern hegte auch nur den geringsten Zweifel, daß die juristische Ausbildung für sie ein Übungsgelände für ihre späteren politischen Aktivitäten abgeben werde.

»Sie wollte auf die Rechtsfakultät, nicht um Geld zu verdienen oder Firmenanwältin zu werden«, sagt Schechter, »sondern um ihr Können und ihre Chancen im juristischen Bereich dafür zu nutzen, die Entwicklung der Gesellschaft zu beeinflussen.«

Jeff Shields schließt sich dem an. »Sie ging nicht an die Rechtsfakultät, weil sie besonders daran interessiert gewesen wäre, Anwältin zu werden. Die Fakultät in Yale entsprach ihrem allgemeinen Interesse an den Vorgängen im Staat.«

Zu dieser Zeit studierte Shields selbst an der juristischen Fakultät in Yale, obwohl die Beziehung zwischen den beiden nach einem letzten Besuch der Footballpartie Harvard gegen Yale praktisch zu Ende war. »Die Basis unserer Beziehung war vor allem das Geistige«, sagt er. »Wir standen uns nahe und sind oft zusammen ausgegangen, und wir hatten viel Spaß miteinander, aber es war in erster Linie eine intellektuelle Sache. Es war so eine typische Konstellation, in der beide Partner im gleichen Maß ihre Verliebtheit verlieren und das Interesse nachläßt, die aber trotzdem Freunde bleiben.«

Die juristische Fakultät der Yale University markierte für Hillary Rodham den Beginn einer neuen geistigen Reise. Auch ein romantisches Abenteuer erwartete sie hier. Herz und Intellekt sollten aufeinandertreffen und sich vermischen und zu einem Resultat führen, das, wie Schechter prophezeit hatte, in der Tat außerordentlich war.

Der Ernst des Lebens

Die juristische Fakultät in Yale war in den frühen siebziger Jahren, was sie noch heute ist: von den angesehensten Fakultäten ihrer Art die mit dem stärksten Engagement für das Gemeinwohl. Die Generation von Jurastudenten in Hillarys Jahrgang 1972 hatte in ihren Teenagerjahren ihre Träume nach den Reden und Ausgaben John F. Kennedys geformt und war in den Turbulenzen der ausgehenden sechziger Jahre ins Erwachsenenleben eingetreten. Als Gruppe hofften sie auf einen Wandel und glaubten, daß das System ihn schaffen könnte. Sie lasen Charles Reichs *The Greening of America* und diskutierten darüber, die bisher geltenden Vorstellungen von Eigentum zu revolutionieren. Sie demonstrierten, sie hielten Teach-ins ab. In Hillarys zweitem Monat auf dem Campus traten sie in einen Vorlesungsstreik.

Viele der Professoren in Yale dienten Hillary als Vorbild und halfen ihr bei der Entscheidung, welche Wege sie für ihre berufliche Karriere im Dienst des Gemeinwohls einschlagen sollte. Mehrere von ihnen hatten sogar John F. Kennedys Regierung angehört, unter ihnen Burke Marshall, der frühere Leiter der Bürgerrechtsabteilung im Justizministerium, der wesentlich für die Planung der Bürgerrechtspolitik der Bundesregierung in den Südstaaten zuständig gewesen war.

An der juristischen Fakultät in Yale wurde Hillary rasch politisiert. Eine kurze Zeit gehörte sie dem Redaktionsstab der inzwischen eingegangenen *Yale Review of Law and Social Action* an, einer alternativen juristischen Zeitschrift. Diese sollte, wie die Redakteure erklärten, »die Entwicklung neuer Formen des Journalismus, die höchsten wissenschaftlichen Ansprüchen genügten, mit Betrachtungen und Empfehlungen auf der Basis von Erfahrung und Praxis verbinden« und Praktikern wie Studierenden ein Forum bieten. Die erste Ausgabe zeigte auf ihrem Titelfoto Nationalgardisten mit Schlagstöcken und Schutzschilden, die zweite war größtenteils den Schwarzen Panthern gewidmet.

In Hillary Clintons Erinnerung waren die Jahre in Yale eine Zeit, in der »wir versuchten, die vernunftgelenkte, geordnete Welt, in der und für die wir studierten, mit dem in Einklang zu bringen, was wir um uns her erlebten«. In einer Rede vor ihren ehemaligen Mitstudenten an der juristischen Fakultät in Yale, die sie im Oktober 1992 bei einem Ehemaligentreffen hielt, sagte sie: »...es gab sehr viel Unruhe und Verwirrung darüber, was die angemessene Rolle der juristischen Ausbildung war beziehungsweise was ihr zuwiderlief. Es gab hitzige Auseinandersetzungen darüber, ob wir uns verkauften, weil wir einen Grad erwerben wollten, ob wir nicht lieber etwas anderes tun sollten. Die Argumente waren nicht immer ganz klar, aber es wurde leidenschaftlich diskutiert. Daß wir lieber dort draußen sein sollten, wo auch immer das sein mochte, um mitzuhelfen, die Probleme zu lösen, die so viel Zeit an Streitereien und Diskussionen in Anspruch nahmen... Es waren schwierige und turbulente Zeiten.«

Es war genau jene Treibhausatmosphäre, die sie so liebte, eine komplizierte Zeit voller Auseinandersetzungen, in der ihre Talente als Mittlerin und Anführerin ideal gedeihen konnten. Als Hillary Rodham Yale verließ, waren ihr Verhandlungsgeschick und ihre Erfahrung als Anwältin einer Sache erheblich gewachsen. Sie verließ die Universität auch als eine Frau, die zwischen der Liebe und den Verheißungen des Berufslebens hin und her gerissen war.

»Und damit nicht genug – bei uns wachsen die größten Wassermelonen der Welt.«

Diese Worte sollten ihr Leben verändern, obwohl Hillary das damals noch nicht wissen konnte. Sie drehte sich um und sah den Mann an, der das gesagt hatte.

»Wer ist das?« fragte sie eine Freundin.

Die Freundin zuckte die Achseln. »Bill Clinton aus Arkansas. Und über etwas anderes spricht er nie.«

Wirklich? Es konnte nicht wahr sein. Hillary musterte mit einem kurzen Blick den gutaussehenden, fröhlichen jungen Mann, dessen Stimme komischerweise an die von Elvis Presley erinnerte.

Ich muß rausbekommen, was das für ein Typ ist, dachte sie.

Bill Clinton in Yale, das war ein langhaariger Rhodes-Stipendiat mit Bart, der lange genug auf seinen Magister zustudiert hatte, um zu wissen, wann es Zeit war, ernsthaft zu arbeiten, und wann es Zeit war, die Dinge richtig in den Blick zu nehmen. Er war ein bißchen älter als der Durchschnitt der Jurastudenten, und er hatte auch mehr Pflichten übernommen. Zwar hatte er das Glück gehabt, eines der wenigen Stipendien für die juristische Fakultät in Yale zu bekommen, doch das Geld reichte weder hinten noch vorne, selbst für den bescheidenen Lebensunterhalt. Um seine Ausgaben decken zu können, war er gezwungen, nicht weniger als drei Teilzeitjobs gleichzeitig auszuüben. Während seiner Jahre in Yale unterrichtete er an einem kleinen Community College, einer Art Volkshochschule, half bei einem Stadtrat in Hartford aus und arbeitete für einen Rechtsanwalt in New Haven.

Wie Hillary war er offensichtlich nicht an dic juristischc Fakultät gekommen, um sich für eine Karriere in der Wall Street vorzubereiten. Seine Bestimmung war die Politik. In seinem ersten Vierteljahr an der Rechtsfakultät arbeitete er ganztags bei der Wahlkampagne eines Kandidaten mit und begann erst nach der Wahl im November, seine Kurse zu besuchen. Dann verblüffte er seine besorgten Freunde damit, daß er seine Schlußexamina alle glorreich bestand.

Bill Clinton paßte in vielerlei Hinsicht perfekt zu Hillary Rodham: gutaussehend, voller Energie, ein Mann mit Sinn für das Gemeinwohl. Wie Hillary war er eine auffallende, ungewöhnliche Erscheinung auf dem Campus. Als einziger weißer Student wagte er es, gegen das Protokoll im Speisesaal zu verstoßen, und setzte sich regelmäßig an den Tisch der schwarzen Studenten. Und wie Hillary Rodham war auch er ein klassischer Erfolgstyp. Auf der High School war er Vizepräsident seines Jahrgangs, Mitglied der Band und im Schülerverein gewesen. Ganz zu schweigen von seiner Rolle als »Senator« in *Boy's Nation*, einem politischen Schülerklub, wodurch er die Chance bekam, John F. Kennedy die Hand zu schütteln.

»Er mußte Sprecher seines Jahrgangs sein«, erzählte Carolyn Staley, die mit Clinton in der High School befreundet gewesen war, Charles Allen. »Er mußte der beste Mann in der Band sein. Er mußte der Beste seines Jahrgangs sein – nach den Noten. Und er wollte hoch hinaus... Er hat nach allem gestrebt, was ihn in die vorderste Reihe brachte.«

Zum ersten engeren Kontakt zwischen Bill Clinton und Hillary

Rodham kam es in einem Kurs über politische und Bürgerrechte. Der Kurs wurde nicht von vielen besucht, weil der Professor das Lehrbuch verfaßt hatte und jeder wußte, daß er besser schrieb als vortrug. An einem der seltenen Tage, als beide die Vorlesung besuchten, folgte Clinton Hillary aus dem Hörsaal. Er ging dicht hinter ihr her, brachte aber nicht den Mut auf, sie anzusprechen. Das machte ihn betroffen, denn er war noch nie schüchtern gewesen. Irgend etwas an der jungen Frau mit der starken Brille schüchterte ihn ein.

»Ich brauchte sie nur anzusehen und wußte, daß sie interessant und sicher nicht oberflächlich war«, berichtete er später der Zeitschrift *Vanity Fair*.

Ein paar Tage später saßen sie zufällig auf Blickweite in der Bibliothek der juristischen Fakultät.

Die Geschichte ihrer ersten Begegnung ist zum Stoff für Legenden geworden. Beide, er und sie, haben sie im Laufe des Wahlkampfes ungezählte Male zum besten gegeben, und beide sagen, sie sähen noch immer die Stelle in der Bibliothek vor sich, wo sie zum erstenmal miteinander gesprochen hätten. Das Dumme ist nur, daß sie verschiedene Stellen vor sich sehen. Dieser Widerspruch ist zu einem Dauerthema von Tischgesprächen geworden, und es ist schon vorgekommen, daß beide Freunde aus Yale als Zeugen aufboten, um Beweismaterial für die jeweilige Position zusammenzutragen.

In einem sind sie sich immerhin einig: An diesem für sie schicksalhaften Abend stand Bill Clinton am einen Ende des Lesesaals und tat so, als wäre er in ein Gespräch vertieft, starrte aber die ganze Zeit zu Hillary Rodham hinüber, die am anderen Ende des Saals an einem Tisch saß und so tat, als lernte sie.

»Der Typ versuchte mich zu überreden, bei der *Yale Law Review* mitzumachen, und sagte mir, ich könnte am Obersten Gerichtshof hospitieren, wenn ich für die *Yale Law Review* arbeitete, was vermutlich zutrifft. Und später könnte ich nach New York gehen und einen Haufen Geld verdienen. Und ich habe immer wieder zu ihm gesagt, daß ich nichts von alledem wollte. Ich wollte nach Arkansas zurück. Dort sei es für niemanden von Belang, ob ich bei der *Yale Law Review* gewesen bin oder nicht... Ich war einfach nicht sonderlich versessen darauf«, sagte Clinton zu Charles Allen. »Und während ich mit diesem Typ über die *Law Review* sprach, habe ich die ganze Zeit zu Hillary am anderen Ende der Bibliothek geschielt. Der Fakultätslesesaal ist ein wirklich langer, schmaler Raum. Sie war dort am anderen Ende, und... ich habe einfach zu ihr hingestarrt... Sie hat ihr Buch zugeklappt und hat den ganzen Saal durchquert, und sie ist auf mich zugegangen und hat gesagt: ›Schau, wenn du mich weiter so anstarrst und ich weiter zu dir zurückstarre, finde ich, wir sollten uns zumindest vorstellen. Ich bin Hillary Rodham. Und wie heißt du?‹«

Clinton war baff, wie er erzählt.

Bill Clinton und Hillary Rodham paßten in vielen Dingen perfekt zusammen. Als sie am Anfang einmal miteinander ausgingen, diskutierten sie über diplomatische Aktionen in Afrika, und hinterher hatte jeder den anderen in seinen Bann gezogen.

Sie waren beide Stars in ihrem Bereich, ihnen eilte ein guter Ruf voraus. Hillary hatte in Yale als eine Art Berühmtheit begonnen, weil sie im Fernsehen in der populären Quiz-Sendung *College Bowl* mehrere Treffer für Wellesley erzielt hatte. Daß ihr Foto im Magazin *Life* erschienen war, hatte ihrem Ruf auch nicht geschadet. Sie hatte bereits einige Prominente in Washington kennengelernt, als die *League of Women Voters* sie zu einer Konferenz eingeladen hatte, weil man durch ihre Rede in Wellesley auf sie aufmerksam geworden war.

Dort war sie Peter Edelman, Robert Kennedys ehemaligem Parlamentsassistenten, und Vernon Jordan vorgestellt worden.

Bis zum Ende ihres ersten Jahrs in Yale hatte Hillary es zu gewissem Ansehen auf dem Campus gebracht. Das Bild, wie sie mit übergeschlagenen Beinen auf dem Podium eines riesigen Vorlesungssaals sitzt und Ordnung zu halten versucht, während andere Studenten um sie herum gegeneinander wüteten, ist in der Erinnerung ihres Jahrgangs frisch geblieben. Niemand kann heute noch mit Sicherheit sagen, warum diese Versammlung einberufen worden war. Es kann um die Schwarzen Panther gegangen sein, die durch das Gebäude marschierten, oder um Kambodscha, oder die Kent State University, oder interne Probleme in der Rechtsfakultät, es gab genug Konfliktstoff. Zu dieser Zeit standen mehrere Schwarze Panther, unter ihnen Erica Huggins und Bobby Seale, vor Gericht. Sie waren der Entführung und Ermordung eines anderen Panthers angeklagt. Der Prozeß fand in einem Gerichtsgebäude statt, das sich zu allem Unglück gleich hinter dem Universitätsgebäude befand, und davor fanden pausenlos Demonstrationen statt. Die Prozesse hatten die juristische Fakultät in Yale gespalten: auf der einen Seite die Mitglieder des Lehrkörpers, die den normalen Betrieb weiterführen wollten, und auf der anderen die Studenten, die sich nicht auf Vertrags- und Schadensersatzrecht konzentrieren konnten – und die Relevanz dieser Dinge für die dringenden Probleme des Tages nicht einsehen wollten – und davon sprachen, einen Vorlesungsboykott auszurufen. Auch innerhalb der Rechtsfakultät fand eine Art interner Prozeß statt; dabei ging es um ein Mitglied der Black American Law Student Association (Vereinigung schwarzer amerikanischer Jurastudenten), das von der Universitätsverwaltung wegen Sachbeschädigung verklagt werden sollte. Aber was der Anlaß auch gewesen sein mag, im Frühjahr 1970 fand eine Versammlung, ja eine Massenversammlung statt, an der die Mehrheit der Studierenden teilnahm. Es war eine schlimme Zeit für New Haven und auch für die Rechtsfakultät in Yale. Im Zentrum, in den an das Fakultätsgebäude angrenzenden Straßen, vernagelten Ladenbesitzer ihre Schaufenster aus Furcht vor Randalierern und Plünderern, als Tausende von Protestierenden zur Unterstützung der Schwarzen Panther in die Stadt strömten. Kurz zuvor war ein Brand in der internationalen Rechtsbibliothek ausgebrochen, der nach Meinung vieler Leute gelegt worden war, weil der Dekan der juristischen Fakultät, Louis Pollak, die Schwarzen Panther zu zurückhaltend unterstützt hatte. In der allgemein verbreiteten Atmosphäre von Spannung und potentieller Gefahr, in Yale ebenso wie in den von Unruhen erfaßten Großstädten überall im Land, herrschten unter der Studentenschaft Erregung und Zorn. Auf ihrem eigenen Campus waren Demonstranten mit Tränengas attackiert worden. Sie waren erbittert über das »System« – die Regierung und öffentliche Institutionen, die nach ihrer Ansicht kein Interesse an Gerechtigkeit hatten –, und sie waren auch deswegen frustriert, weil sie das »System« dadurch stützten, daß sie an einer der angesehensten Ausbildungsstätten für Juristen und Politiker studierten, die es in den USA gab. Viel von diesem Zorn konzentrierte sich auf Dekan Pollak selbst, der als »Reaktionär« bezeichnet wurde, und die Mitglieder des Lehrkörpers der juristischen Fakultät, die in den Augen vieler Studenten den Kontakt mit der neuen Studentengeneration und ihren Anliegen verloren hatten. Es gab Androhungen von Gewalt. Die Gemüter liefen heiß.

Die Jurastudenten strömten in hellen Scharen in den Raum 100, einen riesigen Hörsaal, besetzten sämtliche Sitzplätze, drängten sich auf den Stehplätzen am hinteren Ende und versperrten die Durchgänge. Hillary Rodham hatte die Leitung der Versammlung übernommen. Sie saß mit einem untergeschlagenen Bein auf dem Podium und schwenkte das andere Bein voll Ungeduld hin und her. Sie war auf dem Podium von lauter Männern aus der Oberschicht umgeben und beobachtete jeden Sprecher, ob Mann oder Frau, angelegentlich beim Reden. Dann griff sie – wie eine Dolmetscherin, die das geschraubte Juristenenglisch in eine Sprache verwandelte, aus der man ein Gefühl heraushörte –, ihre Worte auf, befreite sie vom Jargon, entlarvte alles Phrasenhafte, interpretierte ihnen ihre Sätze in dieser Form und schickte voraus: »Wenn ich Sie recht verstanden habe, wollten Sie Folgendes sagen...« Langsam brachte sie das Publikum dazu, über eine Lösung nachzudenken, die es der Fakultät ermöglichte weiterzuarbeiten, sie aber auch dazu veranlaßte, sich den Dingen, die sich in der Welt draußen abspielten, auf eine konstruktive Weise zuzuwenden.

Das hatte man von einem Studenten im ersten Jahr noch nicht erlebt, geschweige denn von einer Studentin. Doch Hillary hatte den Vorteil, daß sie diejenige Person war, mit der alle Leute auf dem Campus immer noch sprachen. Sie hatte in den zurückliegenden Wochen viel über eine konstruktive Rolle nachgedacht, die die Fakultät während der Prozesse gegen die Schwarzen Panther spielen könnte, und war sowohl bei der College-Leitung als auch bei den Studenten dafür bekannt, daß sie ihre Ansichten in fairer Form vortragen würde. So setzte man die Hoffnung auf sie, daß sie beiden Seiten aus ihrer Pattsituation herausführen werde. Man hatte sie dabei sehen können, wie sie draußen auf dem Rasen mithalf, die Gerichtsbeamten zu koordinieren, wie sie versucht hatte, die Dinge in Ordnung zu bringen, damit die Demonstranten nicht noch einmal mit Tränengas beworfen würden. Sie wußte, wie man seine innere Ruhe bewahrte. »Sie hatte sich vollkommen in der Hand«, erinnert sich Hillarys Freundin Carolyn Ellis. »Alle gingen aus dem Saal. Wir wissen nicht mehr, worum es bei der Versammlung ging. Wir können uns nur noch erinnern, welche Hochachtung wir vor ihr empfanden.«

Mit dieser Massenversammlung hatte sich Hillary Rodham den Ruf einer geschickten Vermittlerin eingehandelt. Sie wurde zur Sprecherin der Studierenden. Das hieß, daß sie beinahe ständig in Anspruch genommen war. Sie wurde, wie schon in Wellesley, zu einem Magneten für diskutierwütige junge Frauen und nun auch für Männer. An ihrem Tisch in der Cafeteria war sie immer von Freunden und »Anhängern« umringt, die hitzig über die Themen des Tages debattierten, während sie zwischen ihnen saß und ihren Gedanken nachhing. »Wir sind einfach den ganzen Nachmittag dort geblieben, statt in die Bibliothek zu gehen, wo wir hingehört hätten«, erzählt Kris Rogers, die mit Hillary nach Yale gegangen war. »Wir saßen da und diskutierten über die aktuellen Themen und darüber, was wir machen würden, welche Rollen wir übernehmen sollten.«

Kris Rogers kannte auch Hillarys unbeschwertere Seite. Die beiden Freundinnen hockten beisammen, hörten sich Tammy Wynette an und erzählten einander Geschichten. Kichernd und flüsternd absolvierten sie den Anti-Trust-Kurs. Häufig pilgerten sie zu Clark's Dairy, um Milk-Shakes zu trinken, die, wie Hillary versicherte, einen hohen Nährwert hatten. Nichts von alledem, was sie tat, war Energieverschwendung. Zur Entspannung, erzählt Carolyn Ellis, marschierte sie zur Sporthalle der Universität, um Gymnastik zu machen – mit Carolyn Ellis im Schlepptau. Dies war lange bevor Aerobic etwas Alltägliches wurde, und sie zeigte dabei eine ungewöhnliche Disziplin. »Ich war einfach entsetzt«, bemerkt Carolyn Ellis dazu.

So verwundert es nicht, daß Bill Clinton eingeschüchtert war. Aber Hillary war ihrerseits ein bißchen auf der Hut vor ihm. Sie war eine ernste, gesetzte Person – zumindest in der Öffentlichkeit –, während er sich immerfort fröhlich und unbeschwert gab. In seinem ersten Jahr in Yale, dem Jahr, in dem sie sich kennenlernten, teilte er in Milford, im Bundesstaat Connecticut, ein Strandhaus mit vier Zimmern mit drei anderen Jurastudenten, die in ihrem Studium schon ziemlich weit fortgeschritten waren, ehe sie nach Yale kamen. Da sie älter waren als die meisten und mehr von der Welt gesehen hatten, nahmen sie die Paukerei an der Rechtsfakultät nicht ganz so tragisch wie viele ihrer jüngeren Mitstudenten.

»Bill, der wie viele von uns schon eine lange akademische Ausbildung hinter sich hatte, vertiefte sich weniger ins Büffeln, als er es vielleicht früher als Student getan hatte«, berichtet sein Freund Alan Bersin. »Er widmete den politischen Aktivitäten viel Zeit, und gelegentlich blieben wir alle vier der Fakultät fern.«

Das Strandhaus war zu der Zeit, als Hillary und Bill sich kennenlernten, ein Treffpunkt für Studenten abseits des Campus. Don Pogue konnte ausgezeichnet kochen und fabrizierte riesige Töpfe voll Essen, das seine Hausgenossen verschlangen. An Freitagabenden strömten Freunde aus New Haven ins Haus, um zu essen, sich Carol-King-Alben anzuhören und über die Ereignisse des Tages zu diskutieren. »Es war wie ein nie endendes Gespräch über das Leben«, erzählt Bill Coleman. »Wir hatten eine Menge Spaß miteinander.«

Bill Clinton hatte eine gewisse magnetische Wirkung. Sowohl Männer als auch Frauen strömten ihm zu, und er wies niemanden ab, nicht einmal eine höchst unbeliebte Studentin, die ihn auf dem Campus verfolgte, während seine Freunde sich über sie lustig machten und ihn damit aufzogen. Wie seine Freunde ging auch er mit mehreren Mädchen aus, ohne sie allzu ernst zu nehmen, ohne im Ruf eines Schürzenjägers zu stehen. Es bestand jedoch kein Zweifel daran, daß er gern flirtete und es noch lieber hatte, wenn er das Objekt eines Flirts war.

Von ihm ging eine andere Art Wärme aus als von Hillary, beinahe so unterschiedlich wie die Sonne über Arkansas und die über Chicago. »Man merkte an den Unterschieden ihre regionalen Wurzeln«, sagt Coleman. »Hillary war zwar sehr warmherzig, aber auch sehr präzise, sehr ordentlich – und Ordentlichkeit würde ich nicht als Bill Clintons hervorragendste Charaktereigenschaft in der damaligen Zeit bezeichnen. Bill war damals lässiger als Hillary.«

Auch was die Gefühle betraf, war Bill Clinton lässiger. Er hatte einen anscheinend unerschöpflichen Quell der Geselligkeit und Hunderte von Freunden, bei denen er kaum einen Unterschied zwischen Bekanntschaft und enger Freundschaft machte. Hillary hingegen hatte damals – wie heute – einen kleinen Kreis sehr enger Freunde und daneben eine Menge Bekanntschaften.

»Hillary hatte sehr starke Sympathien und Antipathien«, erinnert sich Alan Bersin. »Dummköpfe hat sie nie leicht ertragen. Sie war direkt, sie konnte scharf sein, aber gegenüber Menschen, die sie mochte und denen sie vertraute, auch sehr warmherzig. In ihrer Zeit an der juristischen Fakultät war sie als Person mit einem wirklich scharfen Intellekt anerkannt, und sie vertrat auch sehr entschiedene Ansichten.«

Letzten Endes spielte es keine Rolle, ob Bill Clinton und Hillary Rodham ähnliche oder verschiedene Naturen waren; vom Temperament her ergänzten sie sich ideal. Man kann sich leicht vorstellen, wie es gefunkt haben muß, als sie sich zum erstenmal tief in die

Augen schauten und Hillarys Intensität Bills Fröhlichkeit begegnete. Bill Clinton hatte einen verschlingenden Blick; wenn er mit jemandem sprach, setzte er dabei sein einzigartiges Talent ein, ihm oder ihr das Gefühl zu vermitteln, daß sie beide in diesem Augenblick die einzigen Menschen auf der Welt seien. Gesprächspartner hatten bei ihm den Eindruck, daß sie ihn fesselten und daß es ihm viel bedeutete, was sie ihm zu sagen hatten. Er verstand es auch, ihnen die Zunge zu lösen, so daß sie zuletzt von Dingen sprachen, die ihnen sehr am Herzen lagen.

Auch Hillary konnte gut zuhören, doch war das, was sie von Menschen wissen wollte, etwas anderes. »Hillary war sehr direkt, sie hat niemals Unsinn verzapft«, berichtete Harlon Dalton, eine frühere Kommilitonin, die heute an der Rechtsfakultät in Yale unterrichtet, der *Legal Times*. Bei Bill Clinton »sah sie an dem Charme vorbei und entdeckte die komplexe Person dahinter. Und das muß er unwiderstehlich gefunden haben«.

Für Bill Clinton, der auf seinem Weg zu einem weitgereisten, in Georgetown ausgebildeten Rhodes-Stipendiaten die Erinnerungen an eine schmerzliche Jugend hinter sich gelassen hatte, war es vielleicht erfrischend – und auch unheimlich –, einer Frau zu begegnen, die ihm nicht nur intellektuell und an Energie ebenbürtig war, sondern auch die Fähigkeit besaß, in ihn hineinzublicken und ihn zu analysieren.

Zweifellos erkannten Freunde schon damals, daß in ihrer Beziehung das Risiko des Scheiterns angelegt war. »Sie waren beide sehr starke Persönlichkeiten«, sagt Kris Rogers. »Sie waren beide ehrgeizig – beide strebten danach, der Welt ihren Stempel aufzuprägen. Und bei solchen Paaren ist es oft so, daß es entweder wunderbar klappt oder schrecklich danebengeht; eine mittlere Lösung gibt es nicht. So haben wir alle gleichsam den Atem angehalten und uns gefragt, ob es funktionieren würde oder nicht. Doch wenn es klappte, das war uns klar, würde daraus eine tolle Partnerschaft werden.«

Die erste Kostprobe von einem gemeinsamen Auftritt erwartete das dynamische Paar bei einem sogenannten Preisprozeß, der von der Barrister's Union veranstaltet wurde. Dabei taten sich Leute zu einem Team zusammen, um gespielte Gerichtsverhandlungen vor einem Richter und Geschworenen, Leuten aus New Haven, vorzubereiten. Es war genau jene Art von Konkurrenzsituation, die den

Beteiligten viel abverlangte und die Bill ebenso wie Hillary schon immer geliebt hatten.

In Hillary Rodham und Bill Clinton als Team verbanden sich Rationalität und Intuition, nur daß in ihrem Fall die traditionelle Rollenverteilung umgekehrt war. »Die Juristerei bringt einem eine eigene Form des Denkens bei«, faßt Richard Stearns, ein alter Freund der Clintons, zusammen. »Hillary hat sie sich zu eigen gemacht; ob Bill auch, da bin ich mir nicht so sicher. Bills Denken funktioniert eher organisch, er neigt dazu, Informationen aus allen Richtungen aufzunehmen und gedanklich zu verarbeiten, und ich weiß nicht so genau, wie bei ihm der Denkprozeß funktioniert – bei ihm geht es mehr intuitiv zu, obwohl er oft zu dem gleichen Resultat kommt. Hillary ist eher rational in einem aufklärerischen Sinne.

Für den »Prozeß« der Barrister's Union hätten Bill Clinton mit seiner Brillanz und Hillary mit ihrer rationalen Logik eigentlich ein glänzendes Team abgeben müssen. Sie hatten sich auch mit viel Fleiß vorbereitet. Kris Rogers, die die Kronzeugin für das Rodham-Clinton-Team spielte, als sie für ihren Pseudoprozeß übten, weiß noch, wie Hillary ihr beibrachte, ihre Rolle als »hitzige, verlogene Zeugin«, die Bill im Kreuzverhör auseinandernehmen sollte, zu vervollkommnen. »Sie hatte die Rolle wirklich intus«, erzählt Kris Rogers. »Sie hat einfach rumgealbert. Sie konnte eine richtige Schmierenkomödiantin sein.«

Doch das Paar hatte keinen guten Tag. Hillary erschien in einem leuchtend rot-orangefarbenen Kleid, das anscheinend die Richter für die Feinheiten ihrer Darlegung blind machte. Doch Bill war begeistert. »Er erzählte, wie gut sie war, als sie die Sache ausgearbeitet haben, und als sie es hinter sich hatten«, sagt Carolyn Ellis, »war er unglaublich stolz auf sie.«

Nach dem »Prozeß« hatte niemand mehr einen Zweifel, daß Bill Clinton und Hillary Rodham ernsthaft daran dachten, ein Paar zu werden. Sie wagten es, gegen die an der Rechtsfakultät in Yale stillschweigend anerkannte Regel zu verstoßen, die Verhältnisse zwischen Studierenden untersagte, und zogen zusammen. Sie lebten während Hillarys drittem Studienjahr in einem für New England typischen Haus im viktorianischen Stil mit einem von Säulen getragenen Vorbau, das gleich neben dem Campus lag. In diesem Haus trafen sich abends eine Menge Leute, um abzuschalten, sich Jefferson Airplane, die Rolling Stones und Janis Joplin anzuhören, gemeinsam zu essen, was jedermann mitgebracht hatte, und bis in die Nacht Gespräche zu führen. Sie schauten auch bei Robert Reich (der inzwischen von Clinton zum Arbeitsminister nominiert wurde) und in Nancy Bekavacs Haus in der Chapel Street vorbei. Die meiste Zeit verbrachten sie mit Unterhaltung und Diskussion.

»Hillary war sehr engagiert, was die aktuellen Themen betraf, genau wie Bill und die meisten von uns«, erinnert sich Alan Bersin. »Sie waren ein dynamisches Paar, und die Gespräche mit ihnen hatten Niveau.«

»Wir haben uns über Politik unterhalten«, sagt Rogers, »nicht nur über die politischen Verhältnisse in New Haven oder in Connecticut oder in Amerika, sondern über Weltpolitik.«

New Haven hatte genau wie Wellesley kein glitzerndes Nachtleben zu bieten. Die unternehmungslustigsten Studenten saßen in den Bierkneipen im schwarzen Teil der Stadt herum. Hillary und Bill hockten mit Freunden in den Pizzerias von New Haven, in Cafés und Pubs und redeten, redeten in einem fort.

Es war eine Zeit, in der die meisten Studenten Pot rauchten, mehr Alkohol konsumierten als die Amerikaner heutzutage und die sexuelle Revolution vor dem Auftreten von AIDS in vollen Zügen genossen. Wir wissen zwar, daß Bill Clinton ein Partylöwe war, aber nie herausbekam, wie man inhaliert; bei Hillary weiß man darüber nicht so genau Bescheid. Sie stand zwar keineswegs in dem Ruf, viel zu trinken oder zu haschen, aber einer ihrer Mitstudenten berichtet: »Sie ist nicht übertrieben wohlanständig. Sie war im Umgang mit anderen Leuten ziemlich locker, unbeschwert, irgendwie natürlich. Sie war kein Moralapostel, der aus dem Zimmer ging, wenn jemand etwas tat, was sie selber nicht getan hätte. Sie war kein bißchen verklemmt.«

Bevor Bill Clinton kam, war Hillary in Yale mit mehreren Männern ausgegangen. An männlicher Gesellschaft mangelte es ihr nie. »Sie war der Typ Frau, der einen festen Freund haben wollte«, sagt ein anderer Mitstudent, »aber ein Mauerblümchen war sie ganz und gar nicht.«

Von Anfang an waren Bill und Hillary im Zwiespalt gewesen, was eine feste Beziehung anging. Sie träumten beide von einer Karriere und fürchteten, zu sehr im Partner aufzugehen. Sie waren sich dessen bewußt, daß ihre Gefühle füreinander sehr tief waren, und auch das erschreckte sie. Und dann stand immer wieder das Thema Arkansas im Hintergrund.

»Ich war sehr gern mit ihr zusammen, hatte aber sehr gemischte Gefühle, mit ihr eine feste Beziehung einzugehen«, sagte Bill Clinton zu *Vanity Fair*. Als sie zum ersten- oder zweitenmal miteinander ausgingen, hatte er zu ihr gesagt: »Weißt du, ich habe wirklich Angst, mich in dich zu verlieben, weil du ein großartiger Mensch bist und ein großartiges Leben haben könntest. Wenn du für irgendein öffentliches Amt kandidieren willst, kann es gut sein, daß du gewählt wirst, ich aber muß nach Hause zurück. So bin ich eben.« Er wollte sich nicht in eine Situation bringen, in der er leiden mußte. Und Hillary wollte nicht zu irgendeiner Entscheidung gedrängt werden.

Dorothy Rodham sah die Sache vielleicht klarer als die beiden. Sie erkannte, daß die Dinge eindeutig eine ernste Wendung genommen hatten, als Bill Clinton am Tag nach Weihnachten vor ihrer Haustür stand. Hillary hatte ihr nur gesagt, daß ein »junger Mann«, den sie in Yale kennengelernt habe, sie für ein paar Tage besuchen werde. Diese erste Begegnung fiel für Bill nicht besonders freundlich aus. Er war die ganze Strecke von Little Rock bis hierher ohne Unterbrechung gefahren. Es war die Route, die sein Vater in der Nacht, in der er starb, in umgekehrter Richtung gefahren war. Als er bei den Rodhams klingelte, war er bleich vor Müdigkeit. Und außerdem nervös.

Dorothy Rodham öffnete die Tür. Sie spürte sofort, daß ihre Tage als Mutter einer einzigen Tochter gezählt waren.

»Hallo, ich bin Bill Clinton«, sagte er hoffnungsvoll.

»Das ist aber nett«, antwortete sie.

»Ziemlich kühl, wie wir uns einander vorstellten«, gestand Dorothy Rodham gegenüber *Paris Match*. »Um ehrlich zu sein – ich wollte, daß er wieder geht. Ich wußte, daß er gekommen war, um meine Tochter wegzuholen.«

Hillary war in ihrem Zimmer im ersten Stock. Dorothy sah Bill nach, wie er die Treppe hinaufstieg, um sie zu suchen. »Dann ist mir der Gedanke gekommen, was er wohl für eine Art Mensch sei«, erinnerte sie sich. »Ich wußte überhaupt nichts über ihn. Aber ich habe ihm vertraut, warum, weiß ich nicht. Er ist eine ganze Woche geblieben. Er hat in Tonys Zimmer geschlafen. Mein Mann und ich haben dafür gesorgt, daß er wirklich dort blieb.«

Zwei Stunden nach dem frostigen Empfang kam man überraschend gut miteinander aus. Dorothy Rodhams mütterliche Sorge kam gegen Bills wohlerprobten Charme nicht an. An seinem zweiten

Tag in Park Ridge kam er ins Wohnzimmer, wo sie gerade in einem philosophischen Buch las, denn sie hatte zu dieser Zeit einen Abendkurs an einem örtlichen College. Er fragte sie, welcher Denker sie am meisten interessiere. Und anschließend hielt er einen kurzen Monolog über das Thema. Dorothy war hingerissen. Sie hatte sich lange danach gesehnt, zu Hause mit jemandem über Philosophie sprechen zu können. »Er war brillant«, sagte sie. »Von diesem Augenblick an hatte ich ihn ins Herz geschlossen.«

Bill und Hillary gingen in dieser Ferienwoche mit Freunden aus und machten lange Spaziergänge im Park. Einen Abend fuhren sie nach Chicago und gingen ins Theater. Bill brachte den Rodhams ein paar Kartenspiele bei und hielt sich dabei in seiner Kampfeslust höflich zurück. Die Familie wußte seine Bemühungen zu schätzen.

Bill und Hillary hatten ihre Eloquenz bei Tisch auch nach Park Ridge mitgebracht. Dorothy Rodham erinnert sich noch an die endlosen Diskussionen. »Es ging immer um die gleichen Themen: Arkansas! Die amerikanische Gesellschaft! Sie machten nie eine Pause zum Nachdenken. Sie waren erstaunlich. Wir konnten ihnen stundenlang zuhören, denn was sie sagten, kam ihnen aus dem Herzen, und Menschen bedeuteten ihnen wirklich viel. Sie hatten sehr humane Ideale von Amerika.«

In ihrem Herzen wußte Dorothy Rodham, daß es nur eine Frage der Zeit war, bis Bill und Hillary heiraten würden. Sie wußte auch, daß die Entscheidung ihrer Tochter schwerfallen würde. Eines Tages fragte sie Bill, was er sich von der Zukunft erhoffte, wenn er die Universität verlassen hätte. Arkansas, antwortete er. Von der Antwort war sie nicht begeistert.

»Okay«, sagte sie, »du wirst nach Arkansas zurückkehren, um deine Ideale zu verwirklichen, und was soll aus meiner Tochter werden?«

Die Frage ließ sich nicht beantworten, und das wußten die beiden auch.

Inzwischen unternahm Hillary Schritte, ihrem eigenen Ideal von einem Jurastudium in dieser Gesellschaft näher zu kommen.

Eines Tages im Frühjahr 1970 sah sich Hillary die Mitteilungen auf dem Schwarzen Brett der Rechtsfakultät in Yale an und fand darunter im Kleinformat die Ankündigung, daß Marian Wright Edelman, gleichfalls Absolventin der juristischen Fakultät in Yale und eine erprobte Bürgerrechtsjuristin, auf dem Campus eine Rede halten würde. Sie war mit Marian Edelman auf der Konferenz der League of Woman Voters schon einmal kurz zusammengetroffen. Sie wußte, daß Marian Edelman als erste schwarze Frau in Mississippi die Anwaltszulassung erhalten hatte, und Hillary hatte erst vor kurzem im Nachrichtenmagazin *Time* einen Artikel über sie gelesen. Nun sollte sie der Frau begegnen, in deren Arbeit sie so viele Parallelen zu ihren eigenen Träumen sah. In ihrem Vortrag sprach Marian Edelman über ihre Erfahrungen als Bürgerrechtsanwältin und forderte die Studenten im Saal auf, sich nach ihrem Abschluß in Yale für die Armen einzusetzen. Was Hillary Rodham betraf, predigte sie zu den Bekehrten. Nach dem Vortrag sprach sie Marian Edelman an und fragte sie, ob sie während der Sommerferien für das Washington Research Project arbeiten könne, eine gemeinnützige Gruppe, die die Anwältin vor einiger Zeit ins Leben gerufen hatte. Marian Edelman war sehr begeistert von der Idee, einen engagierten Neuling an Bord zu bringen, sagte aber, daß sie nicht über Geld verfügte, um Hillary zu bezahlen. Hillary bot ihr an, für sie zu arbeiten, wenn es ihr gelänge, Geld aufzutreiben.

»Natürlich«, sagte Marian Edelman.

Hillary ging in das Büro des Dekans und fand heraus, daß die Fakultät ein Law Student Civil Rights Research Council Grant anbot, ein kleines Stipendium für den Lebensunterhalt von Jurastudenten, die auf dem Gebiet der Bürgerrechte arbeiten wollten. In ihren ersten Sommerferien als Jurastudentin ging Hillary nach Washington, während ihre Kommilitonen erste Einblicke in die Tätigkeit von Anwälten in der Wirtschaft nahmen.

Marian Edelman schickte sie in Senator Walter Mondales Unterausschuß, der die Lebensbedingungen in Wanderarbeiterlagern untersuchte. Sie machte Befragungen von Arbeitern und ihren Angehörigen, um die Entbehrungen zu beurteilen, die ihre Kinder erdulden mußten. Später untersuchte sie die Probleme, die sich an Schulen und Akademien mit Rassentrennung stellten, die von der Regierung Nixon Steuerfreiheit erlangen wollten. Als sie nach dieser Arbeit nach New Haven zurückkehrte, hatte sie ihr Interesse an Kindern durch praktische Erfahrung untermauert und einen konkreteren Sinn dafür entwickelt, was sie zu leisten imstande wäre.

Nun suchte Hillary Mitglieder des Lehrkörpers der Fakultät auf, bei denen sie Unterstützung für ihr Interesse an der Theorie des Kinderrechts finden und ihre Kenntnisse über kindliche Entwicklung vertiefen konnte. Sie begann, bei den Yale-Professoren Joseph Goldstein, einem Psychologen, und Jay Katz, einem Psychiater, zu arbeiten, die beide wichtige Vorlesungen über Probleme des Familienrechts hielten. Katz' Kurs über Familienrecht bot eine besondere Attraktion, als er die berühmte Kinderpsychologin Anna Freud, Mitbegründerin des Yale Child Study Center, für vier Wochen gewinnen konnte. Hillary war eine begeisterte Teilnehmerin dieses Kurses, der wie ein Seminar abgehalten wurde.

Von ihrer Arbeit bei Goldstein, Katz und Anna Freud ermutigt und vielleicht auch von dem Wunsch geleitet, ein weiteres Jahr mit Bill Clinton zu verbringen, der ein Studienjahr hinter ihr zurück war, bewarb sich Hillary um die Teilnahme an einem Programm der Fakultät, das ihr die Chance bot, sich im Yale Child Study Center im Rahmen des Kreditrechts mit den Rechten von Kindern zu beschäftigen. Dort arbeitete sie bei Sally Province über Fragen der kindlichen Entwicklung. Sie beteiligte sich auch an Recherchen für das Buch *Beyond the Best Interests of the Child*, das 1973 von Anna Freud, Goldstein und Albert Solnit veröffentlicht wurde, letzterer war damals Direktor des Yale Child Study Center und Leiter der Abteilung für Geistige Gesundheit in Connecticut. Das Ziel des Buches bestand darin, Maßstäbe dafür zu setzen, wie Konflikte mit Pflegeeltern am besten im Interesse des Kindes gelöst werden können.

Bei der Arbeit mit Anna Freud und anderen Mitgliedern des Lehrkörpers beteiligte sich Hillary an Fallstudien, etwa Beobachtungen von Kindern beim Spielen. Sie unterstützte die Kindergartenhelferinnen des Zentrums, beobachtete die Durchführung diagnostischer Tests und nahm an einem Seminar über Literatur zur kindlichen Entwicklung teil. Sie vertiefte sich mit aller Energie in das Studium kindlicher Entwicklungsziele und Bedürfnisse, wie sie es vorher auf dem Gebiet des Rechts getan hatte. Sie konzentrierte sich besonders auf die normale kindliche Entwicklung und ihre Abweichungen. Mit ihrer Einfühlsamkeit und Verständnisfähigkeit für die Komplexität und Tiefe des kindlichen Lebens machte sie großen Eindruck auf ihre Lehrer.

Während dieser ganzen Periode blieb Marian Wright Edelman ein Teil ihres Lebens. Während Hillary am Child Study Center war, empfahl ihre Freundin und Mentorin sie für juristische Recherchierarbeit für den Carnegie Council on Children, der im Vorjahr von der gemeinnützigen Carnegie Corporation in New York für die Untersuchung der Lebensbedingungen von Kindern in Amerika gegründet worden war. Während ihrer Arbeit für den Council verfaßte sie mehrere Grundlagenpapiere über die Rechte von Kindern und arbeitete an dem wichtigen Buch *All Our Children* mit, das der damalige Chef des Council, L. Kenneth Keniston, schrieb. Sie beteiligte sich an der Sammlung von Material für das Kapitel über die Rechte von Kindern auf Ausbildung, vor allem in Fällen von Behinderungen durch Eltern, die ihre Kinder nicht zur Schule schicken wollen, oder aber von Schulen, die ohne stichhaltigen Grund Problemkinder zeitweilig oder auf Dauer vom Unterricht ausschlossen. Das Kapitel beschäftigte sich auch mit dem Recht von Kindern auf medizinische Betreuung, und zwar in solchen Fällen, wenn Eltern ihren Kindern ärztliche Betreuung verweigerten, etwa bei Angehörigen der Christian Scientists, oder aber wenn sie ihre Kinder unnötigerweise experimentellen oder extremen Behandlungen wie Sterilisierung, Schockbehandlung oder Lobotomie unterwarfen. Die Arbeit an Kenistons Buch brachte Hillary in einen ideologischen Konflikt mit ihrer früheren Arbeit für Anna Freud, Goldstein und andere, denn Keniston kritisierte das Buch *Beyond the Best Interests of the Child*, weil es Eltern die unbestrittene letzte Autorität gegenüber ihren Kindern zusprach.

Ihr Verständnis für die komplexen Fragen staatlicher Intervention in das Sorgerecht vertiefte sich noch, als sie mit Ärzten im New Haven Hospital Regeln für Fälle von Kindesmißhandlungen aufzustellen versuchte. Die Frage, ob ein mißhandeltes Kind seinen Eltern weggenommen werden sollte oder nicht, so erkannte sie, war nicht einfach zu entscheiden. »Für manche Kinder ist eine Mißhandlung vielleicht die einzige Bekundung von Aufmerksamkeit, die ihnen zuteil wird; wenn man sie also abstellt, kann das ein außergewöhnliches Schuldgefühl zur Folge haben – ›ich muß wirklich etwas Furchtbares getan haben, weil sie mich jetzt überhaupt nicht mehr *wollen*‹«, erläuterte sie in einem Gespräch mit dem Autor Garry Wills. Die »am wenigsten schädliche Alternativlösung« zu wählen, lernte sie, war in der Praxis kaum ein pannensicheres Instrument.

Hillary beteiligte sich an der Entwicklung von Programmen für Kinder an der damals neuen Legal Services Organization in Yale. Sie arbeitete für Penn Rhodeen, einem für die New Haven Legal Assistance Association tätigen Anwalt, der in der Frage der Behandlung von Pflegekindern juristische Kämpfe gegen den Bundesstaat Connecticut ausfocht.

Dadurch, daß sie ein zusätzliches Jahr in Yale blieb, graduierte sie gemeinsam mit Bill Clinton mit dem Jahrgang 1973. Ihrer beider Leben verflocht sich immer mehr – vorläufig. Im Sommer 1972 waren sie zusammen nach Texas gereist, wo Bill den Wahlkampf für George McGovern mitorganisierte und Hillary sich in San Antonio an der Registrierung hispanischer Wähler für die Demokratische Partei beteiligte. Alles, was sie zusammen taten, schien sogleich die Frage aufzurufen, was ihr nächstes Ziel sein sollte und was jeder von ihnen tun würde. In Texas lernten Bill und Hillary Betsey Wright kennen, eine kämpferische Person, die später Chefin seines Stabs und Wahlkampfmanagerin werden sollte. Betsey Wright hatte sich ein paar Jahre zuvor politisch aktiv für die Demokratische Partei in ihrem Heimatstaat Texas eingesetzt. Sie war von Hillary überaus beeindruckt und hegte bald die Hoffnung, diese werde sich mit der Idee befassen, für ein politisches Amt zu kandidieren. Taylor Branch, Biograph von Martin Luther King jr. und Pulitzer-Preisträger, der in Austin mit dem Paar in einer Wohnung wohnte und an der Führung der McGovern-Wahlkampagne in Texas beteiligt war, erinnert sich allerdings, daß Hillary sich nicht so sicher gewesen sei, ob sie überhaupt in die Politik gehen wollte. »Er hatte ein ganz festes Ziel, aber sie war sich noch unschlüssig, was sie tun sollte«, berichtete er dem *U.S. News and World Report.*

Ironischerweise war das wichtigste Anliegen, das Bill und Hillary gemeinsam hatten, ihr Einsatz für das Wohl der Allgemeinheit – genau jener Faktor, der sie auseinanderzubringen drohte. In ihrem letzten Jahr in Yale stellten sie sich bei keiner einzigen Anwaltskanzlei vor, trotz ihrer hervorragenden Prädikate. Hillary wollte für den Child Development Fund arbeiten, und Bill plante, nach Hause zurückzukehren. Damit entschieden sie sich ganz anders als die überwältigende Mehrzahl ihrer Jahrgangskommilitonen, deren gesellschaftliche Aktivitäten angesichts lukrativer Angebote, die nun auf sie zukamen, zu vertrocknen schienen.

»Es blieb nur eine relativ kleine Zahl von Leuten, die sich der Idee der gesellschaftlichen Veränderung widmen wollte und bereit war, außerhalb dessen zu arbeiten, was als Establishment galt«, erzählt Bill Coleman. »Manche taten dies in Ferienjobs im Sommer, aber als es dann ernst wurde, fielen den meisten Rechtfertigungen ein, warum es langfristig gesehen vernünftig sei, in einer großen Firma zu arbeiten. Sie argumentierten, daß sie dadurch das Können vermit-

Links: Auf dem Ball zur Amtseinführung des Gouverneurs 1979. Das in Arkansas gefertigte Abendkleid der First Lady ist heute im Museum zu bewundern. *(Arkansas Democrat-Gazette)*

Unten: Das Ehepaar Clinton während der Wahlkampagne von 1982. Hillary Rodham Clintons veränderte Aufmachung erweist sich als großer Erfolg. Selbst Bill Clinton mußte sich für sein Comeback die Haare schneiden lassen. *(Arkansas Democrat-Gazette)*

Oben: Die triumphale Rückkehr in die Gouverneursresidenz nach der Wahl 1983. »Unschuldig, aber raffiniert« nannten die Journalisten das Abendkleid der First Lady zur zweiten Amtseinführung, »eine reizvolle Kombination voller weiblicher Widersprüchlichkeit«.
(Arkansas Democrat-Gazette)

Unten: Ein fröhliches Porträt von Mutter und Tochter. Die hier vierjährige Chelsea war nach einem Judy Collins-Song benannt worden.
(Arkansas Democrat-Gazette)

telt bekämen, mit dem sie tüchtige Anwälte werden könnten. In Wirklichkeit war es ihr Interesse am Geldverdienen. Alle haben sich in den großen Kanzleien vorgestellt und beworben, außer Bill – und Hillary.«

Eine Mitstudentin erinnert sich: »Alle waren ehrgeizig. Aber wie ich es sehe, wurden Bill und Hillary von einem geradezu religiösen Sendungsbewußtsein getrieben. Sie hatten die Einstellung, die in den späten sechziger Jahren verbreitet war – *wir müssen die Welt verbessern*. Nicht ›ich muß die Welt verbessern‹, sondern ›wir‹, alle Leute müssen sich dafür einsetzen.«

Mit ihrem Entschluß, trotz ihrer Liebe zu Bill ihren Berufsweg eigenständig zu gehen, setzte Hillary viel aufs Spiel. Sie hatte hart gearbeitet, um dorthin zu gelangen, wo sie war, und der Druck der Kräfte, die sich gegen ihren Erfolg stemmten, war mitunter eine starke psychologische Belastung gewesen. Als Frau hatte sie es an der Rechtsfakultät in Yale nicht eben leicht gehabt.

In ihr und den dreißig Frauen ihres Jahrgangs hatte man einen riesigen weiblichen Zustrom gesehen, auch dann noch, als zehn von ihnen wieder ausgestiegen waren. Und die zwanzig verbliebenen Studentinnen erregten das Mißfallen mancher Professoren, die ihnen vorhielten, sie nähmen die Plätze fähigerer Männer ein, die in Vietnam kämpften.

»Alle nahmen an, wir seien alle aufgenommen worden, weil man dachte, der Jahrgang würde durch die Einberufungen zu stark dezimiert werden«, erklärt die Kommilitonin. »Tatsächlich bekamen sie schließlich noch mehr Studierende. Also ist immer mal wieder jemand dahergekommen und hat gesagt: ›Ich habe noch nie eine Frau gesehen, die länger als eine Stunde still dagesessen hat, um zu lernen – ich bin baff.‹ Und dann haben die von der feministischen Gruppe einen gefragt, warum man sich nicht militanter für seine Belange einsetze. Die ganze Zeit wurde man unter Druck gesetzt – von beiden Seiten.«

»Hillary hat als seltener Vogel gegolten«, fuhr die Mitstudentin fort. »Die meisten Studenten in Yale hatten noch nie mit einer Kommilitonin ihres Jahrgangs studiert, und so war es etwas Neues für sie, ein Mädchen wie Hillary zu erleben, das so begabt und so bei der Sache war. Es war nichts Ungewöhnliches, daß ein Mann wie Bill Clinton auf dem Campus sehr populär und begehrt war, aber es war etwas ganz Neues, daß eine Studentin so aktiv und erfolgreich war wie Hillary.«

Bill Clinton war damals vielleicht einer der wenigen Männer, die Hillarys Stärken würdigen konnten, ohne sich im geringsten davon bedroht zu fühlen. Er zeigte seinen Stolz auf sie und verkündete gern, daß sie ihn bei der Barrister's Union ausgestochen hätte. Er nahm es nicht einmal übel, als sie in einem besonders schwierigen Kurs über politische und Bürgerrechte, den der inzwischen verstorbene Thomas Emerson gab, eine bessere Note als er erhielt. Aus irgendeinem Grund schien ihr Eifer dem seinen zugute zu kommen, statt davon gefährlich geschwächt zu werden. Hillary wußte das sehr zu schätzen.

Sie habe sich zu ihm hingezogen gefühlt, sagte sie zu Gail Sheehy, weil er »keine Angst vor mir hatte«.

Nach ihrer Graduierung im Jahr 1973 arbeitete Hillary ein paar Monate als Hausanwältin für den Children Defense Fund in Cambridge. Dann erhielt sie im Januar 1974 einen Anruf von John Doar, der vom Rechtsausschuß des Repräsentantenhauses als Sonderberater an die Spitze des Impeachment-Teams berufen worden war, das die Vorwürfe gegen Präsident Nixon untersuchte. Doar war ein guter Freund von Burke Marshall in Yale. Er suchte fünf junge Juristen, die bereit waren, hart zu arbeiten, und sich für die Plackerei nicht zu schade waren. Marshall empfahl Hillary Rodham und vier oder fünf weitere Kandidaten. »Ich kannte den Sonderberater sehr gut«, sagt Marshall, »und er ist ein sehr anspruchsvoller Jurist. Der Job verlangte ein gewisses Fundament an rechtsanalytischen Fertigkeiten, Faktenanalyse, Gesetzesanalyse auf einem Gebiet, das noch ganz unerforscht war. Das erforderte einen sehr guten Juristen, jung, aber sehr tüchtig. Es mußte auch jemand sein, der seine Arbeit für sich behalten konnte, von diesem Team abgesehen, also eine Person mit Urteilsvermögen und Verstand. Hillary Rodham hatte vielfältige geistige Interessen und ein sehr gesundes Urteil.«

Auch Bill Clinton wurde dafür ausgewählt, aber er lehnte das verheißungsvolle Angebot ab. Er bereitete sich auf eine politische Laufbahn und eine spätere Kandidatur für das Amt des Gouverneurs von Arkansas vor.

Die Entscheidung, getrennt zu arbeiten, fiel den beiden jungen Juristen schwer, aber sie war notwendig. Hillary hatte es nicht darum so weit gebracht, um sich im tiefen Süden in der Provinz begraben zu lassen. Und auch Bill war nicht so weit gekommen, um seinen Arkansas-Traum so leicht wieder aufzugeben. Doch für Bill war die

Sache klar. Clintons Mutter Virginia hatte bei einem Besuch, den Bill in den Semesterferien seinem Heimatort abgestattet hatte, die Bedeutung erkannt, die Hillary für Bills künftiges Leben hatte. Sie saßen am Flughafen im Auto, um sich zu verabschieden, als Bill sich ihr zuwandte und sagte: »Mutter, ich möchte, daß du für mich betest, daß Hillary es wird, denn sonst wird es keine.«

»Er hatte Hillary in Yale so sehr ins Herz geschlossen«, sagte Virginia Clinton zu Charles Allen. »Er machte sich wirklich Sorgen, ob sie in Arkansas glücklich sein könnte und ob sie überhaupt käme. Aber er hat ihr von Anfang an klargemacht: ›Ich habe mir vor langer Zeit vorgenommen, daß ich mich abrackern werde, um meinem Staat zu helfen, wenn die Leute in Arkansas mich lassen.‹ Er hat gesagt: ›Das ist der Sinn meines Lebens. Und so muß es für mich sein.‹«

Hillary begann Mitte Januar 1974 mit der Arbeit beim Ermittlungsstab des Rechtsausschusses des Repräsentantenhauses. Sie war sechsundzwanzig Jahre alt und besaß als Anwältin nur die Erfahrung aus ihrer Arbeit für den Children Legal Defense Fund. Ihr Titel war Rechtsbeistand, ganz unten auf der beruflichen Skala.

Sie war eine der wenigen Juristen im Stab des Ausschusses, die nach dem Besuch der Rechtsfakultät versucht hatten, sozial engagiert zu arbeiten. Zu ihnen gehörte auch Fred Altshuler. »Die überwältigende Mehrheit der Anwälte war vom New Yorker Typus und bei angesehenen Kanzleien tätig«, sagt er. »Es gab ein paar, die anders dachten, und zu ihnen gehörten Hillary und ich. Wir galten als Radikale. Ich glaube, man hat uns ausgesucht, weil wir gegen die ungerechte Behandlung von Minderheiten aufgetreten sind. Ich war der freie Anwalt und von der Westküste, was als ungewöhnlich galt. Politisch gesehen gehörten wir natürlich zum liberaldemokratischen Lager.«

An der Spitze des Stabs stand Sonderberater John Doar, ein von den Republikanern vorgeschlagener Jurist, der während der Ära der Bürgerrechtskämpfe im Süden eine glänzende Laufbahn hinter sich gebracht hatte. Der Sonderberater der republikanischen Minderheit, Albert E. Jenner jr. war ein Rechtsanwalt aus Chicago von Mitte Sechzig, ein bedeutender Politiker aus dem Mittleren Westen und ein loyaler Gefolgsmann seiner Partei. Der Stab war auf dem Höhepunkt der Watergate-Kontroverse zusammengestellt worden, nachdem die Watergate-Anhörungen im Senat über das Fernsehen ausgestrahlt worden waren. Die Aufgabe der Juristen bestand darin, Informationen zu sichten, die aus vielen Quellen zusammengetragen worden waren, und alle Verbindungen aufzuzeigen, so daß sich ein kohärentes Bild ergab. Der Stab untersuchte zunächst eine breite Palette von Anschuldigungen, die gegen Präsident Nixon vorgebracht worden waren, um festzustellen, ob es sich lohnte, ihnen nachzugehen; anschließend sollte das Beweismaterial gegen den Präsidenten zusammengestellt und koordiniert werden. Zwischen Hillarys Team und dem ständigen Stab des Rechtsausschusses, damals unter dem Vorsitzenden Peter W. Rodino, einem demokratischen Abgeordneten aus New Jersey, war das Verhältnis gespannt. Die Juristen in dem Ausschuß wollten nicht, daß ihnen diese historische Chance genommen und die Aufklärung einem Verein von Außenstehenden übergeben würde.

Der Stab sollte unparteiisch arbeiten, nur Fakten präsentieren und sich für keinerlei Schlußfolgerungen aussprechen. »Wir haben uns größte Mühe gegeben, uns von Leuten fernzuhalten, die bezüglich Mr. Nixons Zukunft bereits Position bezogen hatten«, sagt Joseph A. Woods jr., der eine führende Stellung in dem Team einnahm und heute Partner in einer Anwaltskanzlei in Oakland, Kalifornien, ist. »Unser Ziel war, eine faire Untersuchung der Situation durchzuführen und auch diesen Eindruck nach außen zu vermitteln; wir haben die Spur verfolgt, wohin sie uns eben führte, und wir wollten keine engstirnigen, sondern aufgeschlossene Leute. Das war buchstäblich Voraussetzung. Vor allem wollten wir niemanden haben, in dessen Vergangenheit es irgend etwas gab, wodurch das Team irgendwann in Verlegenheit gebracht werden könnte.«

John Doar, ein Republikaner mit großem Ansehen unter den Demokraten, setzte einen anspruchsvollen Maßstab an juristische Objektivität für die Mitglieder seines Stabs. »Es wurde uns wieder und wieder gesagt, daß es nicht unsere Aufgabe wäre, Partei zu ergreifen, sondern daß unsere Aufgabe darin bestehe, Informationen zu sammeln und zu präsentieren«, erinnert sich Altshuler. »Ich wäre am Anfang beinahe auf die Straße gesetzt worden, weil ich irgendeine Bemerkung gemacht habe, die er so auslegte, als wollte ich eine aktivistische Rolle übernehmen.«

Die Juristen hielten sich überraschend eng an Doars Maßstab. Sie wurden ständig daran erinnert, daß Richard Nixon noch immer Präsident war und ausnahmslos, selbst in Gesprächen innerhalb des

Teams, mit all dem Respekt behandelt werden sollte, der seiner Stellung normalerweise gebührte. »Sogar heute noch, achtzehn Jahre später, nenne ich ihn automatisch den Präsidenten, nicht Nixon oder Richard Nixon oder sonstwie. Das dürfte Ihnen einen gewissen Eindruck von der Atmosphäre vermitteln«, sagt Robert Sack, der an der Spitze eines Gremiums stand, das möglichen Machtmißbrauch der Regierung Nixon untersuchte. »Ich kann mich nicht erinnern, daß irgend jemand so gesprochen hätte, als betrachtete er es als seine Aufgabe oder hätte ein besonderes Vergnügen daran, den Präsidenten zu überführen.«

Hillary Rodhams Hauptaufgabe bestand darin, die rechtlichen Verfahrensregeln festzulegen, die für die Ermittlungen und das Impeachment, die Amtsanklage gegen den Präsidenten, gelten sollten. Das hieß, daß sie Vorladungen ausfertigte und dafür sorgen mußte, daß die angemessenen juristischen Schritte vorausschauend und im Einklang mit der Verfassung unternommen wurden. Ihre Arbeit führte dazu, daß sie Verfahrensregeln vorschlug, an die sich der Ausschuß bei der formalen Präsentation seiner Arbeit zu halten hatte. Sie sollte Empfehlungen formulieren, welche Beweisregeln heranzuziehen seien, die Rolle von Nixons Hauptverteidiger James St. Clair klären, sich dazu äußern, welche Art von Einwänden als statthaft oder als nicht angemessen zu betrachten sei, und den Rahmen für die Kreuzverhöre abstecken. Das alles bedeutete, daß sie sich im Hintergrund hielt, Woods Anleitungen folgte und vor allem diskret war.

»Es war nicht unbedingt ein glanzvoller Auftrag«, sagt Woods, ihr Vorgesetzter. Einmal immerhin kam es zu einer Zusammenarbeit mit dem Historiker C. Vann Woodward, der zugezogen wurde, um das Team über historische Parallelen beziehungsweise deren Fehlen in den Amtsperioden änderer Präsidenten zu unterrichten.

»Ich war gewissermaßen in diesem schalldichten Raum eingesperrt und hörte mit dem Kopfhörer Tonbänder ab«, berichtete sie der *Arkansas Gazette*. »Darunter war eines, das das ›Band der Bänder‹ genannt wurde. Da hat Nixon aufgenommen, wie er seine eigenen Kassetten abhört und sich zu dem, was er gehört hat, seine Verteidigungsstrategie ausdenkt. Man hörte also Nixon sprechen und dann ganz schwach die Geräusche eines früheren Gesprächs mit seinen Beratern Haldeman und Ehrlichman. Und man hörte ihn sagen: ›Was ich damit sagen wollte, als ich das sagte…‹ Für mich war das surreal, nicht zu glauben. Irgendwann während des Gesprächs fragte er Manuel Sanchez (seinen Diener): ›Glauben Sie, ich habe das gemeint, als ich dies sagte?‹«

Aufgrund ihres Alters, ihrer relativ geringen Erfahrung und ihrer ausgesprochen liberalen Neigungen waren einige der Juristen am Anfang vielleicht mißtrauisch, aber wegen ihrer angeborenen Diskretion, ihrer Selbstbeherrschung und ihrer Hilfsbereitschaft war sie bei den Mitarbeitern des Teams sehr beliebt. »Sie war sehr gewissenhaft, denn es war ihr klar, daß ihre Rolle eine unparteiische zu sein hatte und nicht das Gegenteil. Trotz ihrer politischen Einstellung hat sie nicht versucht, diese einfließen zu lassen. Darin hat sie wirklich Charakter bewiesen.«

Der Umstand, daß sie von dem großen Verfechter der Bürgerrechte Burks Marshall ausgewählt worden war, verschaffte ihr zusätzlich Einfluß. Schon bald hatte sie sich gegenüber den erstklassigen Juristen durchgesetzt, die dem Stab angehörten. Außer ihrer juristischen Tätigkeit machten auch ihre persönlichen Qualitäten einen nachhaltigen Eindruck. »Sie hat sich sehr gut in das Team eingefügt und hatte absolut nichts von einer Primadonna«, berichtet Robert Sack. »Sie hatte etwas echt Kameradschaftliches. Sie hat die Leute um sich herum emotional sehr gestützt. Wir waren alle in diese Sache hineingeworfen worden, die anscheinend sehr wichtig war, aber auf die niemand von uns Einfluß zu haben schien. Und eine emotionale Stütze hatten wir dringend nötig. Sie gehörte zu den Menschen mit einem besonderen Gespür dafür, wenn andere, ich eingeschlossen, niedergeschlagen waren, und dann hat sie einen aufgerichtet, mit einem Klaps auf die Schulter gewissermaßen. Sie war wirklich ein Mensch, der andere aufrichten konnte.«

Einmal hatte Sack eine Kontroverse mit einem höhergestellten Mitglied des Teams, was ihm stark auf den Magen schlug. »Es war schon spätabends, ich ging hinaus und war ganz durcheinander – um diese Zeit waren die Abwehrkräfte erlahmt, wir hatten hart und angestrengt gearbeitet, und ich war auf dem Weg zu meinem Wagen. Vor der nächsten Querstraße hörte ich Leute hinter mir herrennen, es waren Hillary und Fred Altshuler. Sie sind mir nur nachgelaufen, um zu sagen, ›es ist alles in Ordnung‹ oder ›Sie hatten recht‹, oder sonstwas, damit ich die ganze Geschichte nicht zu persönlich nähme.«

Die Arbeit nahm kein Ende, achtzehn Stunden pro Tag, sieben

Tage pro Woche. Die Juristen begannen um acht Uhr morgens, legten eine kurze Essenspause ein und schufteten dann bis nach Mitternacht weiter. Am 4. Juli, dem Nationalfeiertag, saßen sie besonders pflichteifrig in ihren Arbeitszimmern. Manche der Juristen begannen unter dem Arbeitspensum und dem Druck zusammenzuklappen. Hillary nicht.

»Sie hatte ungeheuer viel Energie«, sagt Altshuler. »Manche Leute sind nicht gut damit zurechtgekommen, aber sie wirkte jeden Tag aufs neue frisch, und auch sie hat viel und sehr gut gearbeitet.«

Einen besonderen Stein im Brett hatte sie bei Albert Jenner, der in der Mitte der Ermittlungen das Lager wechselte, seine Stellung als Rechtsberater der Minderheit verlor und in eine Anwaltskanzlei eintrat. Er machte sich einen Riesenspaß daraus, Hillary in den Republikanischen Klub im Kapitol mitzunehmen, wo er einmal eine volle halbe Stunde lang versuchte, sie dazu zu bewegen, einen Wodka-Martini zu trinken.

An den seltenen Abenden, an denen man essen gehen konnte, entspannte sie sich mit den anderen jungen Juristen in einem griechischen oder italienischen Lokal in der Nähe des Kapitols. Doch selbst dort unterhielten sie sich vorsichtig und in gedämpftem Ton. Jedes Leck, jedes Durchsickern von Informationen hätte die Legitimität des ganzen Unternehmens in Frage stellen können. Ein zwangloser gesellschaftlicher Verkehr konnte so kaum entstehen. Und als Außenseiter in Washington waren sie, so nahmen manche Leute an, leicht anzuzapfen.

Doch das erwies sich als Täuschung.

»Als wir dort ankamen, erhielt jeder im Komitee einen Brief von einer der TV-Nachrichtenstationen, in dem es hieß: ›Wir sind hier. Sollten Sie über irgendwelche interessanten Informationen verfügen, rufen Sie uns doch an.‹ Und trotzdem ist aus unserem Komitee praktisch nichts hinausgedrungen«, berichtet Sachs. »Aber ich erinnere mich, sobald man die Informationen an Abgeordnete oder an Mitglieder des Stabs weitergab, ist jedesmal hochinteressantes Material an die Öffentlichkeit gelangt, stand es am nächsten Tag in der Zeitung. Das Team konnte Geheimnisse hüten, sobald diese aber bei den Berufspolitikern angekommen waren, waren sie am nächsten Morgen stadtbekannt.«

Der Arbeitsdruck war immens, und die Ungewißheit, ob Nixon zurücktreten würde oder nicht, und ob er zulassen würde, daß das

Amtsanklageverfahren weiter betrieben wurde, spielte den Nerven der jungen Juristen übel mit.

»Mehrmals hatte es den Anschein, als würden die Ermittlungen im Sande verlaufen, und alles erschien als ganz zwecklos. Es war hart«, sagt Altshuler.

Als eine von drei Frauen unter den dreiundvierzig Juristen in ihrem Team geriet sie noch unter einen anderen Druck. »Auf dem Kapitolhügel«, erinnert sich Altshuler, »ging es unglaublich sexistisch zu. Es waren nur ganz wenige Frauen im Team, und man hatte sich nicht groß angestrengt, ein Gleichgewicht zwischen Männern und Frauen zu schaffen. Ich will damit sagen, die Förderung der Minderheiten bestand darin, daß man jemanden von der Westküste holte, und darauf taten sie sich viel zugute.«

Einmal begleitete Hillary John Doar zu einer Pressekonferenz. Sam Donaldson lief hinter ihr her und sagte: »Was ist das für ein Gefühl, die Jill Wine Volner des Impeachment-Komitees zu sein?« (Wine Volner war die Juristin im Amt des Sonderermittlers.) Danach hielt sie sich von Pressekonferenzen fern.

Sie nahm jedoch sexistische Äußerungen nicht geduldig hin. In einem ganz sachlichen Ton korrigierte sie ihre männlichen Kollegen, wenn sie Dinge sagten, an denen sie Anstoß nahm. »Bei diesem Thema war sie empfindlich, aber ohne einen schrillen Unterton sagte sie, was statt dessen am Platz sei und warum«, sagt Sack. »Sie hat mir immer wieder die Augen geöffnet, meine Sensibilität verstärkt, wie wir das damals nannten.«

Am 8. August 1974 trat Nixon zurück, zum Teil wegen der Ergebnisse, zu denen der Ausschuß gelangt war, gekrönt von den vernichtenden Enthüllungen auf dem »Smoking gun«-Tonband. Die Juristen verspürten gemischte Gefühle von Erleichterung und einer Art Talfahrt. Die meisten hatten andere Arbeitsplätze, manche auch ihre Familie in einem anderen Teil des Landes zurückgelassen, um in Washington ihre Rolle in der Rechtsgeschichte zu übernehmen.

Hillary Clinton hat über ihre Erlebnisse beim Watergate-Juristenteam gesagt, damit hätte sich ihr »eine der größten persönlichen und beruflichen Chancen erschlossen, die ich jemals hatte... Die Leute, aus denen sich der Stab zusammensetzte, waren so professionell und hatten so viel Erfahrung. Ich war nur eine junge Absolventin der juristischen Fakultät und durfte mit diesen Leuten zusammenarbeiten. Es war ein wirklich historisches Erlebnis.« Als sie sich von der

Arbeit im Komitee verabschiedete, war sie in ihrer liberalen Einstellung noch mehr gefestigt, noch engagierter als zuvor, sich für gesellschaftliche Veränderungen und Gerechtigkeit einzusetzen, wie es das amerikanische Rechtssystem und die Legislative des Landes möglich machten. Die Erfahrungen, die sie beim Impeachment-Team gemacht hatte, hatten ihr gezeigt, daß das System funktionieren *konnte*. Für sie stellten sie die Krönung ihrer vier Ausbildungsjahre an der juristischen Fakultät dar.

»Niemals war ich stolzer darauf, Juristin und Amerikanerin zu sein, als während dieser Monate in Washington... in denen wir darum rangen, den konstitutionellen Bedeutungsgehalt eines Impeachment zu definieren und unsere Aufgaben nach den höchsten professionellen Maßstäben auszuführen«, sagte sie in ihrer Rede vor ehemaligen Jahrgangsgefährten. »Es war sowohl eine große Erleichterung, fand ich, und auch eine verdienstvolle Tat, als Präsident Nixon sein Amt niederlegte. Aber es war auch ein großartiger Sieg für das Rechtssystem, das ich (in Yale) von Grund auf kennengelernt habe.«

Es war klar, daß Hillary Rodham dafür bestimmt war, irgendeine Rolle im Spiel der Politik zu übernehmen. Zuvor aber mußte sie ihrer Beziehung zu Bill Clinton eine Chance geben, sich zu entwickeln.

[illegible]

[illegible]

[illegible]

[illegible]

»Ich bin meinen Gefühlen gefolgt«

Angenommen, ich hätte mich hingesetzt, um mein Leben zu planen«, fragte Hillary Clinton vor drei Jahren einen Reporter der *Arkansas Gazette*, »glauben Sie, ich hätte gesagt, ich werde die Ehefrau des Gouverneurs von Arkansas und als Anwältin in Little Rock tätig sein? Ausgeschlossen. Ich glaube, das Leben hält viele Möglichkeiten offen.«

Hillary Rodham war davon ausgegangen, daß sich ihre Arbeit als Rechtsberaterin des Rechtsausschusses des Repräsentantenhauses bis in den Herbst und Winter des Jahres 1974 hinziehen würde. So war sie in einer verzwickten Lage, als Nixon im August zurücktrat. Der Job beim Children's Defense Fund stand ihr noch immer offen, und er reizte sie sehr. Aber Bill Clinton hatte auch seine Forderungen angemeldet. Er war jetzt seit mehr als einem Jahr in Arkansas, und die Belastung einer Beziehung auf so große Distanz begann ihm zuzusetzen. Er bat sie instandig, zu ihm zu kommen und an seiner Seite zu bleiben. Hillary hatte schon einmal nein gesagt. »Es war beinahe so, als hätte jemand einen anderen Menschen gebeten, auf den Mond umzuziehen«, sagte Carolyn Ellis dazu.

Aber jetzt fehlte er ihr schrecklich, und es war ihr klar, daß die Beziehung so nicht ewig weitergehen konnte. Aber sie war auf der Überholspur oder besser, sie hatte eine historische Rolle gespielt, und nun standen ihr alle Möglichkeiten offen. Sie hatte sich bei verschiedenen erstklassigen Washingtoner Anwaltskanzleien vorgestellt, die ihr sehr verlockende Angebote gemacht hatten. Das Gefühl der Macht, das in ihr schlummerte, die erregende Vorstellung, eine der wenigen Anwältinnen in einer der ersten Kanzleien in Washington zu sein, war berauschend. Der Gedanke hingegen, sich in den zweitärmsten Bundesstaat der USA aufzumachen, in einen zurückgebliebenen Staat mit nur wenigen juristischen Arbeitsmöglichkeiten, kam ihr zunächst so vor, als verurteilte sie sich selbst zum Verkümmern.

»Es war nicht auf ihrem Radarschirm«, sagt Fred Altshuler. »Es gehörte nicht zu den Dingen, die sie sich zum Ziel gesetzt hatte. Ihre Erwartungen waren darauf gerichtet, beim Children's Defense Fund zu arbeiten oder bei Prozessen aufzutreten, und sie war sich im klaren darüber, daß eine solche Entscheidung ihre Aussichten und ihre Erwartung völlig veränderte, und das mußte sie erst einmal verarbeiten.

In Arkansas sahen die Aussichten wirklich trübe für Hillary aus.

»Ich erinnere mich, wie mich Bill angerufen hat«, sagt Brownie Ledbetter, ein für den fortschrittlichen Arkansas Fairness Council arbeitender Lobbyist, langjähriger Freund und freundschaftlicher Kritiker Clintons. »Er hat mir erzählt, daß er eine unglaublich gute Frau kennengelernt habe und sie heiraten wolle. Er hat gesagt: ›Weißt du, sie braucht einen richtigen Job hier unten bei uns, nicht nur was Provisorisches. Sie ist Feministin und einfach wunderbar.‹ Dann hat er gefragt, ob ich was wüßte, was sie tun könnte, irgendwas in ihrer Richtung. Ich habe gesagt: ›Was macht sie denn?‹ Er: ›Rechte von Kindern.‹ Ich: ›O je, Bill...‹ Es hat sicher einige Zeit gedauert, bis sie wußten, wie sie die Sache anpacken könnten. Ich glaube nicht, daß es wegen ihrer Unabhängigkeit Probleme in ihrer persönlichen Beziehung gab – dafür hatte er volles Verständnis. Aber vielleicht hatte sie das Gefühl, sie könnte seiner Karriere als Politiker irgendwie schaden, auf die er so klar zusteuerte. Die Beziehung zwischen ihnen war viel komplexer, als so manche Leute meinen.«

Nachdem die Ermittlungen gegen Nixon eingestellt worden waren, löste sich das Team ebenso plötzlich auf, wie es zusammengetrommelt worden war. An ihrem letzten Abend in Washington ging eine Gruppe von vier Leuten zum Abendessen in ein kleines italienisches Restaurant unweit des Kapitolhügels. Es war das bittersüße Ende von sechs Monaten gemeinsamer Arbeit. Fred Altshuler und Hillary Rodham waren sich dabei sehr nahegekommen, waren mit jener intensiven Vertrautheit miteinander umgegangen, die sich einstellt, wenn man unter ungewöhnlich hohem Druck arbeiten muß. Sie saßen mit zwei anderen jungen Juristen beisammen, die kurz zuvor nach Washington gekommen waren, um neue Jobs beim Staat oder im sozialen Bereich zu übernehmen. Hillary scherzte mit den anderen und ließ nach der langen Plackerei Dampf ab, aber mit den Gedanken war sie woanders. Die drei anderen würden neue Stellen übernehmen und vermutlich mit reizvollen, für die Gesellschaft wichtigen Aufgaben betreut werden. Sie hingegen hatte beinahe schon beschlossen, die Chance aufzugeben, über wichtige Probleme der Rechte von Kindern zu arbeiten und statt dessen mit ungewissen beruflichen Aussichten ins ferne Arkansas zu gehen. Sie war nachdenklich und abwechselnd fröhlich und traurig, wie ein Mensch, der von einem inneren Konflikt in zwei Richtungen gezerrt wird. Die anderen neckten sie, daß ihr der Streß des letzten halben Jahres fehle, wußten aber, daß es etwas ganz anderes war.

»Du gehst nach Arkansas, nicht?«

»Ich weiß nicht, was ich tun soll«, gab sie zur Antwort.

Am nächsten Tag war sie nach Little Rock unterwegs.

Nach diesen Monaten beim Nixon-Team war sich Hillary bewußt, daß sie an einem historisch bedeutsamen Punkt angelangt war. Alternatives juristisches Engagement war ein neues und rasch expandierendes Spezialgebiet. Die ersten Gruppen, die für die Sache der Frauen eintraten, waren im Entstehen, und ihr eigenes Wirkungsfeld, Theorie der Kinderrechte, war noch ganz jung. Nach Arkansas zu übersiedeln war, als ginge sie ein Jahrzehnt zurück, vielleicht noch mehr. Es würde bedeuten, wieder ganz von vorne anzufangen. Die Beziehung zwischen ihr und Bill Clinton war beinahe vom ersten Tag an ambivalent gewesen. Sie waren bis über beide Ohren ineinander verliebt, so viel war klar, doch ihre Ambitionen erschienen ganz unvereinbar.

Die Debatte über das Thema, wer von ihnen wohin gehen würde, hatte bereits in Yale begonnen. Während die meisten seiner Altersgenossen an der juristischen Fakultät davon träumten, nach ihrer Graduierung beim Obersten Gerichtshof zu arbeiten, war Bill schon immer entschlossen gewesen, nach Arkansas zurückzukehren. Den Erfolgstypen in seinem Umkreis, nicht zuletzt Hillary Rodham, erschien dies als merkwürdiger Ehrgeiz. Für sie war Arkansas ein vergessener Bundesstaat, hauptsächlich bekannt wegen seiner hinterwäldlerischen Ozark-Kultur und seiner Armut. Und für den dort herrschenden Rassismus. Das einzige, was jeder für die Bürgerrechte engagierte »Yalie« über Arkansas wußte, war die Geschichte, wie 1957 neun schwarze Schüler versucht hatten, die rein weiße Central

High School in Little Rock zu betreten. Es war in den Jahren nach dem Streit zwischen Gouverneur Brown und der Erziehungsbehörde ein Versuch, die Bereitschaft der bundesstaatlichen Behörden zur Aufhebung der Rassenschranken auf die Probe zu stellen. Der Gouverneur von Arkansas, Orval Faubus, wies die Nationalgarde an, die Schüler am Betreten der High School zu hindern. Dies veranlaßte Präsident Eisenhower, Einheiten der 101. Luftlandedivision der Armee nach Little Rock zu schicken, um die schwarzen Schüler zu schützen und dafür zu sorgen, daß sie die Schule betreten durften. Der Zwischenfall machte die Bürger von Arkansas zu Parias auf der Bühne Amerikas. Arkansas erschien einer aufstrebenden jungen Rechtsanwältin nicht als das ideale Gelände, um eine berufliche Karriere aufzubauen.

»Arkansas«, erklärt Kris Rogers, »lag für uns alle, von Bill abgesehen, am Ende der Welt.«

Der Bundesstaat Arkansas hat ungefähr 2,3 Millionen Bewohner, ein Viertel der Bevölkerung von New York City, die sich auf ein Gebiet von der Größe des Staates New York verteilen. Im Jahr 1975 lag das Pro-Kopf-Einkommen bei weniger als 4510 Dollar jährlich – womit der Staat an neunundvierzigster Stelle lag, gleich hinter Mississippi –, 1300 Dollar unter dem amerikanischen Durchschnitt. Über diese Rangstellung spotten Bürger aus Arkansas selbst mit ihrem beliebten Spruch: »Gott sei gedankt, daß es Mississippi gibt!«

Bill Clinton war der erste Mensch aus Arkansas, dem Hillary Rodham jemals begegnet war. Er war kein typischer Vertreter seines Landes, und das wußte er auch. Es lag ihm am Herzen, Hillary in seine Heimat zu bringen, wo er groß geworden war, bis er von dort fortzog, um an den Universitäten Georgetown, Oxford und Yale zu studieren. Hillary hatte ihren ersten Besuch in Arkansas 1973 gemacht. Bill holte sie am Flughafen ab. Sein Zuhause in Hot Springs war nur eine Autostunde entfernt, aber er hatte mit seiner Erwählten mehr vor, als sie einfach nach Hause zu seiner Mutter zu bringen. Als habe er sich zu einer »Ein-Mann-Handelskammer« ernannt, wollte er sie überzeugen, wie toll er sein Arkansas fand.

»Wir fuhren acht Stunden durchs Land«, berichtete Hillary dem Nachrichtenmagazin *Newsweek*. »Er führte mich an sämtliche Stätten, die ihm besonders gut gefielen. Wir besuchten alle öffentlichen Parks. Wir fuhren zu allen Aussichtspunkten. Dann hielten wir an seinem Lieblingsplatz für Barbecue. Dann schlenderten wir die

Straße entlang und hielten an seiner Lieblings-Imbißbude an. Mir drehte sich der Kopf, weil ich nicht wußte, was ich noch zu sehen bekommen würde oder was ich eigentlich erwartete.«

Zu behaupten, der Anblick ihrer zukünftigen Heimat hätte Hillary nicht begeistert, wäre eine krasse Untertreibung. Aber sie legte in diesem Sommer doch die Zulassungsprüfung als Anwältin in Arkansas ab. Ellen Brantley, Richterin in Little Rock, die zusammen mit Hillary im Wellesley College gewesen war, hörte überrascht, wie Hillarys Name verlesen wurde, als sie, Ellen Brantley, selbst erschien, um die Prüfung abzulegen.

»Mir hat es die Sprache verschlagen«, erzählt Ellen Brantley. »Ich wußte, daß sie aus Chicago stammt, und konnte mir nicht vorstellen, warum sie die Zulassungsprüfung in Arkansas ablegen wollte. Also habe ich sie irgendwann im Verlauf der Prüfung gefragt: ›Was in aller Welt tust du denn hier?‹ Und sie hat gesagt, sie hätte einen Job beim Children's Defense Fund und müßte in irgendeinem Bundesstaat als Anwältin zugelassen werden. In welchem Staat, das sei ziemlich egal, und so habe sie sich Arkansas ausgesucht.«

Hillary überließ es Ellen Brantley herauszufinden, warum für sie von den Zulassungsprüfungen in fünfzig Bundesstaaten ausgerechnet die in Arkansas am attraktivsten war. Sie wollte die Beziehung mit Bill Clinton nicht an die große Glocke hängen – vielleicht war sie sich selbst noch nicht ganz im klaren. Doch die symbolische Geste, ihre beruflichen Wurzeln in seinem Heimatstaat zu schlagen, kann Clinton nicht entgangen sein. Denn im Jahr darauf bat er sie, nach Arkansas zu kommen und endgültig bei ihm zu bleiben.

Manche Freunde waren überzeugt, daß sie in Washington bleiben würde. »Für mich war es das Wahrscheinlichste, daß sie auf lange Sicht für den Children's Defense Fund arbeiten und irgendwas in der Politik machen würde«, sagte Carolyn Ellis. »Ich hab' mir das nicht so vorgestellt, daß Hillary für ein Amt kandidierte, sondern daß sie irgend etwas Politisches machte – in den frühen sechziger Jahren war man nicht der Ansicht, daß Frauen unbedingt für irgendwas kandidieren mußten.«

Kris Rogers ist anderer Meinung. »Ich erwartete von ihr, daß sie irgendein politisches Amt übernähme. Ich war nicht so verrückt, daß ich gesagt hätte, als Präsidentin, aber ich erinnere mich, daß wir doch annahmen, sie würde es zumindest in den Senat schaffen. Sie konnte ihr Anliegen klarmachen, sie war eloquent, sie war bereit zu sagen, was sie dachte, und hat sich nicht einfach an den Zuschauerrand verkrümelt. Und sie war politisch insofern sehr geschickt, als sie sich Unterstützung und Rückhalt verschaffte. Man kann durchaus sagen, wir haben erwartet, daß sie es in der Politik zu etwas bringen würde.«

Viele ihrer Kollegen aus dem Nixon-Team und von früher fanden, daß sie ihre Karrierechancen aufs Spiel setzte. Zu ihnen gehörte auch Betsey Wright, die mehr Frauen dazu bewegen wollte, für Posten beim National Women's Education Fund zu kandidieren.

»Im Mittelpunkt meiner Welt stand damals das Ziel, mehr Frauen in Ämter zu bringen, Frauen zu motivieren, daß sie sich selbst als Kandidatinnen vorstellen konnten«, sagt sie. »Hillary war ebensogut für eine Kandidatur qualifiziert wie irgend jemand. Trotzdem kannte ich die politischen Realitäten gut genug, um zu wissen, daß besonders in den Südstaaten gegenüber Ehepartnern, die beide ein politisches Amt bekleiden, die Toleranzschwelle sehr niedrig war. Aber vielleicht wollte sie das gar nicht unbedingt. Es war halt meine Projektion, es entsprach meinen eigenen Träumen.«

Manche Frauen dachten anders.

»Hillary war sehr in Bill verliebt, sie mußte aber die Ambitionen, die sie sicherlich hatte, damit in Einklang bringen, daß sie ihn heiratete«, sagt Ellis. »Sie wollte ein eigenes, unabhängiges Leben haben. Sie wußte, daß er in die Politik gehen und für Ämter kandidieren wollte. Ich denke, sie hat ein bißchen befürchtet, sie könnte ein bloßes Anhängsel werden. Das war die Tradition, wie wir sie bis dahin erlebt hatten. Meine Reaktion damals sah so aus: Sie hat keine eigene politische Basis, und dabei könnte sie mit ihrer Begabung unten in Arkansas allerhand erreichen. Das einzige, was mich wohl überrascht hat, war, wie lange sie für den Entschluß gebraucht hat, nach Arkansas zu gehen. Sie hat schließlich aus dem Gefühl heraus entschieden. Und als sie endlich hinfuhr, schien sie sich ihrer selbst sicherer als vorher.«

Hillary selbst sagt dazu: »Ich bin meinen Gefühlen gefolgt.« Außerdem war sie sich wirklich nicht schlüssig, was sie tun wollte. »Ich wußte nur, ich wollte Anteil haben an der Veränderung der Welt«, erklärte sie Gail Sheehy. »Bills Vorhaben, im öffentlichen Leben etwas zu bewirken, war viel klarer umrissen als mein Wunsch, Gutes zu wirken.«

»Sie hat ihn geliebt. So einfach ist das«, bemerkt Rogers.

Nach Nixons Rücktritt war Hillary erschöpft. Die Achtzehn-Stunden-Tage hatten sie geschafft. Sie war sich nicht im klaren, was sie als nächstes tun sollte, aber daß sie Washington verlassen wollte, das stand für sie fest. Bei ihrem Besuch in Arkansas 1973 hatte Bill sie mit Wylie Davis, dem Dekan der Rechtsfakultät in Fayetteville, bekannt gemacht. »Wenn Sie irgendwann als Dozentin arbeiten möchten, lassen Sie es mich wissen«, hatte er gesagt. Nun nahm sie ihn beim Wort. »Haben Sie das Angebot ernst gemeint?« fragte sie am Telefon.

»Aber ja«, antwortete er. »Ich stelle Sie sofort an.«

Arkansas würde ihr, so sagte sie sich, nach dem Arbeitsdruck im Impeachment-Team wenigstens eine Ruhepause verschaffen.

Aber es hätte nicht zu ihr gepaßt, die Sache locker zu nehmen. In der dritten Augustwoche hatte Hillary in Fayetteville ihren Wohnsitz aufgeschlagen. In der vierten Woche erfuhr sie, daß sie Strafrecht unterrichten sowie ein Rechtshilfezentrum und ein Projekt leiten sollte, in dessen Rahmen Studenten in die Gefängnisse geschickt wurden, um dort mit Häftlingen zu arbeiten. Und schon im September hielt sie ihre erste Vorlesung.

Im gleichen Sommer hatte Bill Clinton seinen ersten Auftritt in der Politik. Achtundzwanzig Jahre alt, Rechtsdozent an der University of Arkansas, bewarb er sich im erzkonservativen dritten Distrikt von Arkansas um einen Sitz im Kongreß. Sein Gegner war der Inhaber des Mandats, der ungemein beliebte John Paul Hammerschmidt, der als unschlagbar galt.

Clintons Anfänge nahmen sich nicht sehr erfolgverheißend aus. Sein Wahlkampfhauptquartier war in einem alten Häuschen an der College Avenue in Fayetteville untergebracht. Seine Wahlreisen durch den Distrikt unternahm er in einem kleinen Wagen, einem grünen AMC Gremlin. Tag für Tag fuhr er durch die Gegend, schüttelte Hände, machte Bekanntschaften, sammelte Visitenkarten und Telefonnummern, und als er wieder in Fayetteville war, leerte er die Taschen voller Zettel über seinem Schreibtisch aus. Dieses Häufchen hieß »die Zettel-Akte«. Ein weiterer Haufen – nicht benotete Arbeiten von Studenten – stapelte sich im Heck seines kleinen Wagens.

All dies wurde anders, als Hillary den Schauplatz betrat. Sie schloß sich der Kampagne an und wurde alsbald zu seiner inoffiziellen Wahlkampfmanagerin. Ihre organisatorischen Talente zeigten sich sofort. Sie brachte Ordnung in das Büro, nahm die Zügel in die Hand, brachte das Team auf Vordermann.

Bill Clinton konnte zwar seinen republikanischen Gegner dennoch nicht bezwingen, aber er heimste doch 48,5 Prozent der abgegebenen Stimmen ein – die höchste Stimmenzahl, die jemals zuvor oder seither ein demokratischer Kandidat gegen den Mandatsinhaber errungen hat.

Im Verlauf des Wahlkampfs lernte Hillary Arkansas kennen – und wurde selbst rasch in Arkansas bekannt. Und zu ihrer eigenen Überraschung stellte sie fest, daß es ihr hier gefiel.

»Ich hatte eine Menge Befürchtungen, weil ich niemanden kannte und nicht wußte, wie mich die Leute aufnehmen würden«, berichtete sie Charles Allen. Aber, sagte sie, »die Leute haben mich herzlich empfangen. Ich habe mich ganz zu Hause gefühlt. Und dabei war es ein Schock für mich, denn ich hatte noch nie im Süden oder in einer so kleinen Stadt gelebt. Es hat mir eine neue Lebensperspektive eröffnet und meinen Blick dafür geschärft, wie das Leben für die meisten Menschen hier war.

Die Universität gefiel mir. Die Rechtsfakultät gefiel mir. Die Kollegen gefielen mir«, sagte sie. »Ich habe dort einige der besten Freunde meines Lebens gefunden. Es war einfach ein wunderbares Erlebnis für mich.«

Fayetteville ist eine College-Stadt in den Ozark Mountains nahe der Grenze zum Bundesstaat Missouri. In den Jahren, als Bill Clinton und Hillary Rodham dort lebten, gab es viele große Häuser im viktorianischen Stil, und das gemächliche Straßenleben einer Kleinstadt verband sich mit der geistigen Lebendigkeit, die von einem College ausgeht. Die Wohnheime für männliche und weibliche Studenten auf dem Campus und das nahegelegene Razorback-Stadion sprudelten vor Leben. Die Leute sprachen über Bücher und diskutierten über Ideen und betrachteten sich als ziemlich progressiv, zumindest für die Verhältnisse in Arkansas. Das Städtchen breitete sich um das Hauptgebäude auf dem Campus aus, Old Main, ein Bauwerk mit zwei Türmen, das aus der Jahrhundertwende stammt. Rund um den Campus stiegen die Straßen leicht an, und in die Gehsteige rings um die Universität waren die Namen von College-Absolventen eingeritzt.

Als sie ihre anfängliche Betroffenheit darüber, daß beinahe jeder Passant ihren Namen kannte, überwunden hatte, blühte Hillary in der kleinstädtischen Atmosphäre auf. Sie erzählt gern die Geschichte, wie sie einmal einen ihrer Studenten anrufen wollte, und als er nicht an den Apparat kam, die Auskunft angerufen habe, um die Nummer zu überprüfen. »Ach, der ist nicht zu Hause, ich habe gesehen, wie er am Morgen weggegangen ist«, erfuhr sie von dem Fräulein vom Amt, das zufällig im selben Wohnblock wohnte. Die Rechtsfakultät, in der es keine Klimaanlage gab und eine Hitze herrschte wie in der Sauna, fand Hillary »lustig«. »Fayetteville hat mir sehr gefallen, Arkansas überhaupt«, sagte sie zu einem Reporter der *Arkansas Gazette*. »Ich konnte nicht sagen, warum, aber ich hab' mich einfach ganz zu Hause gefühlt.«

An der juristischen Fakultät der University of Arkansas, die relativ wenige Studentinnen und noch weniger weibliche Mitglieder des Lehrkörpers hatte, nahm Hillary Rodham von Anfang an eine Sonderstellung ein. Es hatte nicht nur mit ihren Hippie-Klamotten und ihrem nördlichen Akzent zu tun. Sie lehrte in ihrem ersten Jahr Straf- und Strafprozeßrecht und führte ihre Kurse nach der sokratischen Methode, womit sie die Studenten milde terrorisierte.

»Sie war ungemein intellektuell, zupackend, offen, sehr eloquent und ziemlich schwierig«, sagt Woody Bassett, Anwalt in Fayetteville und früherer Student bei Hillary. »Viele waren sich anfangs nicht sicher, was sie von ihr halten sollten, denn sie ist sehr entschieden aufgetreten. Sie waren von ihrem Intellekt und ihrer Persönlichkeit ein wenig eingeschüchtert. Manche von den Studenten waren es nicht gewöhnt, von einer Frau mit einem solchen Intellekt unterrichtet zu werden, und manche haben wohl eine Zeitlang gebraucht, bis sie sich daran gewöhnt hatten. Doch mit der Zeit haben sich die Leute darauf eingestellt.«

Im Unterschied zu Bill Clinton, der seine Studenten kumpelhaft-locker, in einer Art Gesprächston unterrichtete und eher milde benotete, wahrte Hillary Rodham eine professorale Distanz. Im privaten Umgang konnte sie freundlich und einnehmend sein, aber anders als Clinton saß sie in der Zeit zwischen zwei Vorlesungen nicht im Gemeinschaftsraum der Studenten herum und plauderte mit ihnen über schriftliche Arbeiten oder aktuelle Ergebnisse oder Sport. Trotzdem sahen die Studentinnen in ihr ein Rollenvorbild und suchten sie in den Sprechstunden auf, um sich bei ihr Ratschläge und moralische Unterstützung zu holen.

Patty Criner, die mit Bill Clinton seit der ersten Schulklasse befreundet ist, äußerte gegenüber Charles Allen, daß Bill als Lehrer vielleicht mehr mit dem Herzen dabei war als Hillary. Aber, fügte sie hinzu, »wenn jemand die Frage stellte, wer von den beiden der klügere Anwalt ist, würde ich antworten: Hillary. Aber das ist ja ihr Beruf. Bill hat die Juraausbildung hinter sich gebracht, aber Hillary hat ihm dabei geholfen. Sie haben zusammen studiert, und sie hat ihn sehr unterstützt, denn als Anwältin ist sie ein sehr, sehr heller Kopf.«

Das Leben ging für Hillary und Bill in vielem so weiter wie in Yale. Sie arbeiteten viele Stunden am Tag und gaben sich ihrer Arbeit mit viel Eifer hin. Sie verwandten ebensoviel wenn nicht noch mehr Zeit auf Dinge, die mit der Universität nichts zu tun hatten – seinen Wahlkampf, ihre Arbeit für die kostenlose Rechtshilfe und ihre junge Kanzlei – wie auf ihre Pflichten als Universitätslehrer. Abends und an den Wochenenden verbrachten sie ihre Freizeit mit einem größer werdenden Kreis von Freunden und Bekannten, zu denen auch Leute aus der Lokalpolitik gehörten, die Bill im Wahlkampf kennengelernt hatte, außerdem etliche Mitglieder des Lehrkörpers an der Rechtsfakultät. Seine Freunde, die besorgt waren, Hillary könnte sich in Fayetteville langweilen und einsam fühlen, kümmerten sich so nett um sie, wie sie nur konnten.

»Er wollte, daß sie sich in Arkansas wohl fühlt, er wollte, daß es ihr in Fayetteville gefällt, er war verrückt nach ihr und wollte sie heiraten«, berichtet Margaret Whillock, die damals Hillary unter ihre Fittiche nahm. »Es war eine großartige Zeit für uns. Es gab viel Wärme zwischen uns allen, viel Kameradschaft. Es hat Bill – und uns allen – viel Spaß gemacht, lustige Geschichten aus Arkansas zu erzählen, und wir haben oft zusammen gegessen. In meinem Wohnzimmer haben wir nach Ballspielen auf dem Boden gesessen und stundenlang geplaudert. Es war gut, dort zu leben, eine schöne Zeit.« Es gab ungezwungene Dinnerpartys. Sie haben häufig Volleyball gespielt, beim Football zugeschaut und, wie immer, debattiert. Sie spielten Scharaden, und dabei trat ein Aspekt von Bills Charakter ans Licht, der sich in den Jahren ihrer Ehe nur noch stärker ausprägen sollte. Er wollte beim Spielen unbedingt gewinnen.

»Bill hat sich richtig hineingesteigert, und wenn er einen Tip gab und Hillary begriff nicht, ist er außer sich geraten und hat zu schreien angefangen«, erzählt Ellen Brantley. »Er ist fast verrückt geworden, und sie hat dagesessen, in einer Illustrierten geblättert und ihn ausgelacht.«

Nachdem Bill und Hillary ein Jahr in Fayetteville gelebt hatten, fanden sie, daß sie heiraten sollten, wenn sie hierblieb. Für Hillary war die Zeit gekommen, sich zu entscheiden. Sie lebten jetzt seit einem Jahr getrennt in Fayetteville, wo die braven Bürger über ein Paar, das vorehelich zusammenlebte, die Stirn gerunzelt hätten. Das mußte sich ändern, so oder so. Bill bot all seine Überredungskünste auf, um sie dazu zu bringen, sich einen Ring an den Finger stecken zu lassen. Doch Hillary konnte sich noch immer nicht entscheiden. Arkansas war ja ganz nett, aber es war nicht Washington. Inzwischen war ihr klargeworden, daß sie, wenn sie hierblieb, ihre politischen Träume hinter die von Bill würde zurückstellen müssen. Sie würde bei den folgenden Präsidentenwechseln dem Ort des Geschehens fernbleiben müssen. Und in Arkansas war nicht daran zu denken, daß zwei Ehepartner in politische Ämter gewählt würden. Es war ohnedies schwer vorstellbar, wie sie zu einem Wahlbezirk kommen sollte, der sie als Kandidatin aufstellte. Und was war mit ihren Freunden? Hillary wollte sich klarwerden, was ihr fehlte. Sie flog nach Park Ridge, um ihre Eltern zu besuchen, dann weiter an die Ostküste, wo sie ihre alten Freunde und Freundinnen vom College und von der Fakultät wiedersehen wollte. Sie flog nach Boston, nach New York und nach Washington.

Sie besuchte Carolyn Ellis, die damals in New York lebte.

»Weißt du, Carolyn, du bist ein Mensch, der überall Wurzeln schlägt«, sagte sie zu ihrer Freundin. »Sogar in New York schaffst du es, dir eine kleine Insel zu schaffen. Das ist wichtig.«

»Wenn du das möchtest«, redete Carolyn Ellis ihr zu, »gelingt dir das auch in Arkansas.«

Sie fragte auch andere Freunde, wozu sie ihr rieten. Ein paar waren der Ansicht, sie sollte das Handtuch werfen und wieder an die Ostküste kommen. Carolyn Ellis teilte diese Ansicht nicht.

»Ich hab' ihr zugeredet, zurückzufliegen und ihn zu heiraten«, erzählt sie. »Ich glaube nicht, daß sie sich unschlüssig war, ob sie ihn heiraten sollte, sie war sich unschlüssig, ob sie sich in Arkansas, das für sie immer noch sehr fremd war, niederlassen sollte.« Mit leichtem Triumph in der Stimme fährt Carolyn Ellis fort: »Und am Wahlabend habe ich in Little Rock eine Frau getroffen, die ein Jahr vor uns in Yale war. Sie hat mir erzählt, sie hätte Hillary davon abgeraten, nach Arkansas zurückzukehren. Aber ich hätte ihr richtig geraten.«

Die Rundreise durch den Osten führte Hillarys Entschluß herbei: Sie wollte zu Bill zurückkehren. »Ich habe dort nicht viel gefunden, das reizvoller war oder eine größere Herausforderung bedeutet hätte als das, was ich hier vorfand«, erklärte sie gegenüber *Vanity Fair*. Doch beim Anblick der braunen, sumpfigen Landschaft, die sich unter ihr dahinzog, als das Flugzeug zum Landeanflug auf den kleinen Flughafen von Little Rock ansetzte, ließ ihr das Herz wieder sinken.

Bill holte sie am Flughafen Adams Field ab. Hillary war müde und wollte nach Hause. Aber Bill sagte, er habe eine Überraschung für sie. »Erinnerst du dich noch an das Haus, das dir so gefallen hat?« fragte er.

»Was für ein Haus?«

Als sie einmal in der Nähe des Campus im Auto saßen, hatte Hillary en passant erwähnt, daß sie am California Drive ein niedliches Haus aus getünchten Ziegelsteinen gesehen habe, das ihr gefiel und das zum Verkauf stand. »Aber Bill, mehr habe ich nicht darüber gesagt«, sagte sie. »Ich hab' es nie von innen gesehen.«

»Na ja, ich dachte, es gefällt dir, und so hab' ich es gekauft«, sagte er. »Jetzt werden wir wohl heiraten müssen.«

Zwei Monate später war es so weit. In dem Kampf zwischen Liebe und Wohnsitz hatte die Liebe gesiegt.

Das Haus war eigentlich ein Cottage mit Balken an den Zimmerdecken, einem Erker und einer verglasten Veranda an einer Seite. Es stand auf hügeligem Gelände und bot eine hübsche Aussicht. Als sie einzogen, stand darin ein altmodisches Ehebett mit Wal-Mart-Bettwäsche, die Bill gekauft hatte, und sonst nicht viel.

Dorothy Rodham war nicht ganz so beeindruckt. »Es war ein winziges Häuschen, nur eine Handvoll Dollar wert. Ich glaube, es hatte nur zwei Zimmer«, berichtete sie *Paris Match*.

Sie war zu einer Besichtigung nach Arkansas gekommen und besorgte als Hochzeitsgeschenk in aller Eile ein paar Dinge für den Haushalt. Sie ging mit Hillary in das Kaufhaus Dillard, um das Hochzeitskleid für sie zu kaufen, ein Kleid im viktorianischen Stil, aus Naturleinen, mit Spitze an den Ellenbogen.

»Acht Tage vor der Hochzeit kam ich aus Chicago an, um ihnen beim Renovieren zu helfen. Alles mußte hergerichtet werden: tünchen, Türen lackieren, alles mögliche in Ordnung bringen. Hillary und Bill wollten das Hochzeitsessen in diesem Haus geben. Nur Angehörige. Sie hatten so viele Freunde, daß sie nicht alle hätten einladen können.«

Am 11. Oktober 1975, einem Sonnabend, wurden Hillary Rodham und Bill Clinton in dem Haus, das er gekauft hatte, von dem Methodistengeistlichen Vic Nixon getraut. Die Trauung war eine bescheidene Zeremonie im engsten Kreis. Nur die nächsten Angehörigen und ein paar enge Freunde nahmen daran teil, unter ihnen Bills Mutter, Virginia Kelley, Hillarys Eltern und ihre beiden Brüder, Hugh und Tony Rodham. Roger Clinton jr. war Trauzeuge seines Bruders. Hillary und Bill tauschten ererbte Ringe, und sie behielt ihren Namen. Bill war neunundzwanzig, Hillary siebenundzwanzig Jahre alt.

»Es war die denkbar schlichteste Feier, aber auch eine ganz besonders schöne. Wirklich«, erzählt Dorothy Rodham. »Diese beiden brillanten Köpfe, überhäuft mit Diplomen, die ihnen allen Luxus und alles Geld der Welt hätten verschaffen können, dort, in Arkansas, in diesem bescheidenen Häuschen zu sehen, weil sie davon träumten, ihre Ideale zu verwirklichen, das war wirklich bewegend.«

Später an diesem Tag fand im Haus von Ann und Morris Henry, zwei der engsten Freunde, die das Brautpaar in Fayetteville hatte, eine zweite, größere Hochzeitsfeier für Freunde statt. Henry war Rechtsanwalt und Ortsvorsitzender der Demokratischen Partei, und die Feier bei ihm führte Freunde aus dem Ort, Angehörige, Freunde aus Yale, Georgetown und Wellesley, Dozenten von der Universität und politische Anhänger zusammen, beinahe 300 Gäste, unter ihnen auch Arkansas Justizminister Jim Guy Tucker. Die Gäste der Hochzeitsfeier strömten aus Henrys weitläufigem Haus hinaus auf Veranden und in Gärten bis weit hinaus auf das umliegende Land, das der Familie gehörte. Die Hochzeitstorte hatte ein Konditor aus Fayetteville mit einer künstlerischen Ader geschaffen: einfach und geschmackvoll – allerdings riesig, mit weißem Zuckerguß und cremefarbenen Rosen aus Zucker. Während das Kind einer Studienfreundin auf Anne Henrys kleinem Flügel spielte, floß der Champagner in Strömen.

»Es war einer dieser zauberhaften Abende«, erinnert sich Margaret Whillock.

Wie Ann Henry berichtet, war die Stimmung überschwenglich. »Wir hatten alle Bill sehr gern, und von Hillary waren wir Hals über Kopf einfach begeistert. Wir empfanden es als ein großes Glück, daß sie beschlossen hatte, in Arkansas zu leben.«

Hillarys Entschluß, dem Ruf ihres Herzens nach Arkansas zu folgen, fanden viele ihrer Freunde allerdings nicht so poetisch. Sie konnten, von Bills guten Eigenschaften abgesehen, kaum gutheißen, daß Hillary die Überholspur verließ und gegen ein Leben auf der Kriechspur, im tiefsten Süden, wie sie es sahen, vertauschte. Auch ihre Familie hatte Vorbehalte, allerdings aus anderen Gründen. Ihr Vater war nicht gerade begeistert, erleben zu müssen, daß seine Tochter einem Demokraten die Hand fürs Leben reichte. Immerhin erschien er zu ihren Flitterwochen, die sie in Acapulco verbrachten. Sie waren von der Rodham-Familie organisiert – Hugh und Tony, die Eltern, Hillary und dazu Bill Clinton. Dorothy Rodham hatte sich das ausgedacht. Sie wollte das Argument des Paares, es habe keine Zeit für Flitterwochen, nicht gelten lassen. Sie besorgte verbilligte Flugtickets und buchte die Reise *en famille*.

»Wir fanden es großartig«, berichtete Hugh Rodham der Zeitschrift *People*.

»Ich war enttäuscht, als sie geheiratet haben«, äußerte sich Betsey Wright gegenüber *Vanity Fair*. »Ich hatte mir in meiner Phantasie ausgemalt, daß sie es zur ersten Präsidentin von Amerika bringen könnte.«

»Hillary mußte schon früh ihre ersten Kompromisse schließen, und ich glaube, sie hat sich fest vorgenommen, nicht zurückzublikken«, sagte Hillarys Zimmergenossin im Wellesley College abschließend in *Vanity Fair*.

1976 wurde Hillary Rodhams Anwesenheit in Fayetteville unübersehbar. Im März dieses Jahres kam sie mit ihrer Forderung in die Schlagzeilen, eine Koalition aus Frauen und Staatsanwälten solle das Parlament von Arkansas drängen, ein Gesetz zu verabschieden, demzufolge Richter über die Zulässigkeit von Beweismaterial im Fall von Vergewaltigungsopfern und ihres früheren Sexualverhaltens entscheiden sollten, bevor es den Geschworenen vorgelegt würde. Trotz ihrer Bemühungen kam die Vorlage über die Ausschußberatungen nicht hinaus. Sie rief Fayettevilles erstes Krisenzentrum für Notzuchtopfer ins Leben und bemühte sich darum, die Bevölkerung von Arkansas über sexuelle Gewalttaten gegenüber Frauen aufzuklären, Fragen, die in jener Zeit nur selten debattiert wurden.

Sie zog auch das Augenmerk des Lokaljournalisten Paul Greenberg auf sich, Kolumnist und Pulitzer-Preisträger, der sich als einer ihrer schärfsten Kritiker herausstellte, als sie sich öffentlich gegen eine Beteiligung der Universität am National Endowment for the Humanities aussprach, mit der Begründung – Greenberg zufolge –, daß diejenigen, die die Stipendien akzeptierten, sich an die Regierung binden würden, statt ihre geistige Unabhängigkeit zu bewahren.

Die Arkansas Law Association wurde aufmerksam, als sie sich vor deren Delegierten für eine Aufbaufinanzierung für ein Rechtshilfe-Programm für Bedürftige im Gebiet von Fayetteville aussprach. Vor den Delegierten, ausnahmslos Männern, widersprach sie einem sehr beliebten und wortgewandten Anwalt, der sich gegen das Projekt gestellt hatte. Anfangs waren neunzig Prozent der Delegierten gegen sie, aber zehn Minuten später hatte sie drei Viertel auf ihre Seite gebracht. Sie hatte sie nicht nur für ihre Sache gewonnen, sondern auch für sich selbst. Es war ein doppelter Sieg, für die Rechtshilfe wie für Hillary Rodham, denn der Auftritt trug dazu bei, ihr das Wohlwollen des juristischen Establishments in der Hauptstadt von Arkansas zu verschaffen.

Auch mit ihrem Rechtshilfe-Zentrum für Bedürftige kam sie voran. Als beispielsweise eine Gemeinde in Arkansas eine Jugendkommune verbieten wollte, die sich in der Nähe gebildet hatte, riskierte sie den unpopulären Schritt, diese in Schutz zu nehmen.

»Der Richter war *begeistert*«, berichtete sie Garry Wills. »Zum erstenmal mußte er zu einem *verfassungsrechtlichen* Problem Stellung nehmen.«

In einem anderen Fall meldete sich bei ihr während der Sprechstunde vor einem Gerichtstermin eine Gefängniswärterin und berichtete, daß eine weithin bekannte und harmlose »Wanderpredigerin« kurz vor ihrer Einweisung in eine psychiatrische Klinik in einer anderen Stadt in Arkansas stehe.

»Das ist einfach verkehrt«, sagte die Wärterin am Telefon. »Die Frau ist nicht verrückt – sie liebt nur unseren Herrn Jesus.« Hillary verstaute ihre Assistenten in mehreren Autos und fuhr zu dem betreffenden Ort. Der Richter drohte, wenn die Leute von der Rechtshilfe die Frau wieder aus dem Gefängnis herausholten, wäre es nur eine Frage der Zeit, bis er sie wieder hinter Schloß und Riegel setzen würde.

Hillary sprach mit der Frau und erfuhr, daß sie in Kalifornien Verwandte hatte. »Die Leute brauchen unseren Herrn auch in Kalifornien«, sagte sie zu ihr. Und den Richter fragte sie, ob es nicht billiger käme, ein Flugticket nach Kalifornien zu kaufen, statt mit dem Geld des Steuerzahlers die Unterbringung in einem Heim in Arkansas zu finanzieren. Er stimmte ihr zu, berichtet Wills, und die Akte wurde endlich geschlossen.

Hillary Clinton sagte vor kurzem, ihre Jahre mit Bill in Fayetteville gehörten zu den glücklichsten in ihrem Leben. »Wir hatten ein wunderbares Leben dort«, erklärte sie dem Reporter Landon Y. Jones. »Das Tempo des Lebens war so viel gemächlicher, es ließ einem mehr Raum für lange Gespräche mit Freunden und stundenlange Dinners, bei denen man sich über alles unterhielt, was sich im eigenen Leben und draußen in der Welt abspielte. Das fehlt mir heute sehr.«

So idyllisch diese Zeit auch war, so ist es doch unwahrscheinlich, daß sie und Bill sich jemals mit dem abgesonderten Leben von Universitätsprofessoren zufrieden und behaglich gefühlt hätten. Der Ehrgeiz lockte – für Bill Clinton in Gestalt seines ersten bundesstaatlichen Amtes, das er 1976 erlangte, als er mit dreißig Jahren zum jüngsten Justizminister von Arkansas gewählt wurde.

Das neue Amt machte einen Umzug nach Little Rock erforderlich. Hillary gab sich alle Mühe, dort heimisch zu werden, aber das war nicht einfach. Little Rock war für eine Frau mit ehrgeizigen Zielen ein etwas feindseliges Gelände. »Ich dachte, ich könnte vielleicht als Anwältin zu praktizieren beginnen, als ich nach Little Rock kam«, berichtete sie vor ein paar Jahren in der *Arkansas Gazette*, »doch in keiner einzigen der großen Anwaltskanzleien arbeitete eine Frau«. Und es gab auch nicht viele Rechtsanwältinnen. In diesem Jahr hielt Hillary als außerordentliche Professorin einen Kurs an der University of Arkansas in Little Rock. Durch eine glückliche Fügung hatte sie ein paar Anwälte von der angesehenen Kanzlei Rose kennengelernt, als sie noch in Fayetteville dozierte. Mehreren der Rose-Partner hatte es sehr imponiert, wie sie das Rechtshilfe-Zentrum der University of Arkansas aufgezogen hatte. Und 1977 wurde sie als eine der ersten Frauen im Bundesstaat in einem der wichtigen Anwaltbüros angestellt.

Die ersten Jahre als praktizierende Anwältin waren jedoch hart. Rechtsanwältinnen waren in Little Rock noch immer sehr dünn gesät, und diejenigen, mit denen sie zusammenkam, spezialisierten sich meist auf dem »weiblicheren« Gebiet der häuslichen Beziehungen. Hillary fuhr in ihrem kleinen Fiat zur Arbeit, kleidete sich schlampig und entsprach ganz und gar nicht den in den Südstaaten herrschenden Vorstellungen von einer modisch gekleideten Frau. Eines Tages mußte sie jedoch eine kleine Lektion lernen, als sie sich unglücklicherweise mit einer orangefarbenen Hose bekleidet in die Kanzlei zur Arbeit begab. Einer der leitenden Partner rief sie zu sich, um sie mit einem wichtigen Klienten bekannt zu machen. Sie fühlte sich gedemütigt und vergaß die Sache lange Jahre nicht.

»In jenen Jahren war sie eine so ausgeprägte Intellektuelle, daß sie kaum auf ihr Äußeres achtete«, erzählt ein Klatschkolumnist eines Lokalblattes. »Das war ihr nicht sehr wichtig, und man sah bei ihr oft, daß der Unterrock unter dem Kleid hervorschaute. Sie war sich dessen vermutlich gar nicht bewußt, daß die Leute auf solche Dinge achteten. Es dauert eine Weile, bis man so was kapiert.«

Ihre knappe, sachliche Art, die nach den Maßstäben der Ostküste sehr angenehm war, erwies sich zunächst als Handikap. Bei einer Frau legten manche Klienten Ehrgeiz als Aggressivität, Intelligenz als Arroganz, professionelles Auftreten als unweibliche Kälte aus. »Eine, die mit aller Macht nach oben will« – fiel manchen ein. Trotz des Rückhalts, den sie bei ihren Kollegen fand, kann es für sie keine leichte Zeit gewesen sein.

Fern von Little Rock hingegen stellten sich Erfolge ein. 1977 ernannte Präsident Jimmy Carter Hillary Rodham zum Mitglied des Vorstands der Legal Services Corporation, einer aus Bundesmitteln finanzierten unabhängigen Körperschaft mit Sitz in Washington, die den Rechtshilfezentralen im Land Gelder des Bundes zur Verfügung stellt. Er war im Vorjahr auf sie aufmerksam geworden, als sie mit großem Geschick den Vorwahlkampf in einem Bundesstaat für ihn organisierte. Mit Carters Hilfe zielte ihr Weg nun wieder in Richtung Washington. Im gleichen Jahr war Hillary aktiv an der Gründung der gemeinnützigen Organisation Arkansas Advocates for Children and Families beteiligt, der ersten Rechtsberatungsgruppe im Staat Arkansas, die sich für Kinder einsetzte. Das Anliegen dieser Gruppe, die Probleme bedürftiger Kinder im Bundesstaat – Armut, Mißhandlungen, Vernachlässigung, Schwangerschaften Minderjähriger – zu erkennen und sie zu bekämpfen, lag ihr sehr am Herzen. Diese Aktivität war bahnbrechend in einem Staat, dessen wachsende soziale Probleme oft mit frommen Worten und einem Kopfschütteln abgetan wurden. Als erste Präsidentin der Gruppe beteiligte sie sich an der Veröffentlichung von Berichten über Schulaussteiger, Jugendrechtspflege und Kinderbetreuung, übernahm die Kontrolle von Hilfsprogrammen der Bundesregierung und kümmerte sich um die Weiterleitung von Statistiken zu diesen Programmen an die Kongreßabgeordneten aus Arkansas.

Einen engen Verbündeten fand sie in William R. Wilson jr., einem angesehenen Anwalt aus Little Rock, mit dem sie an Strafverteidigungsfällen zu arbeiten begann. Wilson war Hillary Rodham zum erstenmal begegnet, als sie ihren Auftritt vor der Arkansas Law Association hatte, in der Zeit, als sie noch in Fayetteville dozierte. Er sei »doppelt beeindruckt« gewesen, sagt er, wie sie als Anwältin »zugleich an den Verstand und ans Herz appellieren« konnte. Die Verbindung mit Wilson bot einen guten Anlaß zur Lösung von der Anwaltskanzlei Rose, wo ihr die fachliche Spezialisierung der Sozietät nie richtig zugesagt hatte. Als sie mit Wilson zusammenzuarbeiten begann, spezialisierte sie sich auf Fälle von Vergewaltigung und Körperverletzung. Sie begann auch, Zugang zum rein männlichen juristischen Establishment von Little Rock zu suchen. Mit Wilsons Ermutigung machte sie sich einen Namen als erstklassiger, kleverer Rechtsbeistand bei einer höchst skeptischen Klientel.

»Wenn ich mit ihr oder gegen sie vor Gericht auftrat, habe ich als erstes zu den Leuten gesagt: Sie werden sehen, sie geht einen Prozeß wie ein Anwalt an und nicht wie eine Frau«, sagt Wilson. »Seinerzeit haben sich einige Anwältinnen mehr auf ihre Weiblichkeit gestützt und kamen manchmal gar nicht zu der Sache, um die es ging. Es war eine Taktik in diesen chauvinistischen Zeiten, die Hillary nicht hatte.«

Hillary Rodham war, mit Wilsons Worten, eine »ungewöhnlich intelligente, kluge, prägnant formulierende« junge Anwältin. Als sie und Wilson einen Fall von Körperverletzung in der Familie übernahmen, den ihr Klient, ein fettleibiger Mann mit dem Spitznamen Tiny (Winzling), begangen haben sollte, fragte ihn Hillary gleich bei der ersten Begegnung nach seinem richtigen Namen. Diesen benutzte sie dann als einzige während des gesamten Verfahrens. »Man merkte ihm an, wie sehr es ihn freute, daß ihm so viel Einfühlsamkeit entgegengebracht wurde«, sagt Wilson. »Sie erzielte in dieser Sache ein ausgezeichnetes Ergebnis, und er strahlte jedesmal, wenn er sie kommen sah. Und das lag vor allem daran, daß sie ihn mit seinem richtigen Namen angeredet hat.« Hillary gewann den Prozeß für ihren Mandanten, der sich sogar mit seiner Frau wieder aussöhnte.

»Hillary hatte ein bemerkenswertes Talent, sich klar und verständlich auszudrücken, ohne herablassend zu sein«, sagt Wilson. »Sie kommt zum Kern der Sache, kann einen Berg von Informationsmaterial auf den kleinsten gemeinsamen Nenner bringen, und das geht so schnell, wie ich kaum bei irgend jemandem erlebt habe. Und sie kann über alles in einer Sprache sprechen, die nichts mit dem Juristenjargon zu tun hat.«

Es war eine sehr produktive und auch eine relativ ruhige Zeit. Die Clintons festigten ihre neuen Freundschaften in Little Rock und gaben sich ihren ehrgeizigen Zielen hin. Sie zogen in den Vorort Hillcrest um, in dem viele aufstrebende jüngere Leute wohnten. Sie bezogen ein kleines Backsteinhaus in der L-Street am Fuß eines baumbestandenen Hügels, auf das sie sehr stolz waren. In der von jungen Akademikern bevorzugten Wohngegend gab es zahlreiche Antiquitätengeschäfte und Boutiquen. Hillary und Bill führten hier ein geselliges Leben, besuchten Freunde, gaben Einladungen zum Abendessen und nahmen am Leben der jungen Politiker und Intellektuellen von Little Rock teil. Sie beeindruckten ihre Freunde damit, wie sie das Leben eines berufstätigen Ehepaares organisierten: Beide waren für die täglichen Arbeiten im Haus verantwortlich und respektierten den Anspruch des anderen auf seine eigene Zeit. Zum erstenmal richteten sie sich ein Haus ein, das auf Dauer gegründet sein sollte, und sie gaben ihm ihre sehr persönliche Note. Sie reisten zusammen nach Europa und gingen dort ihrer Sammlerleidenschaft nach. Bei ihrer Rückkehr verteilten sie ihre neuen Stücke im Haus. Überall hingen nun interessante Bilder, standen Antiquitäten und Erinnerungsstücke, die eine Geschichte erzählten, beispielsweise ein sonderbares Triptychon, das sie in einem Antiquitätenladen entdeckt hatten und von dem sie begeistert waren.

»Man spürte dort viel Liebe, begegnete vielen glücklichen Erinnerungen an interessante Zeiten, einem Leben voller Erlebnisse, die sich mit Gegenständen verbanden und hier festgehalten waren«, sagt Carolyn Staley. Vor Weihnachten fuhren sie nach Fayetteville und kauften dort einen Tannenbaum mit Wurzeln. Mit Hilfe von Freunden pflanzten sie den Baum in den Rasen vor ihrem Haus. Noch viele Jahre danach fuhren sie manchmal an dem Haus vorbei, um sich den Baum anzusehen.

Bill Clinton entwickelte sich zu einem weithin beliebten Justizminister und errang 1978 mit sechzig Prozent der Stimmen die Nominierung zum demokratischen Gouverneurskandidaten. Beim Wahlkampf in jenem Jahr, seinem ersten, stand ihm Hillary zur Seite, während er scharfe Kritik wegen seiner liberalen Einstellungen zum privaten Waffenbesitz, zu Marihuana-Gesetzen, zur Todesstrafe und zu Frauenfragen über sich ergehen lassen mußte.

Auch Hillary mußte spitze Bemerkungen von Leuten hinnehmen, die daran Anstoß nahmen, daß sie immer noch ihren Mädchennamen trug. Doch in jenem Jahr setzte sich Clinton voller Schwung über alle Kritik hinweg. Im November besiegte er seinen republikanischen Gegenkandidaten Lynn Lowe mit einem Vorsprung von beinahe zwei Drittel der abgegebenen Stimmen. Im Januar darauf bezogen die Clintons den Gouverneurssitz. Bill Clintons Traum von Arkansas war Wirklichkeit geworden. Jetzt war für Hillary die Zeit gekommen, einen Platz zur Verwirklichung ihrer eigenen Träume zu finden.

Eine First Lady im neuen Stil

Bill Clinton wurde am 10. Januar 1979 im Kapitol des Staates Arkansas als Gouverneur vereidigt. Der Raum war bis auf den letzten Platz besetzt. Hillary, die stolz hinter ihren dicken Brillengläsern lächelte, hielt die Bibel, auf die ihr Ehemann den Amtseid ablegte.

Der Ball aus Anlaß der Amtseinführung, der im Robinson-Auditorium im Stadtzentrum von Little Rock stattfand, wurde auf Plakaten als ein »Diamonds and Denim«-Abend angekündigt. Die Bürger von Arkansas waren eingeladen, in festlicher Kleidung oder in Jeans oder in beidem zu erscheinen. Abgesehen von seinem demokratischen Beiklang sollte das Motto offenbar vermitteln, daß die neue Regierung Clinton dem Bundesstaat Wohlstand und Wachstum bringen werde, ohne allzusehr von der hergebrachten Tradition abzugehen. Der Wohlstand würde, wie der 4,5karätige Kahn-Diamant an Hillary Rodhams Hals, in den Gruben von Arkansas gefördert werden.

Wenn das Thema dieses Abends wirklich vom Stolz auf den Staat kündete, sollte Hillarys festliche Aufmachung die allgemeine Stimmung noch mehr heben. Der 20000 Dollar teure Diamant an ihrer Halskette war im Arkansas Crater in der staatlichen Diamantmine gefördert worden. Es ist die einzige Stätte in den Vereinigten Staaten, wo Diamanten gefunden werden, und das bedeutet für die Bewohner von Arkansas seit langem, Grund zu besonderem Stolz. Hillarys altrosa Samtkleid war von der Modeschöpferin Connie Fails aus Little Rock angefertigt worden. Hillary hatte Connie Fails gebeten, das Grundmuster ihres Hochzeitskleides zu kopieren und es mit typischen »Putzwaren« aus Arkansas zu verzieren. Bei Streifzügen fand sie ein Stück alter schwarzer Spitze, schwarze Bernsteinperlen und Seidenstickereien, die alle von Kleidern stammten, die Damen aus Arkansas im 19. Jahrhundert getragen hatten. Die Perlenstickerei an dem Kleid hatte einmal einer gewissen Adeline Fullilove Weems gehört, deren Tochter Beatrice Weems Bulloch sie aufbewahrt hatte. Beatrice Bulloch schenkte der Modeschöpferin auch einen Gürtel, der zu zwei Armbändern auseinandergeschnitten wurde, die die Ärmel über den Ellenbogen zu Puffärmeln zusammenrüschten, so daß sie »wie abgewandelte Keulenärmel« aussahen, wie es eine Moderedakteurin in der *Gazette* ausdrückte.

Der schlecht gewählte Vergleich – Keulenärmel heißen im Amerikanischen leg-o mutton, Hammelkeulen – machte einige der Probleme deutlich, die die Lokalpresse mit der neuen First Lady von Arkansas hatte. Es war schwierig, die gängigen »Zu Hause bei...«-Storys über Hillary zu schreiben, da sie so selten zu Hause war. Selbst wenn Hillary sich bemühte, bei festlichen Anlässen in großem Stil aufzutreten, war der Kontrast zu der Art, wie sie im täglichen Arbeitsleben auftrat, so groß, daß manche Leute sich fragten, ob ihr übertriebener Eifer, sich anzupassen, ehrlich gemeint war oder ob sich dahinter eine Art schwarzer Humor verbarg.

Das Galakleid landete schließlich im Museum des Little Rock Old State House in der Sammlung von Abendtoiletten der First Ladys, die diese bei der Amtsübernahme ihrer Gatten getragen hatten. Die Modeschöpferin Connie Fails hatte allerdings erklärt, ihr wäre es am liebsten, es käme zu den Altkleidern wie ein Paar alte Hosen. Statt dessen wurde das Kleid in einer feierlichen Zeremonie an das Museum übergeben. Bei dieser Gelegenheit ließ Hillary »scyllabub« servieren – eine Art Eierlikör, der mit Sherry gemixt wird –, und diesen ließ sie aus einer Schale ausschenken, die einst Präsident Ulysses S. Grant benutzt hatte. Der Reporter von der *Gazette* war begeistert.

Die Clintons waren nicht wenig aufgeregt, als sie in den Amtssitz des Gouverneurs von Arkansas umzogen, ein zweistöckiges georgianisches Haus aus riesigen roten Ziegelsteinen, die aus alten staatlichen Gebäuden stammten. Die Residenz lag idyllisch hinter einer kreisrunden Auffahrt, mit einem Springbrunnen und Blumenbeeten davor, umgeben von einem weitläufigen Grundstück. Die Nachbarhäuser in diesem Wohnviertel, Little Rocks historischem Quapaw-Quartier, waren großenteils im viktorianischen Stil des amerikanischen Südens erbaut. Schön restaurierte Gebäude aus Stein, Ziegelsteinen und Holz, mit Türmchen, Veranden und Fenstern aus buntem Glas wechseln mit bescheidenen zweistöckigen Häusern ab, die oft in weniger gutem Zustand sind. In diesem Viertel leben viele junge Berufstätige, und es ist eine der wenigen rassisch integrierten Gegenden der Stadt, obwohl sich nur ein paar Straßen vom Gouverneurssitz entfernt, jenseits der Main Street, die elendsten Slums von Little Rock befinden.

Der Gouverneurssitz wurde in den späten vierziger Jahren erbaut und weist einige imposante und sonderbare Einrichtungsgegenstände auf. Dazu gehören ein zweihundert Jahre alter Lüster aus Frankreich, ein Sideboard aus dem 18. Jahrhundert, eine Standuhr aus dem 19. Jahrhundert, zwei antike Orientteppiche, die von dem verstorbenen Gouverneur Winthrop Rockefeller gestiftet wurden, und ein Silberservice, das ursprünglich ein Geschenk des Staates Arkansas an die Offiziere des Schlachtschiffs *USS Arkansas* war und nachdem das Schiff außer Dienst gestellt (und später bei einem Kernwaffentest versenkt) worden war, an den Staat zurückgegeben wurde. Zu dem Tafelservice gehört eine silberne Punschterrine mit einer eingravierten Karte von Arkansas, auf der die wichtigsten landwirtschaftlichen Produkte des Staates dargestellt sind. Zusammen mit der Gouverneursvilla übernahmen die Clintons auch einen Stab von Hauspersonal: die Köchin Liza Ashley, zwei Hausangestellte und Carolyn Huber, eine ehemalige Sekretärin der Anwaltskanzlei Rose, die den Posten einer »Gesellschaftssekretärin« innehatte.

Obwohl Hillary immer darauf bedacht war, die erforderliche Begeisterung über die häuslichen Angelegenheiten der Residenz zu bekunden, verlangte es einige Anstrengung, die Bürger von Arkansas davon zu überzeugen, ihre erste berufstätige First Lady mit Wohlwollen zu betrachten. Die Zeitung *Democrat*, die ihren Beitrag dazu leisten wollte, brachte einen Artikel ihrer Moderedakteurin mit der Überschrift *Ist Miss Rodham eine altmodische junge Frau?*, in dem den Lesern erläutert wurde, warum Hillary ihren Familiennamen behalten hatte. Die Leserschaft könne beruhigt sein, im Grunde ihres Herzens sei sie »eine altmodische junge Frau«. Hillary verdarb jedoch diese wohlgemeinte Einführung, als sie auf Anfragen, wie sie angesprochen werden wolle, erklärte: »Ich bin die Erste Frau im Staate, Bill ist der Erste Mann, und unser Zeke ist der Erste Hund.«

Sie teilte den Bürgern von Arkansas allen Ernstes mit: »Es ist uns bewußt geworden, daß die Position der Ehefrau des Gouverneurs ein Ganztagsjob sein könnte, aber ich muß an meinen Interessen und meinen Verpflichtungen festhalten. Ich brauche meine persönliche Identität.«

Die Beibehaltung ihres Familiennamens hatte zwar bei diesem ersten Wahlkampf um den Gouverneursposten keine entscheidende Rolle gespielt, war aber doch einigen Leuten in Arkansas ein Dorn im Auge. Nach der Wahl wurde Hillary zum erstenmal aufgefordert, ihren Entschluß zu begründen. Sie erklärte gegenüber der Zeitung *Democrat*: »Ich habe unter dem Namen Hillary Rodham Reden gehalten. Ich habe unter diesem Namen Studenten unterrichtet. Ich war schließlich achtundzwanzig Jahre alt, als ich heiratete, und beruflich schon ziemlich gut etabliert.«

Es gebe ihr auch das Gefühl, eine »eigenständige Person« zu sein, sagte sie.

1979 übertrug Bill Clinton seiner Ehefrau zum erstenmal die Leitung eines öffentlichen Gremiums. Als Vorsitzende des vierundvierzig Mitglieder umfassenden Rural Health Advisory Committee beteiligte sie sich an der Ausarbeitung eines Programms zur Sicherung angemessener medizinischer Betreuung für die Bewohner kleiner, abgelegener Gemeinden. Die Ernennung erfolgte ohne großes Aufsehen und wurde auch von Parteigegnern nicht in der Öffentlichkeit angegriffen. Man gab, so schien es, den Clintons eine Chance, Dinge nach ihrer eigenen Vorstellung zu tun. Arkansas war ihnen freundlich gesonnen – jedenfalls vorläufig.

Ein spezielles Ereignis brachte ihnen viel Wohlwollen ein und trug auch zu ihrem privaten Glück bei. Gegen Jahresende 1979 wurde offiziell bekannt gegeben, daß Hillary Rodham ein Kind erwarte. Hillary strahlte vor Glück. Bill war außer sich vor Freude. Ein paar Jahre hatten sie sich nun schon bemüht, ein Kind zu zeugen, aber damit kein Glück gehabt. Jetzt wurde Hillary allmählich üppig. Aber sie war auch überlastet, denn sie arbeitete daran, Partnerin in einer Kanzlei zu werden, und sie wollte einen belastenden Rechtsfall abschließen, bei dem es um das Sorgerecht für ein Kind ging, und das, während sie an Übelkeit und Erschöpfungszuständen litt. Der Streß bezwang sie schließlich. Am 27. Februar 1980, um 19.45 Uhr, setzten die Wehen ein. Das Kind war drei Wochen zu früh dran – irgend etwas schien nicht ganz in Ordnung zu sein. Sie bat Bill, sie so rasch wie möglich ins Krankenhaus zu fahren. Obwohl die beiden versucht hatten, die Lamaze-Methode der schmerzlosen Geburt einzuüben, half ihr das jetzt nicht viel. Nach etwa vier schmerzerfüllten

Stunden wurde die Entscheidung getroffen, das Kind durch Kaiserschnitt zur Welt zu bringen. Bill und Hillary sprachen einander Mut zu. Kurz darauf kam im Baptist Medical Center die fast sechs Pfund schwere, vollkommen gesunde Chelsea Victoria Clinton zur Welt. Als Bill schließlich in einem grünen Operationskittel aus dem Entbindungssaal trat und seine kleine Tochter im Arm hielt, wirkte er, »als hätte er die Vaterschaft erfunden«, berichtete Diane Blair, Professorin für politische Wissenschaften in Fayetteville, dem Journal *Vanity Fair*. Noch im selben Monat wurde Hillary Partnerin in der Sozietät.

Ein Jahr vor der Geburt seiner Tochter war Bill Clinton in London auf den Namen für seine Tochter gekommen. »Es war ein wunderbarer Vormittag«, berichtete Hillary dem Nachrichtenmagazin *Newsweek*. »Wir waren auf dem Weg zu einem Brunch und gingen gerade durch Chelsea – Sie wissen, die Blumen in den Töpfen waren gerade aufgeblüht und alles war so schön. Bill begann zu singen ›It's Chelsea morning‹, das Judy-Collins-Lied.

Bill war begeistert, Vater zu sein«, fügte sie hinzu. »Er war ganz überwältigt. Ich hörte ihn sagen, als er sein Kind sah, daß ihm klargeworden sei, daß er mehr als sein eigener Vater auf die Beine gestellt habe.«

Hillary gab sich selbst das Versprechen, daß Chelsea vor allem anderen in ihrem Leben Vorrang haben sollte. Sie wußte, daß ihre eigene Mutter das bei ihr getan hatte, und sie würde ihr immer dafür dankbar sein. Das hieß natürlich nicht, daß sie zu Hause bleiben würde. Aber es würde ihr nicht leichtfallen.

»Im Rückblick weiß man nie, ob man genau das Richtige getan hat oder nicht. Mütter, die zu Hause bleiben, Mütter, die aus dem Haus gehen – wir alle fragen uns voll Sorge, ob wir etwas hätten anders machen sollen«, erklärte sie gegenüber *Newsweek*.

Hillary war für all ihre harte Arbeit belohnt worden, mit einem Kind und mit ihrer Position als Partnerin in einer Kanzlei. Ihr Stern ging auf. Zur gleichen Zeit schien Bills Stern im Erlöschen. Der Gouverneurswahlkampf 1980 wurde zu einer üblen Angelegenheit. Clinton hatte mit seinen tapferen Bemühungen während seiner ersten Amtsperiode, sich die Großindustrie und die Energieunternehmen des Staates vorzunehmen, ein paar wichtige Leute vor den Kopf gestoßen. Diese Konzerne unterstützten nun seinen republikanischen Gegner Frank White. Auch viele seiner früheren Anhänger waren zu White übergelaufen. Sie waren aufgebracht, weil Clinton die Gebühren für Nummernschilder drastisch angehoben hatte; sie waren für die meisten Leute von fünfzehn auf dreißig Dollar pro Jahr hochgeschnellt. Es kümmerte sie nicht, daß diese Maßnahme dem Zweck dienen sollte, den schlechten Zustand der Straßen des Staates in Ordnung zu bringen; die meisten waren bei schlechtem Wetter oder in abgelegenen ländlichen Gebieten so unpassierbar geworden, daß Feuerwehr und Krankenwagen nicht mehr durchkamen. Entscheidend war seine »Dreistigkeit«, so etwas zu tun. Viele Leute hatten genug von Clintons »Dreistigkeit«. Er hatte seine jungen, »langhaarigen« Berater mitgebracht, die sich anmaßten, den Staat Arkansas zu kommandieren. Er hatte zugelassen, daß seine Frau ihren Mädchennamen beibehielt – und sogar nach der Geburt ihres gemeinsamen Kindes! Er war zu sehr von sich selbst überzeugt gewesen, zu arrogant, zu abgehoben.

Eine Bombe, die Präsident Jimmy Carter platzen ließ, bedeutete den entscheidenden Schlag – die Umsiedlung von rund 19000 kubanischen Bootsflüchtlingen in das bundeseigene Gelände um Fort Chaffee im Nordwesten von Arkansas. Obwohl Clinton mit Carter um mehr Bundestruppen und weniger Flüchtlinge gefeilscht hatte, erklärte der Präsident, ihm seien die Hände gebunden. Die Bürger von Arkansas, die von Meldungen aufgeschreckt waren, daß Fidel Castro seine Gefängnisse und psychiatrischen Anstalten geöffnet habe, lehnten sich dagegen auf. Arkansas befand sich mitten in der schlimmsten Dürreperiode seit Jahren: Hühner verendeten, Kühe hungerten und die Bereitschaft zur Toleranz war auf den Tiefpunkt gesunken. Als die aufgebrachten Kubaner, die sich nicht frei bewegen durften – und überhaupt nicht den Wunsch gehabt hatten, in das gottvergessene Arkansas verfrachtet zu werden –, am 1. Juni rebellierten und etwa 200 von ihnen, die aus dem Lager entkommen waren, sich auf dem Highway 22 auf Baring in Arkansas zubewegten, schien eine Belagerung des Ortes unmittelbar bevorzustehen. Es war, als seien die schlimmsten Befürchtungen von Unheilspropheten wahr geworden.

Die Vorstellung, daß außer Rand und Band geratene Kubaner durch die Straßen von Arkansas stürmten, vorbei an den Behausungen von »braven Bürgern«, wurde zu einem perfekten Instrument für den Wahlkampf von Clintons Gegner Frank White. White verbreitete in ganz Arkansas, daß Bill Clinton selbst verantwortlich sei, daß die gewalttätigsten und übelsten Verbrecher aus Castros Gefängnissen geholt worden seien, er selbst habe sie in der perversen Güte seines Herzens nach Arkansas eingeladen. White machte sich die rassistischen Gefühle von Wählern bedenkenlos zunutze und ließ übers Fernsehen einen Spot ausstrahlen, der die rebellierenden Lagerinsassen zeigte und Clinton vorhielt, daß er sich nicht gegen den Präsidenten durchgesetzt habe.

Bill Clinton sah den TV-Spot zum erstenmal Ende Oktober, in der Gouverneursvilla, als er mit alten Freunden aus Hot Springs und Fayetteville zusammensaß. Natürlich war auch Hillary dabei. Die Bilder waren grobkörnig und flackerten wie Kriegsaufnahmen: Kubaner, die die Hauptstraße in einer Ortschaft in Arkansas entlangliefen, Kubaner beim Sitzstreik innerhalb des Bundesforts. Nachdem Bill sich den Spot angesehen hatte und seinen Augen nicht trauen wollte, wandte er sich den anderen zu.

»Glauben die Leute wirklich diesen Quatsch?« fragte er.

»Aber natürlich«, sagte jemand. Andere nickten.

»Siehst du!« sagte Hillary und sprang von ihrem Stuhl auf. »Die Leute glauben, was sie sehen und hören, Bill. Du kannst nicht ruhig hier sitzenbleiben und nichts dagegen unternehmen.«

Hillary setzte sich damals für Bills Wiederwahl ein, so gut sie nur konnte, doch sie war selbst mit ihrer Arbeit überlastet und mit ihrem Baby beschäftigt und hatte weniger Zeit für den Wahlkampf als früher. Außerdem wurde sie langsam zu einem Problem für Bill Clinton. Besonders ihr Name. Massenweise waren in der Gouverneursvilla Briefe eingetroffen, in denen gefragt wurde: »Liebt Ihre Frau sie nicht?« oder »Was stimmt nicht an Ihrer Ehe?« Acht Prozent der Stimmberechtigten, so schien es, waren fest entschlossen, Bill Clinton einfach deswegen aus dem Amt zu wählen, weil Hillary ihren Mädchennamen behielt.

Clintons Anhänger waren betroffen. Inzwischen gab es überall im Land Frauen, die ihren Mädchennamen beibehielten, wenn sie für politische Ämter kandidierten. Das Problem bestand darin, das mußten sie einsehen, daß Hillary die *Ehefrau* eines Kandidaten war. Dadurch wurde sie ganz anders beurteilt.

Niemand war über die Reaktion auf Hillary mehr bestürzt als Brownie Ledbetter. »Mir wurde damals ganz klar, daß sich alles um die Vorstellung drehte, daß in jeder ehelichen Beziehung *eine* Person dominieren oder der Boß sein müsse. Daß die Leute einfach diese Erwartung haben, und deshalb nahmen sie an, wenn Hillary ihren Namen behielt, dann müsse sie der Boß sein«, sagte sie. »Also war Bill der Schwächere, nicht männlich genug oder weiß Gott was.«

Viel von dem, was seither über Bill und Hillary geschrieben oder gesagt wurde, spricht dafür, daß Brownie Ledbetter recht hatte. John Robert Starr beispielsweise, der damals Herausgeber des konservativen Blattes *Arkansas Democrat* war und heute als Kolumnist für die *Democrat-Gazette* tätig ist, trug maßgeblich dazu bei, Bill Clinton als einen rückgratlosen Opportunisten hinzustellen, dessen »Rückgrat« Hillary gewesen sei. Obwohl Starr, dem die Erfindung des Beinamens »slick Willie« (aalglatter Bill) zugeschrieben wird, immer beteuert hat, ein großer Bewunderer von Hillary zu sein, wird doch allgemein angenommen, daß seine schneidenden Attacken das rasche Ende der ersten Regierung Clinton herbeigeführt haben.

Alles lief schief. Mitten in einer Kampagne für mehr Sicherheit auf den Highways von Arkansas wurde Clinton, der es auf der Fahrt zur Eröffnung einer Jugendbibliothek eilig hatte, bei Tempo 130 (100 km/h sind erlaubt) gestoppt – die Leute waren empört. Er witzelte, er und Hillary sollten ihrem ersten Kind den Namen Hot Rodham (die rasende Rodham) geben, aber niemand lachte darüber. Es traf einen wunden Punkt. Die Aufregung über Hillarys Namen war nur die Spitze des Eisbergs, aber sie war sehr spitz und konnte ein Schiff zum Sinken bringen.

Im November gewann Frank White die Wahl mit dem knappen Vorsprung von 32000 Stimmen. Er nannte den Ausgang einen »Sieg für den Herrn«.

Als Clinton von seiner Niederlage erfuhr, kamen ihm die Tränen. Er zog sich in sich selbst zurück und überließ es Hillary, sich um die Reporter zu kümmern und freundliche Worte mit dem siegreichen Ehepaar White zu wechseln.

Zu seiner Abschiedsrede erschien Clinton in einer gemeinsamen Sitzung der beiden Kammern im überfüllten Parlamentssaal. Hillary war an seiner Seite, auf den Armen die zehn Monate alte Chelsea.

»Ich werde jetzt etwas langsamer treten«, sagte er zu Reportern. »Ich kann es mir zwar eigentlich nicht leisten, aber das habe ich mir vorgenommen.« Er sagte, er werde nach einem neuen Amt Ausschau halten. Als er gefragt wurde, ob er als Anwalt praktizieren wolle, antwortete er ohne viel Begeisterung. »Ich weiß nicht. Kann sein.«

Als es auf Weihnachten zuging, zog eine düstere Stimmung in die Gouverneursresidenz ein. Clinton war untröstlich, auch Freunde setzten Trauermienen auf. Hillary fand keinen Gefallen an der Jammerstimmung. Carolyn Staley erinnert sich, wie Hillary bei einer Weihnachtsfeier ihrer Frustration kurz Luft machte, indem sie Carolyn, die am Klavier saß, vorwarf, daß sie zu larmoyante Melodien spiele.

»Es war mir nicht bewußt, daß ich ruhig und irgendwie getragen spielte – es war keine Trauermusik, aber etwas Beschwingtes wie ›Frosty the Snowman‹ und ›Rudolph the Red-Nosed Reindeer‹ war es auch nicht«, berichtete sie Charles Allen. »Vermutlich habe ich ›Stille Nacht‹ und andere ruhigere Sachen gespielt. Da kam Hillary zu mir und sagte: ›Ich bitte dich, Carolyn. Spiel was Lustigeres. Etwas mit mehr Schwung! Wir müssen ein fröhliches Gesicht bewahren.‹«

Carolyn Staley nahm sich die Aufforderung zu Herzen. Ein paar Tage danach war sie abends wieder in der Villa und spielte Klavier. Bill Clinton saß mit düsterer Miene im Wohnzimmer. Während er ins Leere starrte, zog draußen vor dem Fenster eine Gruppe von ›Weihnachtssängern‹ auf und stimmte aus vollen Kehlen »O Come, All Ye Faithful« an. Bill und Hillary öffneten die Tür, und eine Gruppe von Mitschülern aus der Hot Springs High School marschierte ins Haus. Das war Carolyn Staleys Werk.

»Er setzte sich in einen großen Ohrensessel im Wohnzimmer, und die Tränen liefen ihm übers Gesicht«, erinnert sie sich. »Er konnte nicht glauben, daß seine Freunde so an ihm hingen. Das war gewissermaßen eine Wasserscheide. Danach hielt er den Kopf wieder hoch.«

Bill Clinton trat in eine der angesehensten Anwaltskanzleien von Little Rock ein, Wright, Lindsey und Jennings, und die Familie bezog ein Vier-Zimmer-Haus in Hillcrest, einer Wohngegend, wo einundsechzig Prozent der Wähler für Clinton gestimmt hatten. Es war ein reizendes Haus aus der Zeit um die Jahrhundertwende, gelb mit weißen Verblendungen und einer L-förmigen Veranda, und lag gleich um die Ecke von den herrschaftlichen Häusern der Hill Road. Es hatte schöne Hartholzböden und eine Bibliothek mit Regalen, die vom Fußboden bis zur Decke reichten. Das Haus hätte den bekümmerten Clintons einen gewissen Trost bieten müssen, aber sie brauchten mehr Trost, als eingebaute Bücherregale spenden konnten. Während Hillarys Karriere sie höher und höher führte, glaubte Clinton, nun praktizierender Anwalt, daß es mit ihm immer weiter bergab gehe. Hillarys Sozius, Herb Rule, sagte zu Gail Sheehy, nach seiner Meinung sei dies einer der Hauptgründe dafür gewesen, daß es zu Schwierigkeiten zwischen den beiden kam.

Es war eine Zeit der Sorgen. Eine Zeit der Verunsicherung, der Gewissensprüfung, könnte man sagen. Das nächste halbe Jahr, sagen Freunde von Bill Clinton, sei er völlig verändert gewesen, habe er einen ziellosen, niedergeschlagenen Eindruck gemacht. Dies eine Mal zog er sich tatsächlich von den Menschen zurück, schloß er sich ab und ging in sich. Es war für ihn, als wäre er persönlich von jedem Bürger betrogen worden, der gegen ihn gestimmt hatte.

»Es war geradezu so, als wäre er entwurzelt worden«, sagt Carolyn Staley. »Und daß Frank White nicht aufgrund sachlicher Argumente oder durch seine Vorstellung von verbesserten Lebensbedingungen für die Menschen gewonnen hat, sondern durch negative Ereignisse, wie die mit den kubanischen Flüchtlingen in Arkansas, das hat ihm wirklich weh getan. In diesem Wahlkampf hatte es keine Toleranz, kein menschliches Mitgefühl gegeben. Ich glaube, es hat Bill tief erschüttert, daß die Leute darauf abgefahren sind. Er war zutiefst unglücklich, wirklich deprimiert, am Boden zerstört. Man hatte ihm das Liebste genommen, das, was ihm einen Grund gab, jeden Morgen aufzustehen. Seine Arbeit als Anwalt war kein Ersatz dafür.«

Bill Clinton verbrachte die zweite Jahreshälfte 1981 damit, durch den Staat zu reisen und die Leute um Verzeihung zu bitten. »Wir sind ausgestiegen, und dann fand oft so eine Art Beichtstunde in den Passagen vor den Supermärkten statt«, erzählte Hillary der *Washington Post*. »Leute sind auf Bill zugegangen und haben gesagt, sie hätten gegen ihn gestimmt, aber es tue ihnen leid, daß er verloren habe. Und er hat gesagt, er verstehe sie und er bereue es, daß er nicht mehr auf sie gehört habe.«

»Ich habe es mehr als eine masochistische Anwandlung gesehen, weniger als eine Phase der Depression«, sagt Betsey Wright. »Es war einfach so, daß er an niemandem vorbeigehen konnte, ohne ihn aufzufordern, ihn zu kritisieren. Das ging so vom Aufstehen bis zum Schlafengehen.«

Hillary sei über Clintons übermäßige Selbstgeißelung etwas beunruhigt gewesen, sagt Betsey Wright, habe aber nur ein paar Bemerkungen darüber hingeworfen. »Er konnte tun, was ihm einfiel – sie hat es immer respektiert. Sie schreiben einander nicht vor, wie sie sich zu verhalten haben. Wie tolerant sie ihm gegenüber oft ist, finde ich einfach erstaunlich.«

Bill Clinton suchte nach Vergebung und Trost – bei jedem Menschen, der es ihm gewähren konnte. Viele Leute haben die Vermutung geäußert, daß seine Seitensprünge in dieser Phase begonnen hätten. Oder daß zumindest eine Lockerung in seinem Verhalten eingesetzt habe. »Bill war schon immer sehr sorglos, aus einer unglaublichen Naivität heraus«, erklärte Wright gegenüber *Vanity Fair*. »In persönlichen Beziehungen hatte er keine gute Spürnase. Er findet einfach alle Menschen großartig. Er denkt auch an den äußeren Schein.« Leute, die Bill Clinton in jener Zeit beobachteten, teilen die Meinung, daß er vor allem in seinem Verhalten sehr unüberlegt geworden sei.

Natürlich begannen Gerüchte die Runde zu machen. Reporter und Klatschmäuler verbreiteten, Clinton treffe sich mit einer anderen Frau. In Interviews während des Wahlkampfs 1992 gab er immerhin zu, die »Schwierigkeiten«, die er in seine Ehe hineingetragen habe, hätten in jenen Tagen der inneren Unzufriedenheit begonnen. Aber er hat es immer dabei bewenden lassen. Und Hillary Clinton ebenso.

Carolyn Staley sagt: »Ich kann mich nicht erinnern, daß ich in jenen zwei Jahren etwas miterlebt hätte, wo ich mir gesagt hätte: Eheprobleme. Es herrschte zwar nicht pausenlos Leidenschaft oder ähnliches, aber ich kann mich nicht an Zeiten erinnern, in denen es nicht zivilisiert zuging.«

Betsey Wright hingegen hat häufig »Flittchen« und »Groupies« erwähnt, die sich in jenen Jahren in Bill Clintons Nähe herumtrieben. »Sie waren auf den Straßen, den Gehsteigen, im Chor, der in seiner Kirche sang«, sagt sie. »Sie waren hier zwischen diesen Wänden anzutreffen. Überall im Land! Wenn wir zu einer Konferenz der National Governors Association fuhren, waren dort Frauen, die ihm die Füße leckten. Immerzu gab es massenhaft Frauen, die sich an ihn ranschmeißen wollten. Und er nahm das ganz naiv hin. Sie wollten mit ihm fotografiert werden, und dann stand er da, die Arme um sie gelegt, und begriff gar nicht, daß es naiv von ihm war. Dann haben sie geflötet: ›Governor Clinton, ich möchte mich mit Ihnen treffen.‹ Und dann begann das Augenklimpern, kamen die albernen

Schmachtblicke und das Schulternreiben. Wenn Hillary und Chelsea mal abends weggingen oder zusammen wegfuhren, bestand seine Idee von einem aufregenden Abend darin, allein ins Kino zu gehen. Und noch bevor der Film zu Ende war, schwirrten schon überall Gerüchte herum, er sei in Wirklichkeit zu einem geheimen Rendezvous oder sonst was gegangen. Seine Einstellung: *›Mir ist das egal. Ich lasse mich von den Leuten nicht um das Vergnügen bringen, ins Kino zu gehen, nur weil sie sich blöde Sachen ausdenken wollen!‹*

Ich glaube, Hillary wußte, daß diese Frauen ihm nicht wichtig waren.«

Natürlich war der »Flittchen-Faktor« nichts Neues. Schon als Bill noch ein Teenager gewesen war, hatten Mädchen in Hot Springs tausend Gründe gefunden, seine Nachbarin Carolyn Yeldell zu besuchen, nur um ihn durch das Panoramafenster beobachten zu können. Als er in Yale ein bärtiger, charismatischer Organisator von Antikriegsdemonstrationen war, schwirrten häufig weibliche Groupies um ihn herum. Betsey Wright begegnete ihnen zum erstenmal 1972, als Clinton die Wahlkampagne für George McGovern in Texas leitete. Und sie sah, wie die Verehrerinnen noch lange danach an seinen Fersen zu bleiben versuchten.

Vielleicht hatte Bill Clinton sie, wissentlich oder nicht, dazu aufgefordert.

Als Stiefsohn eines trunksüchtigen Vaters brachte Bill Clinton in seine Erwachsenenjahre das Erbe einer kaputten Familie mit, eine Situation, die er in gewissem Maß mit Hillary wiederholen mußte. Es ist fast zwangsläufig, daß die erwachsenen Kinder von Alkoholikern überall Bestätigung und Zustimmung suchen, wo sie sie finden können. Es fehlt ihnen jener innere Mechanismus, der es anderen ermöglicht, sich selbst zu akzeptieren, und sie urteilen über sich selbst oft mit grausamer Härte. Diese nach innen gewandte Grausamkeit macht in Zeiten von Mißerfolgen oder persönlichen Schwierigkeiten das Bedürfnis nach positiver Verstärkung von außen nur noch stärker. Wenn Bill Clinton nach seiner Wahlniederlage 1982 eine schreckliche Periode der Selbstanklagen durchlebte, ist es mehr als wahrscheinlich, daß Hillary – als seine andere Hälfte, seine engste Freundin, als der Mensch, der ihn kannte wie niemand sonst auf der Welt – für ihn schließlich zu sehr zum Spiegel wurde, daß allein schon ihre Gegenwart ihn an all die negativen Dinge erinnerte, die er an sich selbst sah. Sie kannte ihn zu gut, seine Fehler und Schwächen. Auch sie war enttäuscht, sah, wenn auch nicht ihn selbst, so doch seine erste Amtszeit mit kritischen Blicken. Es ist völlig verständlich, wenn er in einer Situation, die für ihn wohl sehr schmerzlich war, außerhalb seiner Ehe nach dem suchte, was er so sehr brauchte: das Gefühl, bedingungslos bejaht und geliebt zu werden. Daß er nach einer Liebe Ausschau hielt, die Menschen mit geringer Selbstachtung bei ihrem Partner oft nicht finden.

Die Wahl im Jahr 1980 brachte noch andere schlechte Nachrichten, diesmal für Hillary. Mit Ronald Reagans Erdrutschsieg kündigte sich drohend an, daß Jimmy Carters Legal Service Corporation praktisch ihrem Ende entgegenging. Hillary kämpfte zwar zäh um ihr Fortbestehen und hatte die Dekane der meisten angesehenen Rechtsfakultäten des Landes hinter sich, die den Kongreß bearbeiteten, doch der »Große Kommunikator« hatte sich vorgenommen, soziale Einrichtungen dieser Art rigoros zu stutzen. Vor allem dank der Bemühungen der Lobbyisten strich Reagan zwar das Budget der Corporation um dreißig Prozent zusammen, richtete sie aber nicht völlig zugrunde. Er sorgte allerdings dafür, daß Hillary Rodham zusammen mit anderen von Jimmy Carter ernannten Kollegen ihren Sitz im Vorstand verlor.

Bei den Clintons ging es hitzig zu. Carolyn Staley löste einen heftigen Krach zwischen den beiden aus, als sie in ihr Haus an der Midland Avenue kam und sich besorgt über Pressemeldungen äußerte, die sie über eine Reihe von Abmilderungen von Gerichtsurteilen durch Clinton gelesen hatte. In dem Bemühen, die Überbelegung von Haftanstalten abzubauen, hatte Clinton die staatliche Kommission für bedingte Haftentlassungen ersucht, ihm mitzuteilen, welche Insassen gewaltfreie Delikte begangen hatten; und den Empfehlungen der Kommission folgend, hatte er das Strafmaß für einige Häftlinge herabgesetzt. Die Presse hatte jedoch gemeldet, er habe die Strafen der gewalttätigsten Verbrecher von Arkansas abgemildert.

»Ich bin hineingegangen und habe gesagt: ›Schade, daß das passiert ist‹, und Bill hat gesagt: ›Das ist nicht wahr‹«, berichtet Carolyn Staley. »Darauf habe ich gesagt: ›Das soll nicht wahr sein? Willst du damit sagen, was in den Zeitungen steht, ist nicht wahr?‹ Und er: ›Nein, es ist absolut unwahr.‹ Darauf habe ich gesagt: ›Gut, dann habe ich mich wohl getäuscht. Es steht so in den Zeitungen, und ich habe angenommen, es ist die Wahrheit.‹

Darauf ist Hillary herumgewirbelt und hat gesagt: ›Siehst du,

Bill!‹ Sie hat richtig geschrien: ›*Siehst du, Bill. Die Leute glauben, was sie in der Zeitung lesen!* Wenn du jetzt nicht den Mund aufmachst und es richtigstellst, dann glauben die Leute, es stimmt, denn sonst hättest du die Sache klargestellt, wenn es nicht wahr gewesen wäre.‹

Es hat sie aufgebracht, daß er den Lesern zuviel zugetraut und gedacht hatte: ›Ach, die sind schlau genug, die wissen schon Bescheid‹ oder ›Die Leute haben schließlich ein Gedächtnis und wissen, daß ich das nicht getan habe.‹«

Er müsse sich daran gewöhnen, den Mund aufzumachen, sagte Hillary zu ihm, wenn er seine politischen Gegner erfolgreich bekämpfen wolle. Dieses Thema kam zwischen ihnen immer wieder zur Sprache. Doch Widersachern mannhaft entgegenzutreten, seine Prinzipien mit Festigkeit zu vertreten, Ansichten zu verteidigen, die möglicherweise unpopulär waren, das war nicht Bill Clintons Stärke. Es war Hillarys Stärke.

»Als er 1979 zum erstenmal Gouverneur wurde«, sagte Hillary zu Charles Allen, »war er so begeistert von all den Herausforderungen, die der Staat an ihn richtete, daß er einfach zu viel schaffen wollte, mehr, als die Leute ihm an Verständnis und Unterstützung entgegenbringen konnten. Er hat es versäumt, das Fundament zu legen. Er hat nicht den Eindruck erweckt, den er hätte erwecken sollen, daß er wirklich ausführte, womit die Leute einverstanden waren, und daß er ihnen das nicht aufnötigen wollte, was nicht auch ihren Bedürfnissen entsprach. Also haben sie rebelliert und ihn aus dem Amt gewählt.«

Sein erster Schritt zu einem trotzigen Comeback ging auf Hillary zurück. Im April – Bill Clinton steckte noch immer in seiner langen Phase der Niedergeschlagenheit – bereiteten sich Journalisten aus Arkansas darauf vor, ihre alljährliche Satiresendung »The Farkleberry Follies« zu produzieren, in der üblicherweise eine weithin bekannte Person als »geheimnisvoller Gast« auftrat, einen witzigen Monolog ablieferte und am Ende der Sendung ihre Identität enthüllte. In diesem Jahr hatte die Sendung den Titel »Kubaner und Autoplaketten«. Clinton wurde aufgefordert, darin aufzutreten, lehnte aber ab, was niemanden überraschte. Hillary drängte ihn mitzumachen. Er solle die Leute zum Lachen bringen, dann werde er erleben, daß sie ihn wieder mochten.

So trat Clinton in einem Sketch auf, in dem eine Gruppe kubanischer Luftpiraten ungeschickt versucht, eine kleine Pendelmaschine in ihre Gewalt zu bringen. Er trug einen ledernen Pilotenhelm, der sein Gesicht verdeckte. Am Schluß riß er sich den Helm vom Kopf und hielt eine heitere Ansprache, in der er sich über sich selbst und über Frank White lustig machte, der direkt vor ihm saß. Die Zuschauer amüsierten sich köstlich.

»Man konnte die Veränderung sehen, die mit Clinton vor sich ging. Man sah, wie er strahlte«, sagte Leroy Donald, Wirtschaftsredakteur der *Arkansas Gazette* und Produzent der Sendung, zu Clintons Biographen Charles Allen und Portis. Bill Clintons Stern war wieder im Steigen, als er seine Kandidatur für 1982 bekanntgab, und Hillary half ihm bei diesem Aufstieg.

Hillary hatte allerdings ihre eigenen Schwierigkeiten zu überwinden. Als sie sich wieder unter ihrem Namen Hillary Rodham am Wahlkampf für ihren Ehemann beteiligte, wurde ihr überall in Arkansas nur dürftiger Applaus entgegengebracht. Die Wähler von Gay White hatten sich wieder an eine »Ganztags-First-Lady«, wie ihr Mann gern prahlte, gewöhnt. Sie hatte nur selten außerhalb des Hauses gearbeitet und war eine traditionelle Gouverneursgattin. Die Arkanser hielten mit ihrer Abneigung gegen Hillary nicht hinter dem Berg. Die Feindseligkeit, die ihr aus allen möglichen Richtungen entgegenschlug, war mit Händen zu greifen – und sehr grausam. Als die Anwaltskanzlei Rose ihren heutigen Sitz in der Innenstadt von Little Rock bezog und ihre eleganten neuen Räumlichkeiten für einen Tag der Öffentlichkeit zugänglich machte, erhielt Hillary von einem Klienten eine grobe Abfuhr. Sie war auf ihn zugegangen, um ihn zu dem Empfang willkommen zu heißen, und sagte: »Hallo, ich bin Hillary Rodham.« Als sie ihm die Hand hinhielt, stieß der Mann sie grob mit einem Finger gegen die Schulter, wo sie das Namensschildchen angesteckt hatte, und sagte laut: »So heißen Sie nicht! So heißen Sie *nicht*!«

Beide Clintons nahmen 1982 Urlaub von ihrer Anwaltstätigkeit, um sich voll dem Wahlkampf zu widmen. Auf einer Pressekonferenz im Februar dieses Jahres, auf der der offizielle Beginn der Kampagne bekanntgegeben wurde, ließ Hillary die unerwartete Bemerkung fallen, sie werde zwar weiterhin als Anwältin unter dem Namen Hillary Rodham praktizieren, sich aber im Wahlkampf und »in ihrer nichtberuflichen Eigenschaft« Mrs. Bill Clinton nennen. (Später im Jahr 1982, als sie ihren Urlaub unterbrach, um für ihre Kanzlei in einem Berufungsverfahren aufzutreten, tat sie dies tatsächlich unter ihrem Mädchennamen.)

Als sich Reporter, die verständlicherweise irritiert waren, mit Fragen zu dem Namenswechsel auf Hillary stürzten, stellte sie die Stacheln auf. Sie hielt die zwei Jahre alte Chelsea auf ihren Armen und sagte: »Ich muß meinen Namen nicht wechseln; ich bin Mrs. Bill Clinton seit dem Tag unserer Hochzeit.« Als die Reporter nicht lokkerließen, räumte sie ein, daß sie im Wählerverzeichnis nach wie vor als Hillary Rodham aufgeführt war.

So sehr sie die Sache auch herunterzuspielen versuchte, der Namenswechsel erregte großes Aufsehen. Er wurde in ganz Amerika kommentiert – Übertreibungen und Verdrehungen eingeschlossen. »Hillary Rodham«, meldete die *Washington Post*, »wird nicht nur ihre Anwaltstätigkeit aufgeben, um sich ganz dem Wahlkampf zu widmen, sondern auch ihren Mädchennamen ablegen und sich fortan Mrs. Bill Clinton nennen.«

Sie sah sich gezwungen, in aller Öffentlichkeit darüber zu sprechen. Einem Reporter des *Democrat* teilte sie mit, sie habe bei ihrer Heirat ihren Mädchennamen beibehalten, weil es »für mich wichtig ist, daß ich nach meinen Leistungen beurteilt werde und Bill nach seinen«. Sie fügte aber hinzu, sie sei überhaupt nicht vorbereitet gewesen »auf die Betroffenheit, die manche Leute über diesen Entschluß bekunden, den wir ganz persönlich getroffen hatten«.

Ihr Name habe sich »nachteilig darauf ausgewirkt, in welchem Licht die Leute Bills Arbeit sahen« und, sagte sie, »ich wollte nicht, daß meine persönliche Entscheidung sich beeinträchtigend auf das auswirkt, was er sich als Lebenswerk vorgenommen hat. Nachdem ich viel darüber nachgedacht habe und mir bei vielen Leuten Rat geholt habe, bin ich nun Hillary Rodham Clinton geworden«.

»Es löste bei Bills Anhängern wachsende Beunruhigung aus. Ganze Scharen haben mich aufgesucht oder angerufen und eine Geschichte nach der anderen erzählt. Sie haben gesagt: ›Wir hätten wirklich gern, daß Sie sich das überlegen‹«, berichtete sie der *Washington Post*.

Bill Clinton, sagte sie, habe sie nie gebeten, ihren Namen zu ändern. »Ich habe einmal im Scherz gesagt, der vermutlich einzige Mann in Arkansas, der nicht von mir erwartete, daß ich meinen Namen ändere, war mein Ehemann. Er sagte zu mir: ›Das ist deine eigene Entscheidung. Tu, was du für richtig hältst.‹ Und das habe ich getan. Ich habe gemerkt, daß es im Endeffekt gar nicht so wichtig für mich war«, erläuterte sie der *Washington Post*.

Obwohl Hillary *Clinton* in Abrede stellte, daß es ihr schwergefallen sei, ihren Mädchennamen abzulegen, waren viele ihrer Freunde in diesem Punkt anderer Meinung.

»Sie war sehr stolz, als er sein Amt antrat, und er war sehr stolz, daß sie ihren Namen behalten hatte«, erzählt Carolyn Ellis. »Es lag ihr so viel daran, ihre Selbständigkeit nicht zu verlieren.«

»Als sie heirateten, hat sie das ganz bewußt unter ihrem Mädchennamen getan«, sagt Kris Rogers. »Das war ihr sehr wichtig. Sie hatte sich mit diesem Namen bereits eine berufliche Identität geschaffen, und dieser Name hatte einen guten Klang. Es ist ihr nicht leichtgefallen, ihn aufzugeben, ihr muß zumute gewesen sein, als gäbe sie ein Stück von sich selbst auf.«

»Es hat mich fertiggemacht, ich hatte einen Kloß im Hals«, gibt Betsey Wright zu.

»Man muß sich überlegen, welche Möglichkeiten sie hatte«, sagt Brownie Ledbetter. »Mir scheint, sie stand vor der Alternative, entweder ihren Namen zu ändern oder Bill zu verlassen. Oder sie hätte auf irgendeine Weise seine Karriere gefährdet – oder hätte sich zumindest diesen Vorwurf anhören müssen, der ihr oft gemacht wurde. Leute riefen an und sagten das zu ihr, riefen an und sagten das gleiche zu Bill. Wir leben in einer Welt, wo sie wirklich nur zwei Möglichkeiten hatte. Ziemlich beschissene Möglichkeiten.

Das Schreckliche war«, fährt Ledbetter fort, »daß sofort nach ihrem Namenswechsel viele Leute, die ihr gegenüber unglaublich kritisch gewesen waren, eine Kehrtwendung von 180 Grad machten: Plötzlich waren sie ganz auf ihrer Seite, und einige von ihnen haben mehrmals gesagt, sie würde einen besseren Gouverneur abgeben als Bill. Es war wirklich zum Auswachsen.«

So war es. Nachdem Hillary ihren Namen geändert hatte, trompetete ein Lokalblatt plötzlich: »Clintons größte Anhängerin ist ein Pluspunkt für ihn.« Voller Mitgefühl beschrieb die Zeitung sie als eine Frau, »die aus Illinois kommt und sicherlich ein wenig munterer, ein bißchen offenherziger ist als die traditionelle Ehefrau eines Gouverneurs in einem Südstaat... Die Namensänderung läßt erkennen, daß sie daran arbeitet, ihrem Image etwas Weicheres zu geben... was ihr offenbar gelingt«, schrieb das Blatt. »Sie ist zu einer tüchtigen, volksnahen Wahlkämpferin im traditionellen Arkansas Stil geworden.«

Hillary erlebte nun, daß ihr Publikum sich für sie zu erwärmen begann. Aber ihre Reden waren so voller Kraft, so überzeugend und voller Leidenschaft, daß es unmöglich war, nicht von ihr beeindruckt zu sein. Die lokalen Journalisten und politischen Größen begannen auf sie aufmerksam zu werden. Im Wahlkampf 1982 war Hillary nicht weniger, sondern mehr gefragt.

Die Unterschiede zwischen ihrem Stil und dem von Bill Clinton traten deutlich zutage, und viele fanden ihre Art, die Dinge anzusehen, einfach besser. Es hieß, sie sei als Rednerin zwar ebenso eloquent und überzeugend wie Bill Clinton, komme aber rascher zum Kern der Sache. Die Menschen hatten bei ihr das Gefühl zu wissen, woher sie kam und auf welches Ziel sie zusteuerte. Sie vertrauten ihr. Ironischerweise begannen die Leute, sie sympathisch zu finden.

»Man muß verstehen, wie die Menschen in Arkansas sind«, sagt Brownie Ledbetter. »Hier sind die Beziehungen wichtiger als die Ideologie. Und die Beziehungen sind auch wichtiger als die Partei, der jemand angehört. Weil Arkansas ein kleiner Staat ist und weil die politischen Amtsträger leicht erreichbar sind, lernt man sie auf einer persönlichen Ebene kennen und ist daher auch mit sehr persönlichen Dingen konfrontiert. So war es auch bei Hillary, sobald sie ihren Namen geändert hatte. Als sie endlich klein beigegeben hatte und all die Machotypen endlich zufrieden waren, gaben sich die Leute ihr gegenüber viel aufgeschlossener, und ich glaube, die meisten Frauen, sogar Feministinnen, haben ihre Entscheidung verstanden, weil sie wußten, was sie durchgemacht hatte.

Obwohl Hillarys Zeit äußerst begrenzt war – Chelsea war noch ein kleines Kind –, absolvierte sie im Wahlkampf beharrlich ein höchst anstrengendes Pensum. Binnen weniger Monate erzielte sie mit ihrer Sympathiewerbung für Bill Clinton mehr Erfolg, als ein ganzer Schwarm von politischen Helfern es jemals hätte erreichen können. Während der ganzen Zeit nahm sie an sämtlichen Strategiesitzungen für den Gouverneurswahlkampf teil. Sie machte in ihren Reden Werbung für Bill Clintons Wahlprogramm und legte es verständlich dar. Sie modelte sein Image um. Wenn nötig, übernahm sie die undankbare Rolle, energisch durchzugreifen, um seine oft zu nachsichtige Art gegenüber Wahlhelfern auszugleichen. Wie sie hier ihre Aufgabe wahrnahm, das hatte bereits Modellcharakter für ihr Wirken auf der nationalen Bühne zehn Jahre später.

»Wenn sie sah, daß an der Struktur der Wahlkampfführung etwas nicht stimmte, oder wenn sie feststellte, daß die Leute nicht effektiv arbeiteten, oder wenn sie sah, daß die Dinge nicht so gut liefen, wie sie laufen sollten, dann war immer sie diejenige, die Bill darauf aufmerksam machte, und sie sorgte jedesmal dafür, daß er etwas unternahm, um die Sache abzustellen«, sagt Woody Bassett, der aktiv an Clintons Wahlkampf teilnahm.

»Sie hatte die Härte, die Bill Clinton als Ergänzung brauchte«, sagt Brownie Ledbetter. »Er kann zu den Leuten nicht nein sagen, aber sie kann es.«

Hillary hatte inzwischen natürlich mehr als nur ihren Namen verändert. Auf der Pressekonferenz im Februar konnte man auch bemerken, daß sie ihr zuvor ungebändigtes Haar hatte schneiden und einlegen lassen, außerdem war es aufgehellt. Und endlich hatte sie auch Kontaktlinsen gefunden, mit denen sie zurechtkam und die sie jetzt zu tragen begann.

Carolyn Ellis war über diese Veränderungen besorgt. »Sie hat ihre Brille so geliebt, sie trug gerne verschieden getönte Gläser, die die Welt in unterschiedliches Licht tauchten«, berichtet sie. »Das war das einzige, wofür sie modisches Interesse hatte – neue Brillen.«

Auch Bill Clinton hatte einiges an sich verändert. Er ließ sich das Haar so schneiden, daß auf Fotos seine Ohren zu sehen waren, ein äußeres Detail, von dem es hieß, es sei den Wählern in Arkansas wichtig. Und er veränderte auch das Erscheinungsbild seines Stabs, indem er bärtige junge Mitarbeiter durch glattrasierte Männer mittleren Alters ersetzte.

Der Gouverneurswahlkampf in Arkansas 1982 hatte einige geradezu unheimliche Ähnlichkeiten mit dem Präsidentschaftswahlkampf 1992. Frank White, der sich zur Wiederwahl gestellt hatte, gab sich alle Mühe, Hillary mittels versteckter Anspielungen zu ihrem Nachteil mit seiner häuslichen Ehefrau zu vergleichen. Der Mann, der die Wahl von 1980 mit rassistisch gefärbten Bildern von randalierenden Kubanern gewonnen hatte, erklärte nun vor dem Republikaner-Konvent des Staates Arkansas im September: »...einem Leoparden kann man nicht die Flecken abwaschen. Die beiden sind noch immer Hillary Rodham und Bill Clinton.«

White, der sich als Verteidiger der traditionellen Familienwerte aus einer älteren und tüchtigeren Generation präsentierte, gab sich alle erdenkliche Mühe, den Wählern zu vermitteln, daß Clinton charakterschwach sei und zum Liberalismus neige. Clinton antwortete darauf, er habe die kosmetischen Veränderungen an sich vorgenommen, um dem Publikum besser sein wirkliches Gesicht zeigen zu können, und stellte gleichsam offiziell fest, er habe sich das Haar nicht schneiden lassen, sondern sei auf Bitten seiner Frau dazu übergegangen, es sich über den Ohren nach hinten zu kämmen. Er versicherte auch, daß Hillary Rodham Clinton in gesellschaftlichen Zusammenhängen immer seinen Familiennamen benutzt habe. In Wahrheit sind auf einer Gästeliste von 1977, die die Teilnehmer einer Abendgesellschaft im Weißen Haus auflistet, der Justizminister von Arkansas und seine Ehefrau als Bill Clinton und Hillary Rodham aufgeführt.

»Ungefähr ein Jahr, bevor Hillary diese Entscheidung traf, hat sie mir von den positiven Reaktionen berichtet, die sie von Frauen aus Arkansas zur Beibehaltung ihres Namens bekomme«, erinnert sich Carolyn Ellis. »Damals hat sie mir von den älteren Frauen erzählt, die zu ihr gekommen seien und gesagt hätten: ›Es freut uns so, daß Sie Ihren Namen beibehalten haben; wir wollten, wir hätten das auch tun können.‹«

»Sie hat uns das abgenommen«, sagt Brownie Ledbetter. »Viele alte Typen, die sie einseifen wollten, haben sie hereingelegt. Ich erinnere mich an ein paar Geschichten, die sie mir erzählt hat, zum Beispiel von mehreren Pfarrern, die sie besucht hat, die Verständnis für das Gleichberechtigungsgesetz bekundet hatten, aber ich wußte, das es gelogen war. Mir war klar, daß sie ihr niemals ins Gesicht gesagt hätten: ›Ich bin nicht Ihrer Meinung.‹ Das war vielleicht das Unangenehmste, was sie erleben mußte. Wir sind immer nett, egal, was wir denken. Mit der Feindseligkeit war schwer fertig zu werden, weil die Leute sie sich nicht anmerken ließen.«

»Happy Days are Here Again« – Das Clinton-Jahrzehnt

Bei der Wahl von 1982 war Arkansas bereit, Bill Clinton wieder das Gouverneursamt zu übergeben. Der verlorene Sohn hatte seine Strafe verbüßt und durfte nach Hause zurückkehren. 1980 hatten viele Wähler dem jungen Senkrechtstarter nur eine kleine Lehre erteilen wollen. Sie hatten nicht erwartet, daß er tatsächlich verlieren würde.

Im darauffolgenden Januar hatten sie sich selbst ins Abseits befördert, als die neue, rechtsgerichtete Republikanische Regierung ihr Amt antrat, und sie hatten begierig auf eine Chance gewartet, ihren Staat zurückzuerobern.

»Sehr viele Leute bedauerten bereits einen Tag später, daß sie die falsche Entscheidung getroffen hatten«, sagt Ann Henderson, eine alte Bekannte der Clintons und Helferin im Wahlkampf. »1980 waren eine Menge guter Demokraten einfach nur verärgert und beschlossen, ihm eine Lektion zu erteilen. Eine Stimme mehr oder weniger würde schon nicht so viel ausmachen. Als sie am nächsten Morgen aufwachten, waren sie vollkommen entsetzt.«

In der Wahlkampagne 1982, einem harten Kampf, profitierte Clinton stark von dem schlechten Gewissen, das viele Bewohner von Arkansas ihm gegenüber empfanden.

»Überall im Staat spürte man in hohem Maß ein kollektives Schuldgefühl, und eine solche Begeisterung, mit der sich die Leute 1982 für Clintons Comeback engagierten, hatte ich noch nie erlebt«, sagte Betsey Wright.

Die Rückkehr ins Amt war triumphal. Die Clintons schafften eilig all ihre Habe in die Gouverneursresidenz zurück. Sie nahmen ihr ehemaliges Zuhause mit einem derartigen Eifer in Beschlag, daß es schon fast an Vergeltung grenzte. Hillary Rodham Clinton inszenierte ein perfektes Comeback als First Lady. Während der zwei Jahre, die sie außerhalb der Residenz verbracht hatte, hatte sie Gelegenheit, das untadelige Verhalten von Gay White so genau zu studieren, daß ihre eigenen öffentlichen Auftritte nun ein Paradebeispiel an Anmut und Charme waren. Diesmal entschied sie sich, obwohl sie inzwischen mit Connie Fails gut befreundet war, für ein Kleid von einem New Yorker Modeschöpfer. Der *Arkansas Democrat* brach beim Anblick des Kleides in Begeisterungsstürme aus und pries es als eine »feminine Kreation... die ihre Wirkung aus einer Reihe gezielt gesetzter weiblicher Widersprüche bezieht... unschuldig... und doch raffiniert... weich und zerbrechlich.« Es war ein bodenlanges Gewand mit einem Spitzenüberwurf (»die reine Unschuld«) und einem Unterkleid aus Satin »in einem verführerischen Grauton«. Hillary trug dazu den 4,5-Karat-Kahn-Diamanten, diesmal als Solitär in einer einfachen Ringfassung.

Eine noch nie dagewesene Menschenmenge erschien zum Antrittsball, der im State House Convention Center stattfand, wobei sich etwa neunhundert Leute in den großen Ballsaal des neuen Excelsior-Hotels vertagen mußten. An diesem Abend trat das Betty-Fowler-Orchester auf und spielte »Happy Days are Here Again«, als die Clintons die Governor's Exhibition Hall betraten. Nachdem Clinton eine kurze Ansprache gehalten und seine Anhänger »zu dieser netten, kleinen Party für ein paar Freunde« begrüßt hatte, tanzten er und Hillary nach »You'll Never Know«. Es war wie der Hochzeitsempfang, den sie nie gehabt hatten. Virginia Kelley und ihr Mann waren da, ebenso Roger Clinton und sämtliche Rodhams mit Ausnahme von Hillarys Vater, der am frühen Nachmittag mit Herzbeschwerden in die Universitätsklinik gebracht worden war.

Hillary hatte sich so perfekt in eine First Lady verwandelt, daß ihre alten Freunde sie kaum wiedererkannten. Kris Rogers sah sie zum erstenmal nach ungefähr sechs Jahren wieder; damals war Hillary in ihren neuen Heimatstaat Oregon gekommen, um vor einer Gruppe von Lehrern zu sprechen.

Sie war schockiert darüber, wie sehr sich ihre Freundin verändert hatte. »Wir holten sie am Flughafen ab, und sie sprach tatsächlich mit einem Südstaatenakzent«, erinnert sich Kris Rogers. »Ich mußte wirklich zweimal hingucken und fragte mich, ob das die Frau war, die ich gekannt hatte, so schnell hatte sie sich an ihre neue Umgebung angepaßt. Ich war wirklich verblüfft und fragte mich, ob das ein Double oder wirklich diese Frau war. Aber es war tatsächlich Hillary; sie hatte sich für diesen Weg entschlossen, und zwar mit allen Konsequenzen; sie hatte sich mit Leib und Seele da hineingestürzt.«

Was für ein kluger Schachzug es von Hillary war, ihr Image derart zu verändern, wurde deutlich, als Bill Clinton sie 1983 zur Vorsitzenden des in Arkansas neu gegründeten Ausschusses für Erziehungs- und Ausbildungsfragen machte. Obwohl Berater ihn gewarnt hatten, daß diese Ernennung ihm den Vorwurf von Vetternwirtschaft und einen möglichen Skandal einbringen könnte, war Hillary inzwischen so angesehen, daß keinerlei Einwände erhoben wurden.

»Wir haben über dieses Thema mehr als über jede andere Angelegenheit gesprochen«, sagte er, als er ihre Ernennung in einer Pressekonferenz verkündete. »Auf diese Weise habe ich jemand als Vorsitzende, die mir näher steht als jeder andere.«

Als der Ausschuß für Erziehungsfragen seine Arbeit aufnahm, lagen die Schüler in Arkansas bei den standardisierten Prüfungen in Lesen und Rechnen weit unter dem bundesweiten Durchschnitt. Die National Commission on Excellence in Education hatte gerade einen Bericht unter dem Titel »Nation at Risk« (Eine Nation in Gefahr) herausgebracht und vor einer »steigenden Flut der Mittelmäßigkeit« in den amerikanischen Schulen gewarnt. In Arkansas konnte man eindeutig daraus lernen. In keinem der 371 Bezirke wurde von den Schülern verlangt, Unterricht in all den Fächern zu nehmen, die von der National Commission als unerläßlich für einen High-School-Abschluß angesehen wurden. Hillary sagte, ihr Ausschuß wolle seine Untersuchung des Schulsystems von Arkansas vor dem Hintergrund dieser bundesweiten Studie vornehmen. Nachdem sie diesen Rahmen abgesteckt hatte, konnte sie mit ihrer Arbeit beginnen.

Das erste Problem, das Hillary in Angriff nehmen mußte, betraf die Einstellung zum Lernen. Die Schüler in Arkansas litten unter einem furchtbaren Minderwertigkeitsgefühl, dem »Danken wir Gott für Mississippi«-Syndrom, und viele ihrer Lehrer und Eltern, die mit der gleichen Haltung aufgewachsen waren, verhielten sich Veränderungen gegenüber unglaublich stur. Sie hatte bei vielen ihrer Jurastudenten in Fayetteville gesehen, welchen hemmenden Einfluß all diese Faktoren hatten, wie niedrig sie ihre Erwartungen ansetzten. Sie schauten, daß sie zurechtkamen, aber mehr auch nicht. Hillary war klar, wenn selbst die klügsten Köpfe der Nation davon vergiftet wurden, wie mußte sich das erst auf durchschnittliche und schwächere Schüler auswirken.

»Die Idee einer Bildungsreform an die Öffentlichkeit zu bringen bedeutete, einen Erziehungsprozeß in Arkansas einzuleiten«, erklärt Skip Rutherford, ein Pädagoge und Freund aus Little Rock, der mit Hillary an den Reformplänen gearbeitet hatte und im Vorstand der Arkansas Children's Hospital war. »Sie hat dazu beigetragen, die Erzieher zu erziehen. Sie hat gesagt: Wir können uns nicht einfach zurücklehnen und die Entwicklung an uns vorbeiziehen lassen. Wir müssen wettbewerbsfähig sein. Wir müssen unsere Ausbildungskriterien und unser Bildungssystem verbessern. Und das wird nicht von einem Tag auf den anderen passieren, denn derartige Veränderungen sind nicht einfach. Aber irgendwer mußte das den Leuten nahebringen, ihnen erklären, warum das nötig war. Und das hat sie getan. Sie können sich überhaupt nicht vorstellen, wieviel Zeit und Energie es kostete, auf jeder Sitzung immer wieder gefragt zu werden: ›Mrs. Clinton, warum müssen wir dies tun?‹ und ›Warum sollten wir das tun?‹ Sie war sehr überzeugend, sehr geduldig. Sie kann gut mit Leuten umgehen.«

»Bescheidenheit hat einiges für sich, solange Sie mit Leistung gepaart ist«, erklärte Hillary den Leuten. Und sie hörten ihr zu. Bei einem Mittagessen des Lehrer-Eltern-Ausschusses von Pulaski County sagte sie: »Von unseren Sportlern erwarten wir stets das Allerbeste hinsichtlich Disziplin, Kameradschaft und Leistung. Ich wünsche, wir könnten dieselben Erwartungen und Standards, die wir im Sport haben, auch auf den Schulunterricht übertragen. Ich wünsche, wir könnten Lehrern, die Kindern Lesen und Schreiben beibringen, die gleiche Bezahlung und das gleiche Ansehen geben, wie wir es denen zukommen lassen, die ihnen beibringen, wie man einen Ball durch ein Tor wirft.«

In einem längeren Interview mit dem *Arkansas Democrat* führte sie das weiter aus. »Eines der Hauptprobleme in unserem Staat, und offenbar im ganzen Land, besteht darin, daß wir nicht genug von uns fordern, von unseren Schulen und unseren Schülern. Es ist unsere

Pflicht, unsere Schüler anzuspornen und hohe Anforderungen an sie zu stellen. Statt minimaler Leistungsanforderungen sollten wir hohe Ansprüche stellen und dafür sorgen, daß die Schulen und Bezirke diesen Anforderungen gerecht zu werden versuchen und sich nicht mit einem künstlichen Minimum zufriedengeben.«

Hillary stellte wieder einmal ihre Führungsqualitäten unter Beweis. Zunächst hielt sie sich bei Diskussionen eher zurück, trat meistens als Vermittlerin auf und bemühte sich, die Diskussion nicht zu beherrschen. Es dauerte eine Weile, bis sie die Dynamik einer Arkansas-Gesprächsrunde verstand. Ihre Erfahrungen als Schlichterin kamen ihr dabei sehr zugute. Mit der Zeit wurde sie zu einer immer bestimmenderen Kraft, so daß man schon bald nur noch vom »Hillary-Ausschuß« sprach.

Ein wesentliches Element der Bildungsreform war für Hillary Überprüfbarkeit, und die sollte in zwei Richtungen funktionieren. Schüler der dritten, sechsten und achten Klasse müßten einen Leistungstest mit minimalen Anforderungen ablegen, um in die nächste Klasse versetzt zu werden. Schulen, in denen mehr als fünfzehn Prozent der Schüler diese Prüfung nicht bestanden, müßten an einem staatlich subventionierten Aufbauprogramm teilnehmen oder liefen Gefahr, ihre Anerkennung zu verlieren. Die jungen Leute sollten bis zum siebzehnten Lebensjahr zur Schule gehen. Bisher konnte man mit sechzehn abgehen oder nach der achten Klasse.

Wenn man von den Schülern bessere Leistungen erwartete, mußte die Schule auch mehr zu bieten haben. Hillary war entsetzt über das spärliche Unterrichtsangebot an den meisten öffentlichen Schulen in Arkansas. In ihrer eigenen Schule, der Maine South High School, hatte sie unter zahlreichen Kursen in Mathematik, Naturwissenschaften, Fremdsprachen und weiterführenden Praktika wählen können – Lehrpläne, die selbst heute in vielen Schulen in Arkansas nicht angeboten werden.

»Ich habe eine wirklich breit gefächerte Bildung genossen«, erzählte sie der *Arkansas Gazette,* »und als ich 1983 anfing, mich mit den Ausbildungskriterien in Arkansas zu beschäftigen, konnte ich nur sehr schwer nachvollziehen, daß die Mehrheit der Schüler hier... nie über das Angebot verfügen würde, wie man es mir bereits in den fünfziger und sechziger Jahren geboten hat.«

Der Ausschuß sollte für das Schuljahr 1983–1984 neue Kriterien aufstellen, diese dann der Öffentlichkeit zur Diskussion vorlegen und die Ergebnisse in den endgültigen Entwurf einbeziehen. Zunächst führte Hillary Anhörungen in den einzelnen Bezirken durch, reiste von einer Stadt zur anderen. Sie besuchte 75 Bezirke – eine gigantische Leistung. Sie betonte, daß die Bildungsreform im Interesse der Bürger liege, daß Eltern für ihre Steuergelder das Recht auf die bestmögliche Ausbildung ihrer Kinder hätten.

Einige Empfehlungen des Ausschusses wie die Forderung nach kleineren Vor- und Grundschulklassen wurden problemlos akzeptiert. Der Vorschlag, daß in den High Schools mehr Kurse angeboten werden sollen, zum Beispiel in Englisch, Mathematik, Naturwissenschaften, Sozialwissenschaften und Kunst, fand große Zustimmung bei den Wählern, allerdings nicht so sehr bei den Jugendlichen. Andere Ideen, wie beispielsweise eine im ganzen Staat einheitliche Befähigungsprüfung für Lehrer, kamen weniger gut an. Dieser Vorschlag löste heftigen Widerstand aus. Die Lehrergewerkschaft machte sich zum Kampf bereit.

Eine Schulbibliothekarin bezeichnete Hillary Clinton angeblich als »eine ganz falsche Schlange«. Ein Rektor erklärte ihr, er wolle nicht, daß die Kinder in seinem Bezirk eine derartige Ausbildung erhielten. Die National Education Association ging gegen die Prüfung gerichtlich vor, doch sie unterlag.

Zum Haushaltspaket des Gouverneurs gehörte in jenem Jahr eine Steuererhöhung von 180 Millionen Dollar für Bildungsausgaben. Die Steuermittel sollten durch eine stark umstrittene Erhöhung der Umsatzsteuer aufgebracht werden. Der Lehrertest, der bei den Eltern, nicht aber bei den Lehrern, große Zustimmung fand, sollte den Bürgern von Arkansas das Gefühl geben, daß sie etwas – nämlich Überprüfbarkeit – für ihr hart verdientes Steuergeld kriegten. Clinton sagte, er hielte diesen Test für »eine recht kleine Gegenleistung für die größte Steuererhöhung in der Geschichte des Staates und für ein Mittel, dem Lehrerberuf die Wertschätzung wiederzugeben, die er meiner Ansicht nach verdient«.

Der Ausschuß für Ausbildungskriterien beendete seine Arbeit offiziell nach fast neun Monaten und legte am 10. Dezember 1983 seine endgültige Version der Kriterien für die Anerkennung öffentlicher Schulen in Arkansas vor. In seinem Bericht forderte er unter anderem für die meisten Stufen eine Begrenzung der Klassenstärke auf 20 bis 25 Schüler, eine Erweiterung des Fächerkanons, wozu eine halbe Unterrichtseinheit in Kunstgeschichte gehörte, eine Verlängerung des Schuljahrs von 175 auf 180 Tage und zusätzliche Tutoren für die Schüler.

In Reden versuchte Hillary überall im Staat der Öffentlichkeit die Idee schmackhaft zu machen, Lehrer einem Test zu unterziehen, um die »Unfähigen« auszusieben, und wagte sogar auf einer Tagung der ihr feindlich gesonnenen American Federation of Teachers einen Vorstoß. Die Öffentlichkeit war der Meinung, daß viele Lehrer inkompetent seien, »und ob das nun gerechtfertigt war und den Tatsachen entsprach oder nicht, wir mußten uns auf jeden Fall mit diesem Vorwurf auseinandersetzen«, führte sie aus. »Das Problem selbst und die allgemeine Einstellung dazu mußten gemeinsam angegangen werden«.

Hillary sah auch die praktische Notwendigkeit für diese Tests, denn sie würden dazu beitragen, daß die Wähler die erste Umsatzsteuererhöhung seit 26 Jahren leichter akzeptierten.

An einem heißen Tag im Sommer 1983 stellte Hillary in einem stickigen und überfüllten Sitzungssaal den Abgeordneten von Arkansas ihren Bericht über die Ergebnisse und Empfehlungen des Ausschusses vor. Bis zu ihrem Auftritt waren die Meinungen über die Reformpläne völlig gespalten. Dann begann Hillary mit ihren Ausführungen. Im Saal herrschte absolutes Schweigen, nachdem sie geendet hatte.

»Ich glaube, wir haben den falschen Clinton gewählt«, bemerkte der Abgeordnete Lloyd George aus Danville.

»Nein, der Job ist mir zu hart«, entgegnete Hillary lächelnd.

Dann schlenderte Bill Clinton in den Raum. Er hatte im Flur des Kapitols gestanden und seine Frau durch die Glastür zum Sitzungssaal beobachtet. Er nahm neben Senator Nick Wilson aus Pocahontas Platz, saß ganz ruhig und strahlte vor sich hin. Hillary blieb noch über zwei Stunden, um Fragen zu beantworten. Sie versuchte, sich ganz offiziell zu geben. Die Advokatin in ihr kämpfte mal wieder mit der Beobachterin.

Die Abgeordneten drängten sie schließlich, ihre persönliche Meinung über das Bildungswesen in Arkansas zum Ausdruck zu bringen. Nachdem Hillary deutlich gemacht hatte, daß sie jetzt nicht mehr im Namen des Ausschusses sprach, sagte sie, daß der Staat ihrer Ansicht nach den Lehrern höhere Gehälter zahlen sollte. Man ließ sie nicht gehen, bis alle Probleme durchdiskutiert waren. Am Ende applaudierten die Abgeordneten.

»Sie schmolzen in ihrer Gegenwart dahin, weil sie einfach so gut war«, erinnert sich Betsey Wright.

»Sie hat bei einigen Abgeordneten und bei vielen Bürgern bedeutend mehr Ansehen als Bill, daran besteht kein Zweifel«, sagte Senator Nick Wilson. Lloyd George schlug vor, auf den »Clinton for Governor«-Aufklebern eine Zeile hinzuzufügen: »d. h. Hillary«.

»Wegen so was kriege ich immer Ärger zu Hause«, frotzelte Hillary zurück.

Schließlich konnte sie die Öffentlichkeit für ihren Vorschlag gewinnen, Schüler Zwischenprüfungen zu unterziehen. Schüler hätten das Recht auf eine gute Ausbildung, erklärte sie, aber sie hätten auch die Pflicht, sich dem Staat durch gute Leistungen für diese Ausbildung erkenntlich zu zeigen. Diese Argumentation überzeugte.

Die Befähigungsprüfung für Lehrer blieb jedoch umstritten. Die ersten Testvorschläge wurden von Kritikern als lächerlich einfach zurückgewiesen. Sie behaupteten, daß es dem Ausschuß wichtiger wäre, Steuergelder für die Verbreitung der Idee eines verantwortungsbewußten Unterrichts auszugeben, als tatsächlich etwas zu verändern.

Mit dem Gefühl, nicht nur beleidigt, sondern auch ungerecht behandelt worden zu sein, zog die Arkansas Education Association gegen das Lehrerprüfungsgesetz zu Felde. Vertreter der Vereinigung griffen Bill Clinton, Hillary Clinton, die Presse und überhaupt jeden an, der sich für die Standardisierung der Ausbildungskriterien einsetzte. Es entwickelte sich ein Streit, der lange dauern sollte. Als Kai Erikson, Geschäftsführer der AEA, bei einer Anhörung aussagte, verdrehte Hillary die Augen, nahm ihren Mantel und ging.

Ihre sarkastischen Blicke und Sticheleien waren nicht ganz unberechtigt. In den Angriffen der AEA lag eine gewisse Ironie. Die Vereinigung behauptete, daß die Ausbildungskriterien zu teuer seien und dementsprechend weniger Geld für die Lehrergehälter zur Verfügung stände. Allerdings hatte die AEA 1980 selbst ein umfassendes Gesetz zur Verbesserung der Ausbildung gefordert, von dem seine Kritiker sagten, daß es zu kostspielig wäre. Die Vereinigung hatte vom Staat schon seit Jahren Maßnahmen zur Verbesserung des Schulsystems gefordert. Jetzt verlangte sie nach regionaler Kontrolle. Außerdem hatte sich die AEA seit einigen Jahren für Steuererhöhungen zugunsten des Bildungswesens eingesetzt. Und nun, bei einer geringen Erhöhung der Umsatzsteuer für genau diesen Zweck, behauptete sie, die geforderten Maßstäbe wären zu hoch, der Staat sei unrealistisch und hätte sich mehr vorgenommen, als er sich leisten könne.

Am 23. März 1985 legten die mehr als 25000 Lehrer von Arkansas den Test ab. Einen Tag zuvor hatte ein Richter am Staatsgericht entschieden, daß er nicht verfassungswidrig sei. Ein angedrohter Boykott der Lehrer fand nicht statt. Noch in letzter Minute gab es Gerüchte, daß die Prüfungsfragen im voraus durchgesickert seien. Das Arkansas Department of Education gab schließlich eine Erklärung heraus, daß es keinerlei Unregelmäßigkeiten gegeben habe.

Zehn Prozent der Lehrer an staatlichen Schulen fielen durch den Test. Sie scheiterten größtenteils am schriftlichen Teil, in dem sie aus zweihundert Wörtern bestehende Essays zu verschiedenen Themen schreiben sollten, zum Beispiel einen Brief an die Familie oder eine Mitteilung an Kollegen, worin sie eine neue Lehrmethode erklärten.

Unter denen, die nicht bestanden hatten, waren mehr schwarze als weiße Lehrer. Einige Kritiker in Arkansas erhoben den Vorwurf, daß der Test eindeutig rassistisch sei – ein Mittel, um schwarze Lehrer abzuwerten und auszubooten oder sie soweit einzuschüchtern, daß sie ihren Job von selbst aufgaben.

»Das war ein Mittel, sich bei den Befürwortern der Rassentrennung beliebt zu machen, indem man ein anderes Symbol für Rasse benutzte«, sagt ein Kritiker. »Als bekannt wurde, daß sie die Lehrer auf ihre Befähigung hin testen und die Unfähigen aussieben würden, tauchten in den Köpfen der Leute nur schwarze Lehrer auf. Und nach dem Test waren tatsächlich zehn Prozent der schwarzen Lehrer weg vom Fenster, dabei war der ganze Test ein Witz. Zugegeben, einige von ihnen hatten tatsächlich Schwierigkeiten, aber für die meisten war es eine derartige emotionale Belastung, daß sie einfach Angst davor hatten.«

Die Kritiken waren so heftig, daß Bill Clinton sich entschloß, in der neuen CBS-Fernsehsendung *Face the Nation* aufzutreten und zu erklären, daß der Test nicht diskriminierend sei.

»Ich glaube, das war seine ehrliche Meinung«, sagt der Kritiker. »Er wollte niemanden diskriminieren. Er wollte nur seine verdammte Umsatzsteuer durchkriegen.«

Hillary betrachtete die zehnprozentige Durchfallquote als eine Rechtfertigung für die Bemühungen ihres Ausschusses. »In unserem

Test hätte eigentlich niemand durchfallen dürfen«, sagte sie gegenüber der *Washington Post*. »Die Tatsache, daß zehn Prozent nicht bestanden haben, sagt sehr viel aus. Diese zehn Prozent beeinflussen das Leben von Tausenden von Kindern.«

Doch nicht alle Pädagogen ließen sich von Hillarys Begeisterung und ihrer Rhetorik mitreißen. Linda Darling-Hammond, eine bundesweit angesehene Pädagogin, nannte den Arkansas-Test eine »rein politische Maßnahme«, die sich »im ungünstigsten Fall sogar kontraproduktiv« auswirken könnte. Im Gegensatz zu Hillary erhielt Darling-Hammond bei ihrer Rede vor der American Federation of Teachers stürmischen Beifall, als sie darauf hinwies, daß Arkansas bei den Bildungsausgaben an fünfzigster Stelle von allen Staaten stehe und daß das durchschnittliche Gehalt eines Lehrers in einigen Bezirken damals 12000 Dollar im Jahr betrug.

Trotz anhaltender Kritik – und der Drohung seitens der National Education Association, gerichtlich dagegen vorzugehen – führte man in Georgia und Texas ähnliche Tests ein. In Texas stellte die Lehrergewerkschaft Tutoren zur Verfügung, die den Lehrern bei der Prüfungsvorbereitung helfen sollten. In Arkansas gab es für die Lehrer, die nicht bestanden hatten, staatliche Förderkurse. Letztlich aber kam man zu dem Schluß, daß die Tests der Verbesserung der Lehrerausbildung dienten, und selbst die Lehrergewerkschaft, die Hillary zunächst ausgebuht hatte, befürwortete schließlich ihr Programm zur beruflichen Weiterbildung von Lehrern.

Irgendwann mußte natürlich auch Kritik daran laut werden, daß Clinton Hillary diesen Posten übertragen hatte. Und tatsächlich beschuldigte im Frühjahr 1984 Erwin Davis aus Fayetteville – ein aussichtsreicher republikanischer Kandidat für das Gouverneursamt – Bill Clinton, er habe gegen das Staatsnepotismusgesetz verstoßen, indem er seine Frau zur Vorsitzenden des Ausschusses für Erziehungs- und Ausbildungskriterien gemacht habe. Doch mit dieser Aktion tat er sich keinen Gefallen, wie sich bei der Wahl zeigte. Hillary Clinton hatte in diesem Jahr neben anderen Auszeichnungen bereits vom Presseverband von Arkansas wegen ihrer erfolgreichen Bemühungen um eine Bildungsreform den Preis für die beste Schlagzeile des Jahres erhalten. Das war also kein Thema, das dem Gouverneur oder seiner Frau schaden konnte.

Ein wichtiges Projekt, das aus Hillary Clintons Arbeit im Ausschuß für Ausbildungskriterien entstand, war die Einrichtung des sogenannten HIPPY-Programms (Home Instruction Program for Preschool Youngsters). Sie hatte 1985 von dem Programm erfahren, als sie an einer Versammlung der Southern Governors' Association in Miami teilnahm. Dort hatte sie im *Miami Herald* einen Artikel darüber gelesen.

Das HIPPY-Programm war in den sechziger Jahren an der Hebrew University in Jerusalem entwickelt worden, um den bildungsmäßig benachteiligten Kindern von Einwanderern zu helfen, die Grundvoraussetzungen zum Besuch einer normalen Schule zu erwerben. Das Besondere an diesem Programm war, daß man den Müttern beibrachte, ihre Kinder zu Hause zu unterrichten. Man wollte bei den Müttern ein Verantwortungsgefühl für die Ausbildung ihrer Kinder wecken und sie dazu bewegen, auf andere Mütter in ähnlicher Weise einzuwirken. Man brachte den Kindern nicht Lesen und Schreiben bei, sondern nur grundlegende Fähigkeiten, die notwendig waren, um später in der Schule gut zurechtzukommen. Hillary erklärte gegenüber Charles Allen: »Die Hälfte aller Lernprozesse hat bereits stattgefunden, wenn ein Kind fünf Jahre alt ist. Natürlich gibt es Beispiele, wo Leute aus ganz schrecklichen Verhältnissen es schaffen, da rauszukommen und etwas aus sich zu machen. Aber das sind Ausnahmen. Denn die meisten Kinder, die aus verarmten und oft verwahrlosten Verhältnissen stammen, wie wir es heutzutage bei so vielen unserer Kinder beobachten, kommen bereits mit so zahlreichen Problemen in die Schule, daß es sehr schwierig ist, damit fertig zu werden. Ein gutes Vorschulprogramm, ob in den dafür vorgesehenen Institutionen oder im häuslichen Bereich, ist eine äußerst weitsichtige Investition...

HIPPY stellt eine sehr gut strukturierte Methode dar, Müttern zu helfen, besser auf die Bedürfnisse ihrer Kinder einzugehen. Es gibt eine Menge anderer Programme, die zwar gut gemeint sind, aber sie belasten die Mütter im Grunde mit zu viel Verantwortung. Wenn die Mutter wüßte, wie sie es richtig machen soll, dann würde sie es auch tun.«

Im März 1984 konnte Hillary stolz verkünden: »Wir haben bewirkt, daß die Einstellung sich ändert.«

Es war ein gutes Jahr. Sie und Bill wurden in das Register des *Esquire* aufgenommen, eine Liste von 272 Leuten, die das Magazin als die »besten der neuen Generation« bezeichnete.

Im März wurde Hillary von der Arkansas-Sektion der National

Association of Social Workers als herausragende Persönlichkeit des öffentlichen Lebens ausgezeichnet.

Im Mai wählten die Leser des *Arkansas Democrat* sie zur Frau des Jahres.

»Es war kaum zu glauben, welcher Popularität sich das Bildungsprogramm damals erfreute«, erinnert sich John Robert Starr vom *Democrat*. »Das war meines Wissens das erste Mal, daß die Bürger von Arkansas eine Steuererhöhung forderten.«

Die Auswirkungen der Bildungsreform machten sich noch Jahre, nachdem Hillarys Ausschuß seine Arbeit beendet hatte, im ganzen Staat bemerkbar. Das HIPPY-Programm wurde immer weiter ausgebaut und betreute 1990 2000 Vorschulkinder. Doch was noch viel wichtiger ist, im Staat hatte ein grundlegender und dauerhafter Einstellungswandel in bezug auf Bildungsfragen stattgefunden.

»Die positiven Auswirkungen ihrer Initiativen sind noch immer überall spürbar. Egal in welche Stadt oder in welchen Bezirk man geht, man wird immer wieder feststellen, daß Thema Nummer eins die Ausbildung ist«, sagt Skip Rutherford. »Doch ihre größte Leistung besteht meiner Ansicht nach darin, daß sie den Einwohnern von Arkansas den Glauben an sich selbst gegeben hat, damit sie erkennen konnten, daß nichts unmöglich ist, daß sie stolz auf ihre Herkunft sein können und es als etwas Positives ansehen, in einem kleinen Staat aufgewachsen zu sein.«

Hillary hatte etwas geschafft, das zunächst unmöglich erschienen war; sie hatte ausgerechnet in Arkansas etwas gefunden, was sie zu ihrem Anliegen machen konnte, und sie hatte all ihr Können und all ihre Energie dafür eingesetzt, bessere Lebensbedingungen für die Menschen zu schaffen. Sie hatte den Wirkungskreis gefunden, den ihre Freunde aus der juristischen Fakultät für sie erhofft hatten. Sie lernte viele neue Leute kennen, wichtige politische Verbündete. Zahlreiche Projekte wurden an sie herangetragen, und man bot ihr Posten in Aufsichtsräten und anderen Gremien an. Sie kam richtig in Schwung. Nach zehn Jahren in Arkansas hatte sie ihren Platz gefunden. Jetzt veränderte sich der Staat nach ihren Vorstellungen.

Vielleicht bedingte auch das eine das andere. 1986 gehörte Hillary zum juristischen Establishment von Little Rock und war als Bürgerin vollkommen in die Stadt integriert. Sie hatte sich dem Stil einer Karrierefrau aus den Südstaaten dermaßen angepaßt, daß sie auf Fotos aus dieser Zeit kaum zu erkennen ist. Sie trug ihre Haare kurz, leicht gewellt und aus dem Gesicht frisiert wie eine rundere, weichere Version von Nancy Reagan. Ihre juristische Karriere war mit Riesenschritten vorangegangen. In einer Firma, in der zwei von drei Partnern ihr Jura-Examen an der University of Arkansas abgelegt hatten, stach Hillary natürlich hervor. Sie baute die Anwaltskanzlei Rose stärker in den Rechtsgebieten Patentrecht und Schutz des geistigen Eigentums aus. Sie machte sich einen Namen als erste Prozeßanwältin des Staates, die einen Zeugen, der nicht in der Lage war, zum Prozeß zu erscheinen, über Satellit verhörte. 1989 wurde sie in einer Liste der Spitzenanwälte von Arkansas als einer der besten Wirtschaftsanwälte des Staates genannt.

Thomas Mars, Partner in der Sozietät Stanley, Harrington und Mars in Springdale, Arkansas, der im ersten Jahr nach seinem Examen Mitarbeiter von Hillary war, hat sie als geschickte Prozeßanwältin in Erinnerung, die gelegentlich bis nach Mitternacht arbeitete, Aussagen unter Eid zu Protokoll nahm und an schriftlichen Berichten herumfeilte. Sie war eine Perfektionistin, sagt er, und verlangte viel von ihren Mitarbeitern, aber vor Gericht hatte sie eine Art, die einfach mitreißend war. Er erinnert sich besonders an ein mündliches Plädoyer. Hillary vertrat einen Vater, der seiner Frau das Sorgerecht für ihr Kind entziehen wollte, ein schwieriger Fall in jedem Staat und besonders heikel in Arkansas.

»Ich sehe sie immer noch vor mir, wie sie da steht, die Handflächen auf den Tisch gestützt, und sich bereitmacht, ihr Schlußplädoyer zu halten«, sagt Mars. »Draußen war es gerade dunkel geworden, es waren mehr Zuschauer als sonst im Gerichtssaal, und man hätte eine Stecknadel fallen hören können. Ihr Schlußplädoyer dauerte fünfzehn bis zwanzig Minuten, war ziemlich gefühlsbetont und absolut klar gegliedert. Wie üblich hatte Hillary keine Notizen, und sie verlor nie den Faden. Der Richter entschied für eine Änderung des Sorgerechts.«

»Ihre Plädoyers kommen immer aus dem Herzen«, sagt ihre Freundin Nancy Snyderman.

Insbesondere im Wahljahr wurde immer wieder der Vorwurf erhoben, daß Hillary Clintons Name der Anwaltskanzlei Rose geholfen hätte, an Regierungsaufträge heranzukommen, aber es gab nie wirkliche Beweise dafür. Rose, die zweitgrößte Anwaltskanzlei von Arkansas, die die wichtigsten Finanzkräfte des Staates vertritt, stand vor ein paar Jahren an fünfter Stelle auf der Liste von Firmen, die

Regierungsaufträge erhielten. Als Partnerin dieser Kanzlei bezog Hillary keine Gelder aus Staatsgeschäften und erhielt keine Gebühren, wenn Rose die rechtliche Vertretung bei der Unterzeichnung von Staatsanleihen übernahm. Die Verknüpfung von Wirtschaft und Regierung war in Arkansas ohnehin gängige Praxis, so daß sich kaum jemand über ihre Tätigkeit aufregte, bis das Parteiengerangel um die Präsidentschaftskandidatur begann. Ihr Partner Webb Hubbell war sogar von 1979 bis 1981 Bürgermeister von Little Rock gewesen. Arkansas hatte seine eigenen Regeln und jeder, der sich danach richtete, war normalerweise vor Kritik sicher.

In der ersten Hälfte des Jahrzehnts herrschte jedoch nicht nur eitel Sonnenschein. 1984, während Bill Clintons zweiter Amtszeit als Gouverneur, rief ein Colonel der Staatspolizei in seinem Büro an, um ihn darüber zu informieren, daß Roger Clinton, der siebenundzwanzigjährige Stiefbruder des Gouverneurs, beim Verkauf von Kokain gesehen worden war und unter Beobachtung stand. Man habe vor, ihn festzunehmen, wolle aber zuvor die Zustimmung des Gouverneurs einholen. Bill gab seine Zustimmung, was für ihn vielleicht die schmerzlichste Entscheidung seines Lebens war.

Roger Clinton verbrachte mehr als ein Jahr im Gefängnis. Als er vom Kokain los war, stellte sich heraus, daß sein Hauptproblem wie bei seinem Vater Alkoholismus war. Bill, Roger, ihre Mutter und gelegentlich auch Hillary unterzogen sich einer intensiven Familientherapie. Sie sprachen über das Thema der gemeinsamen Abhängigkeit. Hillary spielte bei diesen Diskussionen eine führende Rolle und machte der versammelten Familie immer wieder die wunden Punkte deutlich und zeigte auf, welche Verhaltensmuster ihnen zugrunde lagen.

»Das war eine unglaublich aufrüttelnde Erfahrung für sie. Hillary war tatsächlich eine der ersten, die offen die Dinge ansprach, in denen diese Familie leicht verwundbar war«, sagt Kris Rogers. »Sie hat die Fähigkeit, sehr schnell zu erfassen, was in den Leuten vorgeht, und kann es oft besser ausdrücken, als sie selbst dazu in der Lage wären. Ich glaube, daß sie das oft für Bill tut.«

Im nachhinein sehen sowohl Bill als auch Roger Clinton das Ganze als eine Zeit, in der sie viel über sich selbst erfahren haben und ein großes Stück weitergekommen sind. Aber damals war es schmerzhaft und oft unangenehm. Auch für Hillary war es nicht leicht. Es war eine schmale Gratwanderung, der Familie auf der einen Seite Dinge zu sagen, die sie nicht hören wollte, und auf der anderen Seite, nicht zu vielen Leuten auf die Zehen zu treten. Auch wenn ihr Mann ihr später dankbar war, hat er sie damals nicht unbedingt für die Rolle geliebt, die sie spielte.

Die erste Begegnung mit der Psychotherapie und den Geistern der Vergangenheit kann eine sehr destabilisierende Wirkung haben. Die Therapie zwang Bill, sich den dunklen Seiten seiner Persönlichkeit zu stellen, die er als ziemlich bedrohlich empfand. Wie die meisten sehr umgänglichen und kontaktfreudigen Menschen war er an diese Art Introspektion nicht gewöhnt. Freunde der Clintons haben gesagt, daß ihn diese Seelenarbeit ihrer Meinung nach ganz schön mitgenommen hat. Zeitungsberichten zufolge, litt seine Ehe eine Zeitlang ziemlich darunter. Auch der vierzigste Geburtstag machte ihm wie vielen Männern zu schaffen.

»Ich war mit sechzehn schon vierzig«, hat er häufig gesagt, um seinen verspäteten Ausbruch pubertären Verhaltens zu erklären. Vielleicht hat die Verhaftung seines Halbbruders, durch die Probleme in seiner Familie allgemein bekannt wurden, alte Wunden aufgerissen. Vielleicht hat aber auch die Tatsache, daß er sich diesen Problemen stellen mußte, dazu geführt, daß er sich ihnen ganz überließ. Jedenfalls haben Freunde behauptet, daß Bill in dieser Zeit anfing, sich als Versager zu betrachten, daß er depressiv und beinah selbstzerstörerisch wurde. Erneut tauchten Gerüchte über außereheliche Affären auf.

Reporter fingen an, jeden Schritt Clintons zu überwachen, konnten aber keine Bestätigung für diese Gerüchte finden. Zu dieser Zeit haben seine Familie und gute Freunde sich bemüht, einen engen Kreis um ihn zu bilden, um ihn vor dem Auge der Öffentlichkeit abzuschirmen, vor den Blicken derer, die nur darauf warteten, eine seiner Schwächen auszuschlachten. Und auch nach all den Skandalen, die 1992 von den Medien aufgerührt worden sind, besteht dieser Kreis noch immer und läßt nichts durchsickern.

Kris Rogers hat allerdings den Eindruck, daß die Therapie Bill und Hillary Clinton stärker zusammengeschweißt hat. »Das war ein echter Wendepunkt für die beiden«, sagt sie. »Ich glaube, seitdem hat sie eine viel engere Beziehung zu Bill.«

Noch heute liest Bill Clinton Bücher und medizinische Abhandlungen über Kinder von Alkoholikern, vielleicht weil er eine Erklärung für den dumpfen Schmerz in sich sucht. Roger Clinton, der inzwischen vollkommen rehabilitiert ist, arbeitet in Burbank als Produktionsassistent bei Harry Thomason und Linda Bloodworth-Thomason, den Erfindern und Produzenten von *Designing Women, Evening Shade* und *Hearts Afire*. Er spielt außerdem in einer Rhythm & Blues-Band und tritt manchmal irgendwo in der Stadt auf.

1986 erhielt Hillary ein Stipendium der Winthrop Rockefeller Foundation für ein Programm, das unterprivilegierten Kindern bei ihren sozialen, psychologischen und wirtschaftlichen Problemen helfen und ihre Chancen in der Schule verbessern sollte. Im November desselben Jahres erhielt sie von der William T. Grant Foundation im Rahmen der Kommission für Arbeit, Familie und Bürgerrechte den Auftrag, eine Studie über »Die Jugend und die Zukunft Amerikas« zu erstellen. Im gleichen Monat wurde sie in den Vorstand der Wal-Mart, Inc. in Bentonville berufen. Währenddessen bewarb sich Bill erneut um das Gouverneursamt. Bei den Vorwahlen mußte er sich unter anderem gegen Orval Faubus durchsetzen. Für die Republikaner kandidierte Frank White, der sein letztes Rennen durch persönliche Angriffe auf die Clintons gewonnen hatte, und die 1986er Kampagne versprach ebenfalls ziemlich häßlich zu werden.

Chelsea war inzwischen zu groß, um die Verunglimpfungen, die während des Wahlkampfs im Fernsehen zur Sprache kamen, nicht mitzukriegen; zu klein zwar, um zu verstehen, daß sie nicht unbedingt wahr sein mußten, aber alt genug, um zu wissen, daß es weh tat, wenn man mit Steinen beworfen wurde. Hillary und Bill beschlossen, daß es an der Zeit war, sie mit den Schattenseiten des politischen Lebens vertraut zu machen.

»Als feststand, daß wir uns 1986 wieder zum Wahlkampf stellen würden, erklärten Bill und ich ihr beim Abendessen, daß bei politischen Wettkämpfen Leute manchmal gemeine und falsche Dinge über andere Leute sagen. Da kriegte sie ganz große Augen und fragte: ›Was denn?‹ Und ich sagte: ›Stell dir mal vor, du wärst Daddy?‹ Sie war damals sechs. ›Weshalb solltest du Gouverneur werden?‹ Und sie sagte: ›Ich sollte Gouverneur werden, weil ich meine Sache gut gemacht habe.‹ Und ich sagte: ›Okay, aber da kandidiert jemand gegen deinen Daddy und der wird aufstehen und sagen: ‚Bill Clinton hat seine Sache ganz schlecht gemacht. Er kümmert sich nicht um die Leute, er ist ein schlechter Mensch.'‹ Ihre Augen wurden noch größer und sie sagte: ›Warum sollten die so was sagen?‹ Und ich antwortete: ›Weil sie selbst von den Leuten gewählt werden wollen‹«, so Hillary gegenüber der *Washington Post.*

Gay White und Hillary Clinton standen sich ebenfalls feindlich gegenüber. In der lokalen Presse beschuldigte Mrs. White Hillary Clinton, sie sei eine First Lady, die ihre Position »schamlos ausnutze«. Frank White warf ihr einen Interessenkonflikt vor, weil sie finanziell von dem Anleihengeschäft profitiere, das die Anwaltskanzlei Rose für die Regierung abwickelte. In einer morgendlichen Radiosendung behauptete er, sie hätte dabei 500000 Dollar verdient. Die Anwaltskanzlei Rose hatte bei jedem Anleihengeschäft der Arkansas Development Finance Authority, einer Behörde, die seit 1983 eine Schlüsselrolle im Wirtschaftsprogramm des Gouverneurs gespielt hatte, entweder die staatliche oder die Käuferseite juristisch vertreten. Clinton gab zu, daß seine Frau finanziell davon profitiert habe, stritt aber ab, daß da ein Interessenkonflikt vorläge. Meldungen des *Arkansas Democrat* zufolge ergaben Berechnungen auf der Grundlage von Zahlen, die die ADFA zur Verfügung gestellt hatte, daß die gesamte Kanzlei Rose nur 159000 Dollar aus ihrer Tätigkeit als Berater bei sechs von zwanzig Anleihengeschäften während der letzten drei Jahre eingenommen hatte.

Hillary forderte White schließlich auf, seine eigenen Einnahmen aus Staatsgeschäften aus jener Zeit offenzulegen, als er bei der Stephens Inc. beschäftigt war, der größten Investmentbank in Little Rock, dann würde sie auch ihre eigenen Einnahmen aus dem Anleihengeschäft bekanntgeben. Sie und Gouverneur Clinton schlugen vor, ihre jeweiligen Steuererklärungen offenzulegen, aber Frank und Gay White lehnten das ab.

Um den Angriffen der Whites etwas entgegenzusetzen, ging Clinton in seinem Wahlkampf sehr stark auf die Arbeit ein, die Hillary seit 1983 auf dem Bildungssektor geleistet hatte. Der Ausspruch »zwei zum Preis von einem« in bezug auf Bill und Hillary fiel zum erstenmal kurz nach der 1986er Wahl, denn viele Wähler erklärten Journalisten gegenüber, sie hätten für den Gouverneur gestimmt, weil sie damit auch seine Frau wählten. In seiner Rede nach dem Wahlsieg dankte er ihr, daß sie so treu an seiner Seite gestanden habe. »Ich bin stolz, daß sie diesen Weg heute abend mit mir zurückgelegt hat«, sagte er unter einem Beifall, der noch stärker zu sein schien als der, mit dem er empfangen worden war. »Ich glaube, wenn einst die Geschichte unseres Staates geschrieben wird, wird man feststellen, daß niemand mehr für das Wohl unserer Kinder und die Zukunft dieses Staates getan hat als sie.«

Das war für Bill und Hillary Clinton die erfolgreichste Zeit in Arkansas. Sie hatten furchtbar viel zu tun. Ein für Hillary durchaus normaler Tag konnte folgendermaßen aussehen: Nach der Arbeit in der Anwaltskanzlei gab es noch eine Konferenz, einen Cocktail-Empfang in der Gouverneursresidenz, die Eröffnung einer Museumsausstellung und eine Dinner-Party, wobei sie ihre erste Mahlzeit nach einem Mittagessen aus dem Automaten häufig erst um zehn Uhr abends einnahm. Während eines öffentlichen Empfangs ergatterte sie sich zum Abendessen oft nur ein paar Vorspeisenhäppchen aus der Küche. Sie und Bill sahen sich kaum. Wenn Hillary konnte, blieb sie nachts lange auf und wartete auf ihn. Andernfalls sahen sie sich nur, wenn sie zwischen zwei Terminen zusammen im Auto fuhren.

Sie bemühten sich sehr, Zeit füreinander zu finden, um sich zu entspannen und über bestimmte Dinge zu reden. Das war sehr wichtig für Hillary. Man konnte sich so leicht von dem Gouverneursposten auffressen lassen, daß keine Zeit für den Partner, für sich selbst und für die Freunde blieb.

»Wir pflegen unsere privaten Kontakte kaum«, erklärte sie 1986 gegenüber der *Arkansas Gazette*. »Wir besuchen gern unsere Freunde, aber wir kommen fast nie dazu. Einmal im Monat, wenn überhaupt.«

Sie nahm sich allerdings immer Zeit für Chelsea. Das war ihre größte Freude. Als sie in die Schule kam, fuhr Hillary sie morgens hin und genoß diese Zeit, die sie zusammen verbrachten. Sie bewahrte all die kleinen Geschenke auf, die Chelsea ihr machte, zum Beispiel eine Kette aus Plastikperlen, die sie einmal in Washington gebastelt hatte, nachdem sie die glitzernden Juwelen bei vielen anderen Politikergattinnen gesehen hatte. Hillary trug die Kette am nächsten Tag bei einem offiziellen Mittagessen. Falls der Chauffeur das irgendwie merkwürdig fand, ließ er es sich nicht anmerken. Chelsea war sehr stolz.

1986 wurde Hillary Clinton gefragt, ob sie Pläne für eine eigene politische Karriere habe. Sie antwortete, sie habe selbst keinen politischen Ehrgeiz. »Das überlasse ich Bill. Dafür ist mir mein Privatleben viel zu wichtig«, sagte sie gegenüber der *Gazette*. Sie erwähnte dabei allerdings nicht, daß Bill Clinton daran dachte, für das Amt des Präsidenten zu kandidieren. Das war sein größter Traum.

Es wurden erste Schritte unternommen, um die Maschinerie für den Vorwahlkampf in Gang zu setzen. Man telefonierte, machte sich Gedanken über eventuelle Berater. Hillary stellte sich auf ein, wie sie wußte, sehr schmutziges Rennen ein. Sie bereitete auch Chelsea darauf vor. Trotzdem war sie aufgeregt. Hatte sie doch die Chance, die First Lady des ganzen Landes zu werden.

Am 15. Juli 1987 fand in Little Rock eine Pressekonferenz statt. Alles deutete darauf hin, daß Bill Clinton in Kürze seine Präsidentschaftskandidatur bekanntgeben würde. Es gab mehr oder weniger offensichtliche Hinweise. So hatten die Clintons gerade in der Nähe der Cantrell Road in Little Rock für Hillarys Eltern eine Eigentumswohnung gekauft, vermutlich damit sie auf Chelsea aufpassen konnten, während sie selbst unterwegs waren.

Dutzende von Reportern und Gästen des Gouverneurs flogen in Little Rock ein. Einige folgten der Einladung zu einem Mittagessen in seinem Amtssitz, in dessen Verlauf man seine Erklärung erwartete. Andere bauten nur ihre Ausrüstung für die Pressekonferenz auf. Alles war bereit. Die Pressekonferenz war schon seit acht Tagen geplant gewesen, und man ging allgemein davon aus, daß Clinton sie nutzen würde, um die Bildung eines vorbereitenden Wahlausschusses anzukündigen. Der große Ballsaal des Excelsior Hotels war bis auf den letzten Platz besetzt. Überall drängten sich Fernsehteams und Leute aus dem ganzen Land. Doch dann ging etwas schief. Der Gouverneur und seine engsten politischen und persönlichen Freunde, die er zum Mittagessen eingeladen hatte, machten den Eindruck, als seien sie von starken Emotionen aufgewühlt – und zwar von schlechten. Und dann kam heraus, daß er, als man gerade beim Geflügelsalat war, im Speisesaal seines Amtssitzes angekündigt hatte, daß er nicht kandidieren werde. Er sagte, er habe lange mit Hillary darüber gesprochen, daß sie bei diesem Wahlkampf mit Gerüchten über seine Seitensprünge bombardiert werden würden, und sie hätten beschlossen, daß es das nicht wert sei, jedenfalls nicht zu diesem Zeitpunkt. Chelsea war erst sieben.

Mit Tränen in den Augen gab Bill Clinton offiziell bekannt, daß er sich nicht um eine Nominierung bemühen wolle. »Mein Herz sagt nein«, erklärte er im Rahmen einer einstündigen Pressekonferenz. »Unsere Tochter ist sieben Jahre alt. Sie ist für uns der wichtigste

Mensch auf der Welt und unsere größte Verantwortung. Um einen erfolgreichen Wahlkampf zu führen, müßten Hillary und ich sie für längere Zeit allein lassen. Das wäre nicht gut für sie und für uns.«

Als er das Versprechen erwähnte, das er sich selbst gegeben hatte: »... vor langer Zeit... wenn ich jemals das Glück hätte, ein Kind zu haben, dann sollte es nicht aufwachsen und sich fragen, wer denn sein Vater sei«, wischte sich Hillary eine Träne aus dem Gesicht.

Er habe sich bereits vor sieben Tagen umentschieden, sagte er, aber er habe die Ankündigung bis zu der Pressekonferenz an diesem Dienstag hinausgezögert, weil er dadurch »Zeit gehabt hätte, es sich noch einmal zu überlegen«.

»Es war schockierend und gleichzeitig sehr bewegend«, sagt Max Brantley, der Herausgeber der *Arkansas Times.* »Im Saal drängten sich die Teams der einzelnen Fernsehsender und Leute von überallher. Und die meisten dieser Leute, Bills Freunde und politische Verbündete, warteten auf seine Ankündigung, daß er für das Präsidentenamt kandidieren würde. Es war eine der bewegendsten Reden, die er je gehalten hat. Er las nicht vom Blatt, er sprach aus dem Herzen. Alles wirkte sehr echt. Seine Worte waren von großem Bedauern und tiefen Gefühlen begleitet, und er schien die besten Absichten zu haben. Für mich war es das Bild eines Politikers, der auf die Chance verzichtete, etwas zu tun, für das er, wie ich wußte, seit ich ihn das erste Mal gesehen hatte, eindeutig bestimmt war. Es schien mir eine sehr selbstlose Entscheidung zu sein.«

An diesem Abend gaben einige Freunde von Bill und Hillary eine Party. Carolyn Staley ließ ein Spruchband mit der Aufschrift »Welcome Home, Bill« herstellen, das der Schildermaler rot, weiß und blau koloriert hatte. Sie hängte es an ihre Hauswand, um die Clintons willkommen zu heißen.

Später gaben sowohl Bill als auch Hillary wohldurchdachte, rationale Erklärungen ab, weshalb Bill nicht kandidierte. Hillary machte das Beste aus der Situation, indem sie die Art, in der die Medien mit dem Privatleben von Gary Hart und anderen Politikern umgingen, eine »Rückkehr zu festen Werten« nannte. Damit war sie wieder bei einem ihrer Lieblingsthemen und sprach von einem »Symptom, einem Zeichen für ein größeres Problem«, das mit Leuten zu tun hat, »die sich nach Vorbildern und Beispielen umsehen. Wir haben wirklich die Orientierung verloren«, erklärte sie dem *Arkansas Democrat.* »Es ist heutzutage sehr schwer, mit seinem Leben zufrieden zu sein... Und deshalb betrachte ich all diese Geschichten und Behauptungen, oder was immer sie auch sein mögen, als verzweifelten Versuch der Presse, herauszufinden, was wirklich vor sich geht... Und was wirklich vor sich geht ist... daß die Leute sich entschlossen haben, mehr Zeit mit ihren Kindern zu verbringen... daß sie ein inneres Gleichgewicht finden wollen... Was da vor sich geht ist wirklich interessant, es schreibt bloß niemand darüber. Weil es noch niemand versteht.«

Diese umständliche Erklärung konnte kaum ihren Schmerz über Bill Clintons offenes Eingeständnis gegenüber der *New York Times* kaschieren: »Es tut so weh, diesen Traum aufzugeben.«

Bill hatte irgendwann im Sommer mit Gary Hart telefoniert. Der Wirbel, der um den Kandidaten aus Colorado gemacht worden war, und wie tief man in dessen Privatleben herumgeschnüffelt hatte, das alles hatte Clinton sehr betroffen gemacht. Als er kurz darauf Chelsea und Max Brantley beim Softballspiel zusah, schüttelte er traurig den Kopf.

»Gibt es nicht einen Punkt im Leben eines Menschen, eines Politikers«, sagte er nachdenklich vor sich hin, als ob er zu einer unsichtbaren Zuhörerschaft auf dem Spielfeld spräche, »an dem die Dinge, die er in der Vergangenheit getan hat, vergessen werden? Es gibt niemanden auf der Welt, der nicht irgendwann etwas getan hat, das ihm später peinlich ist. Wird das nie verziehen? Gehört das nie der Vergangenheit an?«

Im Zusammenhang mit Gary Hart ist es durchaus berechtigt anzunehmen, daß Bill Clinton hier von einer Absolution durch die Öffentlichkeit, durch das Land sprach. Doch im nachhinein kann man sich genausogut fragen, ob er hier nicht auch an Hillary dachte.

Daß die Clintons zu der Zeit schwere Eheprobleme hatten, geht unter anderem aus Bill Clintons Äußerung gegenüber Steve Kroft hervor: »Wenn wir vor drei oder vier Jahren unsere Ehe für gescheitert erklärt hätten... wenn wir uns hätten scheiden lassen... dann wäre ich heute nur halb so viel ohne sie und Chelsea.« Was sich wirklich in privaten Gesprächen zwischen Bill und Hillary abspielte, damals oder 1984 oder 1980, oder wann immer sie, wie alle Ehepaare, Probleme hatten, wird man nie erfahren. Hillary beharrt auf ihrer Überzeugung, daß es einen gewissen »privaten Bereich« in ihrer beider Leben geben muß, und die wenigen Freunde, mit denen sie über ihre Probleme gesprochen hat, werden dieses Vertrauen niemals mißbrauchen. Sie ist außerdem extrem vorsichtig und hat sich nur sehr wenigen engen Freunden vollkommen anvertraut. Gegenüber *Newsweek* erklärte sie: »Was für uns zählt ist, daß wir immer miteinander geredet haben. Wir haben nie versucht, Problemen auszuweichen, wir haben uns immer mit allem auseinandergesetzt. Manchmal gibt es Schwierigkeiten, weil Leute überarbeitet sind und die Geduld verlieren. Auch in Ehen gibt es Krisen, weil man beispielsweise Probleme mit anderen Familienmitgliedern hat, wie das bei uns der Fall war. Das kann sehr stressig sein. Alles mögliche kann passieren, und ich halte es für falsch, öffentlich darüber zu reden. Ich halte nichts von irgendwelchen Bekenntnissen, weil man aus meiner Sicht einer Beziehung schadet, sie untergräbt, wenn man Fremden Einblick gewährt. Wir reden über Dinge, die unsere Ehe betreffen, nicht mit der Familie oder mit Freunden. So sind wir nun mal, und so leben wir. Und ich glaube, daß die meisten Leute so leben.«

Selbst wenn Hillary Clinton mit Freunden gesprochen hat, ist es unwahrscheinlich, daß sie sich besonders ausführlich über ihre Probleme ausgelassen oder ihr Herz ausgeschüttet hat. Das ist nicht ihre Art, sich Freunden gegenüber zu verhalten.

»Es geht ihr stets mehr darum zu helfen, als um Hilfe zu bitten«, sagt Nancy Snyderman. »Selbst in stürmischen Zeiten würde sie niemals sagen, ›hilf mir, mein Leben in den Griff zu kriegen‹. Sie breitet ihr Leben eben nicht vor allen Leuten aus.« Ein derartiges Eingeständnis von Schwäche wäre überhaupt untypisch für ihre Art, mit Gefühlen umzugehen.

»Hillary hat eine erstaunliche Fähigkeit, ihre persönlichen Gefühle auszuschalten, damit sie ihr bei ihrer Arbeit nicht im Weg sind«, meint Betsey Wright.

Das ist zwar eine bewundernswerte, aber auch etwas fragwürdige Eigenschaft, da unterdrückte Gefühle normalerweise irgendwann hervorbrechen. Man sollte annehmen, daß Hillary Clinton trotz ihrer Arbeit, ihrer Familie und ihrer Kirche der Schmerz nicht ganz erspart geblieben sein kann, den Bill nach eigenen Worten seiner Ehe zugefügt hat. Aber das ist reine Spekulation. Das gilt auch für die meisten Geschichten, die über ihre Beziehung verbreitet worden sind. Das Veröffentlichen von Theorien über die Ehe der Clintons scheint sich allmählich zu einem eigenständigen Gewerbezweig auszuweiten, ähnlich wie für Gennifer Flowers das Verkaufen von Geschichten. Die Theorien sind teilweise sehr banal, teilweise aber auch äußerst kreativ. Eine davon besagt, daß die Clintons früher eine »offene Ehe« geführt hätten, in der beide sich die Freiheit für Affären nahmen. Solche Erfindungen, die als Tatsachen ausgegeben worden sind, machen den größten Teil der ständig wachsenden Clinton-Legende aus und stammen aus so unterschiedlichen Quellen wie der Feder von John Robert Starr, von *Vanity Fair* und dem *National Enquirer*, ganz zu schweigen von den unzähligen Klatschblättern.

Starrs Geschichte ist besonders ausgefeilt:

»Meine Theorie über Bill Clintons Affäre lautet, daß er in der Zeit, als er nicht im Amt war, als er eine Niederlage erlitten hatte, glaubte, er habe sich verliebt. Nicht in Gennifer Flowers. Und ich glaube auch nicht, daß es ein flüchtiges Abenteuer war, eine Sache für eine Nacht. Ich glaube allerdings auch nicht, daß es sehr lange anhielt. Ich glaube, als Bill 1987 in Erwägung zog, für die Präsidentschaft zu kandidieren, und diese Geschichte mit Gary Hart passierte, da wurde ihm klar, daß man ihm die gleichen Fragen stellen würde, und er zog sich zurück, nicht weil Chelsea erst sieben Jahre alt war – der Kampf ums Weiße Haus wird einem Kind von sieben sehr viel weniger schaden als einem von elf –, er schmiß das Handtuch, weil er Hillary von dieser Geschichte nichts gesagt hatte. Denn ihm war klar, wenn das während des Wahlkampfs rauskäme und Hillary ihn verließe, dann wäre er erledigt, genau wie er in diesem Jahr erledigt gewesen wäre, wenn Hillary nicht zu ihm gehalten hätte. Ich glaube, daß er ihr dann die volle Wahrheit erzählt hat. Es wäre töricht gewesen, das nicht zu tun. Inzwischen ist die Sache lange her. Ich glaube, er hat ihr die Wahrheit gesagt, und sie hätte nicht zu ihm gehalten, wenn da eine ganze Reihe von Frauen im Spiel gewesen wären.

Berichten zufolge war das eine sehr harte Zeit. Ihre Gefühle waren verletzt, wie das bei jeder Frau der Fall gewesen wäre. Sie ist nämlich nicht diese eiskalt berechnende, politische Maschine, die man aus ihr machen wollte.«

Starrs Theorie rief schallendes Gelächter bei Hillarys Freunden hervor, aber auch einige wütende Kommentare.

»Das hört sich an, als hätte man Bob Starr irgendwann wegen Tollwut von der Leine gelassen, aber er ist immer noch da. Er ist nicht gestorben, sondern einfach bösartig«, sagt Connie Fails.

Andere Freunde streiten ab, daß die Clintons jemals so etwas wie eine offene Ehe geführt hätten. Sie waren niemals getrennt, bemerkten sie, und gerade in Little Rock hätten sie nicht die Möglichkeit gehabt, eine alternative Form von Ehe auszuprobieren, die die meisten von Clintons Wählern abgelehnt hätten. »Sie sind niemals getrennte Wege gegangen, und ich hatte auch nicht den Eindruck, daß sie nur wegen der öffentlichen Meinung zusammengeblieben sind«, sagt Ellen Brantley.

Trotz aller Probleme in ihrer Ehe haben die Clintons wiederholt betont, daß sie nie eine Scheidung in Erwägung gezogen haben. In einem Gespräch mit David Frost geriet Hillary bei diesem Thema allerdings ein wenig ins Stocken.

»Nicht ernsthaft«, sagte sie, als Frost sie fragte, ob sie jemals von *Scheidung* gesprochen hätten.

»Nein, nein«, sagte sie. »Ich habe nie daran gezweifelt – und er auch nicht –, daß wir uns lieben und daß wir zusammengehören. Diese Liebe ist so sehr ein Teil von uns, daß es unvorstellbar wäre, sie aufzugeben.«

Bei einem Interview mit *Glamour* im Spätsommer äußerte sie sich konkreter: »Bill und ich haben uns immer geliebt«, sagte sie. »Keine Ehe ist perfekt, aber bloß weil sie nicht perfekt ist, ist das noch kein Grund, sie aufzugeben. Eine Ehe entwickelt sich ständig und verändert sich. Wir können nicht einfach sagen ›Nun, das ist nicht ideal‹ und uns scheiden lassen. Ich bin stolz auf meine Ehe. Ich habe Freundinnen, die nicht geheiratet haben, oder die geheiratet haben und keine Kinder wollten, oder die geheiratet haben und sich dann scheiden ließen, oder die ihre Kinder allein erzogen haben. Das ist alles okay, das ist ihre Entscheidung. Meine ist eben anders. Ein wichtiger Teil meines Lebens sind Bill und Chelsea.«

»Beide hielten an ihrer Ehe fest und haben hart dafür gekämpft«, sagt Betsey Wright. »Es ist keine offene Ehe. Sie funktioniert nicht auf der Basis, daß jeder tun und lassen kann, was er will. Es dauert lange, bis die Wunden, die durch Treulosigkeit in einer Beziehung aufgerissen werden, wieder verheilen. Das ist wie Medizin, wie eine Therapie, körperliche und seelische Therapie, und das haben sie durchgemacht, und es hat sich gelohnt. Ich glaube, daß ihre Ehe gestärkt daraus hervorgegangen ist. Ich glaube, daß sie im Verlauf dieses Prozesses in der Lage waren, einander zu sagen, was der eine dem anderen bedeutet. Wissen Sie, ich habe viele Freunde, deren Ehen sind zwar stabil, aber reine Routine. Das ist es bei Bill und

Hillary nicht. Sie sehen ihre Ehe immer wieder als neue Verpflichtung.«

Allem Anschein nach war die Ehe der Clintons, nachdem sie sich über Bills Seitensprünge ausgesprochen hatten, glücklicher und stabiler als je zuvor. »Wir mußten uns einfach mit unseren Eheproblemen auseinandersetzen und eine Lösung finden«, sagte Hillary in einem Gespräch mit *People*.

Das Bild dieser beiden Menschen, die sich leidenschaftlich darum bemühen, ihre Probleme zu lösen, ist schon recht ergreifend. Doch auch die Frage, wieviel Chelsea von all dem gesehen oder gehört hat, beschäftigt die Gemüter. Im Dezember gab der *National Enquirer* darauf eine eher amüsante Antwort. In dieser Ausgabe, die auch mit einem Artikel aufwartete, der die Überschrift trug: *Neue Katze des Weißen Hauses kurz vor Nervenzusammenbruch – Bisher unveröffentlichtes Material* und Fotos von einem sehr verstört aussehenden Socks mit Leine, Halsband und Glöckchen enthält, enthüllt der *Enquirer* auch *Die intimen Geheimnisse der neuen First Lady*, unter anderem die Tatsache, daß die neunjährige Chelsea 1989 kurz nach Weihnachten schluchzend gefragt hat:

»Mommy, warum hat Daddy dich nicht mehr lieb?« und Hillary damit veranlaßt hat, etwas für ihre Ehe zu tun. Der Artikel berichtete ferner aufgrund von Informationen eines ungenannten »Freundes«, daß Hillary, die bis dahin die wiederholten Gerüchte über Bills Affären ignoriert hatte und sich »so stark von ihm entfremdet hatte, daß ich schon nicht mehr an den Fortbestand unserer Ehe glaubte«, in diesem Jahr »verzweifelte« Schritte unternahm. So ging sie unter anderem zu einer Eheberatung, wandte sich an ihren Priester (wobei beide weinten) – und kaufte sich aufreizende Unterwäsche. Der Höhepunkt dieser Geschichte war, als eine ungenannte »Quelle in der Gouverneursresidenz« berichtete: »Bei ihren Auseinandersetzungen konnte es ganz schön laut werden. Einmal haben Hillary und Bill sich in seinem Büro gestritten, und als sie hinausstürmte, stand er oben auf der Treppe und brüllte: ›Ich bin immer noch der Gouverneur hier, du Miststück, vergiß das bloß nicht!‹« Gerüchte, denen zufolge Socks die Geschichte dem *Enquirer* verkauft habe, blieben bisher unbestätigt.

Nach dem unerfreulichen Sommer 1987 ging das Leben für die Clintons mehr oder weniger weiter wie gewohnt. Im Herbst arbeitete Hillary in einem Sonderausschuß, der von Bundesrichter Henry

Woods eingesetzt worden war, um Möglichkeiten zu erarbeiten, wie man durch Rassenzugehörigkeit definierte Schulen – also Schulen mit 75 Prozent oder mehr schwarzer Schüler – abschaffen könnte. Im selben Jahr ernannte Robert MacCrate, ein im Ruhestand lebender ehemaliger Partner der Kanzlei Sullivan und Cromwell in New York und derzeitiger Präsident der American Bar Association [Vereinigung amerikanischer Anwälte], Hillary Clinton zur ersten Vorsitzenden der neu geschaffenen, aus zwölf Mitgliedern bestehenden Commission on Women and the Profession innerhalb der ABA. Bis dahin hatten Frauen in der ABA nur eine sehr unbedeutende Rolle gespielt. Hier lag eine Chance, frauenspezifische Probleme zu einem Thema der ABA zu machen und Frauen stärker in die Arbeit der Vereinigung zu integrieren. Es war Hillarys Idee, von jeder Sektion der ABA eine Bestandsaufnahme zu machen, um festzustellen, wie viele Frauen mitarbeiteten und auf welcher Ebene. Sie leitete Anhörungen und ließ sich über die Probleme berichten, mit denen Frauen in Anwaltskanzleien, bei Gericht und während des Jurastudiums konfrontiert waren. Aufgrund dieser Anhörungen wurden Berichte erstellt. »Hillary gelang es, eine Reihe von konstruktiven Veränderungen innerhalb der Vereinigung in Gang zu setzen, wodurch sich auch die Zusammensetzung der Vereinigung entscheidend verändert hat.« Die ABA, sagte McRate, »war früher eigentlich ein reiner Männer-Club«. Er glaubt, daß durch Hillary Clintons Arbeit ein größerer Anteil von Frauen in der ABA aktiv ist.

»Man hat mir gesagt, daß es eine meiner besten Entscheidungen war, Hillary zur Vorsitzenden dieses Ausschusses zu machen«, sagt er.

1988 wurde den Clintons gemeinsam der National Humanitarian Award der National Conference of Christians and Jews verliehen. Bürgermeister Andrew Young aus Atlanta sprach bei der Versammlung in Little Rock lobend über beide und stellte ihre Partnerschaft, die vom Engagement für das öffentliche Wohl und füreinander geprägt sei, als Vorbild für andere Paare dar, wenn die Ehe auch in Zukunft noch eine Bedeutung haben sollte.

1989 begleitete Hillary Clinton ihren Mann zu dem vom Präsidenten einberufenen Bildungsgipfel an der University of Virginia. Sie nahm an den Sitzungen teil, durfte jedoch als Ehefrau keine Redebeiträge leisten. Immerhin konnte sie bei einem Mittagessen ein paar Bemerkungen an ihren Tischnachbarn George Bush loswerden.

»Mr. President«, sagte sie, »je nachdem, welche Statistik man zugrunde legt, stehen wir in puncto Säuglingssterblichkeit in der Welt an 17. oder 18. Stelle.«

»Hillary, wovon reden Sie da?« antwortete er, wie sie Sam Donaldson letztes Jahr berichtete. »Alle Welt beneidet uns um unser Gesundheitssystem.«

»Nicht wenn man sein Kind durchbringen will, bis es ein Jahr alt ist«, antwortete sie. Sie sagte zu Bush, sie würde am Abend in ihrem Hotelzimmer die Statistik raussuchen, damit Bill sie ihm am nächsten Tag geben könnte.

»Ich besorge mir selbst eine Statistik«, sagte er.

Am nächsten Tag drückte Bush Bill Clinton einen Notizzettel in die Hand. »Sagen Sie Hillary, sie hatte recht«, stand darauf.

In diesem Jahr trat Betsey Wright zurück. Sie sagte, es sei wegen Erschöpfung, aber Mitarbeiter aus ihrem Umkreis streuten das Gerücht aus, daß sie mit dem Gouverneur aneinandergeraten war – wegen der brüsken Art, mit der sie mit zahlreichen Parlamentariern umgegangen war. Anderen Gerüchten zufolge hatte es einen Streit zwischen Betsey Wright und Hillary Clinton gegeben.

Jerry Russell, ein politischer Berater aus Little Rock, sagte, er habe von einem – nicht namentlich benannten Lobbyisten erfahren, Betsey Wright habe eine »ernsthafte Meinungsverschiedenheit« mit Hillary in der Frage gehabt, ob Clinton sich um eine Wiederwahl bemühen sollte. »Hillary meint, Bill sollte sich zur Wiederwahl stellen, und Betsey meint, er solle das nicht tun«, sagte Russell gegenüber einer Gruppe von Führungskräften aus Wirtschaft, Industrie und Politik des Bundesstaates Arkansas. Auch wenn er kürzlich in einem Interview diese Behauptung »eher eine Meinungsäußerung als eine Tatsache« genannt hat, haben seine Worte damals erheblich dazu beigetragen, eine angespannte Atmosphäre im Clinton-Lager zu erzeugen und gewisse in der Hauptstadt kursierende Gerüchte über Machtkämpfe hinter den Kulissen der Clinton-Administration zu bestärken.

Es ging um die Frage, ob Bill noch einmal für das Amt des Gouverneurs kandidieren sollte. Die Wähler mußten damit rechnen, daß er sich 1992 um die Präsidentschaft bewerben würde, was bedeutete, daß er sie mitten in der vierjährigen Amtszeit verlassen würde (in Arkansas hatte man die Amtszeit des Gouverneurs von zwei auf vier Jahre verlängert). Clinton antwortete ausweichend auf Fragen, ob er erneut zu kandidieren beabsichtige. Und als er einmal sagte, er habe es vor, sprach er hinterher von einem »Versprecher«.

Zu Beginn des Wahlkampfjahres 1990 wurde Hillary Clintons Name als Kandidatin für den zweiten Distrikt im Kongreß erwähnt. Sie wurde von Jim Guy Tucker unterstützt, dem früheren demokratischen Abgeordneten aus dem Distrikt. »Das könnte für Bills eventuelle Pläne sehr nützlich sein«, sagte er. Er fügte allerdings hinzu, daß er bisher noch keine Stellungnahme von Hillary gehört hätte.

Als ihre Popularität 1989 ihren Höhepunkt erreichte, gab es ernsthafte Gerüchte, daß Hillary selbst im nächsten Jahr anstelle ihres Mannes für den Gouverneursposten kandidieren wolle. Die Clintons, die später derartige Gerüchte energisch bestritten haben, taten damals wenig, um sie zum Verstummen zu bringen. Im August erklärte Bill Clinton gegenüber der Lokalpresse, daß seine Frau eine »wunderbare« und »unglaublich gute« Gouverneurin abgeben würde. Aber er wollte sich nicht dazu äußern, ob sie bereit sei zu kandidieren, falls er auf seine Wiederwahl verzichtete. »Ich kann nicht für sie sprechen«, erklärte er den Journalisten. »Das ist nicht meine Sache.« Er sagte allerdings, wenn Hillary bereit wäre zu kandidieren, »dann hätte das großen Einfluß auf meine eigene Entscheidung«, ob er sich noch einmal um den Gouverneursposten bemühen werde oder nicht.

Meredith Oakley vom *Arkansas Democrat* unterstützte eine Kandidatur Hillary Clintons und benutzte sogar ziemlich harsche Worte. Zunächst nannte sie das Gerücht eine Tatsache und schrieb dann: »Schließlich wäre sie nicht die erste starke, kompetente und brillante Frau, die für einen schwächeren, weniger kompetenten und weniger brillanten Mann zurücksteht.«

Die Idee, Hillary für den Gouverneursposten kandidieren zu lassen, wurde tatsächlich sehr ernst genommen. Whit Stephens, der legendäre Finanzier, verbreitete sie in den Räumen seiner Investmentbank, der Stephens Inc. Ihm gefiel die Vorstellung. Schließlich begann auch Hillary, Gefallen daran zu finden.

»Kurzfristig trug Hillary sich tatsächlich mit dem Gedanken zu kandidieren«, sagt Max Brantley. »Gewiß haben einige Leute das Vorhaben forciert. Ich glaube, für kurze Zeit war auch sie davon fasziniert. Es wurde soviel darüber geredet, daß man kaum glauben kann, daß die Kandidatur nicht zumindest vorübergehend ernsthaft in Erwägung gezogen wurde.«

Hillary Clinton hat diesen Gerüchten beharrlich und bestimmt widersprochen.

»Seit dem achten Schuljahr haben mich die Leute immer wieder gedrängt, ein öffentliches Amt zu übernehmen«, sagte sie gegenüber *Glamour*. »Die Leute glauben, weil ich mich so sehr für öffentliche Probleme interessiere, sollte ich selbst für ein Amt kandidieren. Ich will aber nicht kandidieren. Als es 1990 so aussah, als ob Bill sich nicht zur Wiederwahl stellen würde, riefen mich Dutzende von Leuten an, die mir nahelegten zu kandidieren. Aber ich hatte kein Interesse daran. Jemand, der in so ein Amt gewählt wird, muß sich mit vielen Dingen auseinandersetzen, das sehe ich an Bill. Oft sind es sieben oder acht verschiedene Sachen an einem Tag. Aber er kann das gut. Mich sehe ich eher in der Rolle der Anwältin.«

Doch Brantley beharrt darauf, daß an den Gerüchten etwas dran war. »In Arkansas ist es gängige Praxis, daß ein Politiker sagt, meine Freunde haben mich ermuntert oder gebeten, dies und das zu tun. Doch ich habe immer wieder erlebt, daß Freunde einen nicht ermuntern, wenn man sie nicht ausdrücklich dazu auffordert. Das gibt einem die nötige Deckung, um seine Chancen auszuloten. Ich glaube nicht, daß sich diese Sache längere Zeit hinzog. Es war nur ein kleiner Versuchsballon, doch es steht außer Frage, daß er lanciert wurde.«

»Wir haben sie alle ermutigt, für ein Amt zu kandidieren«, sagt Ann Henry, eine Bekannte der Clintons aus Fayetteville. »Ich bin davon überzeugt, daß sie früher die Chance gehabt hätte, sich selbst einen Namen zu machen. Doch als sie erst einmal in Arkansas war, auf Bill Clintons Terrain, mußte sie ihre eigenen Ambitionen in der Richtung aufgeben. Wenn Bill irgendwann auf die Kandidatur verzichtet hätte, dann hätten die Leute sich sicher für Hillary entschieden.«

Ob Hillary Clinton jemals eine Wahl in Arkansas gewonnen hätte, ist ziemlich zweifelhaft. Auch wenn sie sich wegen ihrer Bildungsreform und ihrer Arbeit im Gesundheitsbereich großer Popularität im Staat erfreute, bestanden doch immer noch Vorbehalte gegen sie, manchmal sogar regelrechte Ablehnung. Bill Clintons natürlicher Gegner – die Republikaner – lehnten sie, wenn auch höflich, ab, und die ziemlich mächtige religiöse Rechte im Staat sah ihre Rolle als Ehefrau in krassem Widerspruch zur Heiligen Schrift. »Eine kleine Gruppe von Verrückten und Sonderlingen« machte es zu ihrer persönlichen Mission, Hillary eins auszuwischen, sagt Max Brantley. Die Ablehnung aus anderen Lagern war zwar wesentlich profaner, aber genauso weit verbreitet. »Für manche Leute sind Frauen, die offen und ehrlich ihre Meinung sagen, mit beiden Beinen auf der Erde stehen und gut zurechtkommen, ein rotes Tuch«, meint Brantley. »Sie ist freundlich und zugänglich, aber sie strahlt nicht die gleiche Wärme und Gemütlichkeit aus wie Bill. Auf viele Leute in Arkansas wirkt sie bedrohlich.«

Es war sicherlich so, daß sich Hillary im Laufe ihrer diversen Kampagnen bei manchen Leuten den Ruf eingehandelt hatte, penetrant, arrogant und dominierend zu sein. Diese Kritik loderte 1990 erneut auf, als sie in die Pressekonferenz des früheren Freundes und politischen Gegners Tom McRae hineinplatzte.

Während sich Bill Clinton in Washington aufhielt, berief McRae, sein Spitzenherausforderer bei den Vorwahlen der Demokraten, eine Pressekonferenz ein, um ihn in einigen Punkten zu kritisieren, die Clinton seiner Meinung nach nicht befriedigend beantwortet hatte, wie zum Beispiel die Lehrergehälter, die von der Chemiefabrik Vertac verursachte Dioxinvergiftung in Jacksonville, die Waldrodungen sowie die Frage, ob er sich, falls er wiedergewählt würde, während seiner nächsten Amtszeit um einen höheren Posten bewerben würde. Er erinnerte seine Zuhörer daran, daß Arkansas in der Bezahlung der Lehrer immer noch an 50. Stelle von allen Staaten stünde, und das zehn Jahre nachdem die Clintons ihre Ausbildungskriterien und die zu ihrer Finanzierung notwendige, einprozentige Erhöhung der Umsatzsteuer durchgesetzt hätten.

»Das sind die vier Bereiche, die ich ansprechen wollte, doch da der Gouverneur nicht hier ist, möchte ich ihm zumindest die Chance geben zu antworten«, sagte McRae und deutete auf eine Karikatur von Clinton mit vor den Füßen verstreuten Kleidern und der Schlagzeile: *»Der Kaiser hat keine Kleider.«* »Da der Gouverneur nicht mit uns diskutieren wird, werden wir unsere Fragen selbst beantworten«, sagte er.

Hillary Clinton, die angeblich nur zufällig im Kapitol war, »um ein paar Unterlagen zu holen«, kam von hinten hervorgeschossen. Sie wirkte sehr telegen in einem Blazer mit Hahnentrittmuster und Rollkragenpullover, mit Perlenohrringen und einem großen Clinton-Button am Revers.

»Wollen Sie wirklich eine Antwort, Tom? Wollen Sie wirklich eine

Erwiderung von Bill, wenn Sie genau wissen, daß er in Washington ist und die Interessen dieses Staates vertritt? Das kommt mir alles wie ein großer Bluff vor.«

McRae behauptete, daß Clinton sich geweigert habe, mit ihm von Mann zu Mann zu debattieren.

»Tom, jetzt mach aber mal einen Punkt. Wer ist denn zu der Diskussion in Springdale nicht erschienen«, konterte Hillary.

McRae behauptete, daß er aufgrund eines organisatorischen Fehlers vor zwei Wochen als einziger von fünf demokratischen Kandidaten einen Termin verpaßt habe.

Die Kameras schwenkten von McRae zu ihr, und sie zog eine vorbereitete vierseitige Erklärung hervor und begann, Zitate aus Berichten der Winthrop Rockefeller Foundation vorzulesen, die während der vierzehn Jahre, in denen McRae den Vorsitz innehatte, veröffentlicht worden waren. In vielen dieser Auszüge wurde Clinton aus denselben Gründen gelobt, für die ihn McRae jüngst kritisiert hatte, unter anderem in Zusammenhang mit Umweltproblemen, der wirtschaftlichen Entwicklung und der Bildungsreform. Hillary hatte zusammen mit McRae im Vorstand der Stiftung gesessen.

»Ich bin all Ihre Berichte durchgegangen, weil ich von Ihnen sowohl menschlich als auch als Kandidat enttäuscht bin, Tom«, sagte sie.

McRae gab zu, daß er die Berichte entweder abgesegnet oder sogar selbst geschrieben hatte. Er räumte auch ein, daß Clinton in vielen Bereichen einen guten Namen habe.

»Es geht nicht darum, ob er Gutes geleistet hat«, sagte McRae schließlich. »Es geht letztlich darum, ob man nicht jemand anders eine Chance geben sollte. Wenn er nichts weiter tun kann als auszuharren, dann ist es an der Zeit, daß jemand anders eine Chance erhält.«

Hillary zählte auf, was Clinton alles erreicht hatte. Sie gab zu, daß manche Probleme immer noch nicht gelöst seien, fügte aber hinzu: »Meine Güte, Arkansas hat doch allen Grund, stolz zu sein.«

McRae blieb am Mikrophon, aber er war nervös. Die Pressekonferenz war ihm eindeutig entglitten. Er erwähnte einen Bundesbericht vom Anfang des Monats, aus dem hervorging, daß die Bemühungen um die Bildungsreform zum Stillstand gekommen waren.

»Das heißt nicht, daß wir keine Fortschritte machten«, sagte er. »Aber es bleibt alles beim alten.«

Die Kameras schwenkten hin und her. McRae lächelte, Hillary Clinton nicht. Sie war wütend, wie sie später zugab, weil McRae eine Karikatur ihres Mannes zur Schau gestellt hatte, in der er nackt war und die Hände über dem Schritt zusammenhielt.

Dann sagte McRae, daß Clinton sein Wahlkampfversprechen von 1986 nicht gehalten habe, die Dioxinverseuchung der Chemiefabrik Vertac in Jacksonville zu beseitigen, die von der Bundesumweltbehörde als eine der schwersten Umweltverseuchungen im Lande bezeichnet worden war. Außerdem warf er Clinton vor, daß es ihm nicht gelungen sei, die Verbrennung von giftigen Abfällen zu stoppen.

»Man hat Bill Clinton noch nie mangelnde Vorsicht nachsagen können, wenn es um die Gesundheit der Menschen und um den Schutz der Umwelt geht«, erwiderte Hillary.

Hillary räumte später ein, daß sie bei einem Gespräch mit zwei weiteren aussichtsreichen Gouverneurskandidaten der Demokraten bei einem Mittagessen im Bürgerzentrum von McRaes geplanter Pressekonferenz erfahren hatte.

Sie behauptete allerdings, sie hätte das längst wieder vergessen, bis sie – rein zufällig – gegen halb zwei das Kapitol betrat und ein Journalist sie darauf aufmerksam machte. Die Aufzeichnungen, die sie bei sich hatte, seien Hintergrundinformationen, die sie für eine Veranstaltung im Sertoma-Club, im Norden von Little Rock, gebraucht hätte.

Nach dem McRae-Clinton-Debakel bemerkte der Bundesabgeordnete Tommy Robinson, der sich vergeblich um eine Nominierung bei den Republikanern bemüht hatte, daß Hillary seit zehn Jahren der eigentliche Gouverneur von Arkansas sei. Gegenüber der *Arkansas Gazette* sagte er, daß er sich während der ersten Amtszeit des Gouverneurs als damaliger Leiter des Amts für öffentliche Sicherheit »auch schon ihre Schimpftiraden gefallen lassen mußte«. In späteren Interviews mit der *Gazette* milderte er seine Worte, wenn auch nur indirekt. »Aufgrund meiner Tätigkeit in der ersten Administration des Gouverneurs weiß ich, daß Mrs. Clinton manchmal die schweren Entscheidungen getroffen hat, zu denen niemand sonst den Mut hatte.«

»Sie hatte nicht das Recht, sich in die Pressekonferenz einzumischen«, erklärte er gegenüber dem *Arkansas Democrat*. »Das wäre so, als ob meine Frau zu Sheffield Nelsons Pressekonferenz ginge, um ihm die Leviten zu lesen... Wenn meine Frau das täte, was Hillary Clinton getan hat, dann würde sie Ärger mit mir bekommen.«

In dieser Hinsicht hatte Robinson allerdings nichts zu befürchten. Seine Frau hielt mit ihrer Meinung über Hillary nicht hinterm Berg. »Ich hoffe, daß mir nie so etwas passiert«, sagte sie der *Arkansas Gazette*. »Ich hoffe, daß ich meine Gefühle im Zaum halten könnte. Ich meine, das ist besserer Stil. Ich muß zugeben, daß ich manchmal auch am liebsten aufgestampft und losgebrüllt hätte, wenn Tommy von seinen Kritikern und Gegnern angegriffen wurde, aber das wäre gegen mein Naturell.«

Meredith Oakley deutete an, daß Bill Clinton »nicht nur... zu wenig Feuer im Bauch, sondern auch zu wenig Rückgrat hätte«, und warf ihm vor, seine Frau für sich »die Drecksarbeit machen zu lassen«. Doch zwei Tage später konnte Oakley, die als Feministin gilt, Hillary Clinton ihre grollende Bewunderung nicht versagen für die Art und Weise, wie sie »McRae das Essen vom Teller genommen und nicht eher aufgehört hatte, bis sie beim Nachtisch war«.

»Wenn ein Mann so etwas täte«, sagte Hillary gegenüber der *Gazette*, »würden die Leute vermutlich sagen, was für eine große und starke Persönlichkeit er doch sei, wie respekteinflößend und all diese Dinge... Ich habe keine Angst, meine Meinung zu sagen, und wenn einige Leute das in den falschen Hals kriegen, kann ich es auch nicht ändern.«

Diesen Zwischenfall schien die Presse Hillary allerdings viel stärker zu verübeln, als McRae das getan hatte.

»Sie war zwar aggressiv, aber nicht gemein«, sagt McRae. »Mein Bekanntheitsgrad steigerte sich während der nächsten drei Tage um mehr als das Doppelte. Ich meine, vorher hatte ich es schwer, auf die Titelseite des Regionalteils einer Zeitung zu kommen, vom Fernsehen ganz zu schweigen. Und kaum greift die Frau des Gouverneurs in eine Pressekonferenz ein, da bin ich auch schon in den Schlagzeilen. Nach dieser Geschichte wurde meine Kandidatur von der Presse sehr viel ernster genommen. Mein Bekanntheitsgrad stieg von knapp 25 auf 50 Prozent. Und am Ende erhielt ich sogar 40 Prozent der Stimmen bei sechs Kandidaten. Dieser Zwischenfall hat mir sicherlich die größte Publicity während des ganzen Wahlkampfs gebracht.«

Heute sagt er, daß Hillary und er »Freunde« seien. »Wir kennen uns schon ziemlich lange.«

Während des 1990er Wahlkampfs um das Amt des Gouverneurs hatten die Gerüchte um Clintons Seitensprünge erneut Hochkonjunktur. Das Fiasko mit Gary Hart hatte den Appetit der Medien auf Geschichten über das sexuelle Leben von Politikern angeheizt. Larry Nichols, ein ehemaliger Angestellter des Staates, der vor zwei Jahren gefeuert worden war, weil er von seinem Büro aus Telefonate zur Geldbeschaffung für die Contras geführt hatte, strengte nun eine Klage gegen Clinton an, angeblich, um seinen Job wiederzubekommen. In der Klageschrift wurde Clinton allerdings unter anderem beschuldigt, mit fünf Frauen außereheliche Beziehungen gehabt zu haben. Eine davon war Gennifer Flowers.

Die lokalen Medien hatten über den Rechtsstreit berichtet, doch sehr zurückhaltend. Weder die Namen der Frauen noch die genauen Vorwürfe wurden genannt. Nelson wurde nicht als vertrauenswürdige Quelle angesehen. Zwar setzten sowohl der *Arkansas Democrat* als auch die *Gazette* einige Reporter auf die Geschichte an, aber niemand stieß auf konkrete Beweise. Alle fünf Frauen bestritten, jemals eine Affäre mit Clinton gehabt zu haben. Gennifer Flowers drohte einem Rundfunksender sogar mit einer Klage, weil ihr Name in einem Bericht über das Gerichtsverfahren genannt worden war.

Wie üblich mußte Hillary gegen die Frau des republikanischen Herausforderers Sheffield Nelson antreten. Als dieser gefragt wurde, ob er seiner Frau Mary Lynn erlauben würde, »den Staat so wie Hillary zu lenken«, antwortete Nelson stolz, daß das Gegenteil der Fall wäre. Er sagte, seine Frau »bliebe zu Haus«. Doch all das hatte wenig Einfluß auf den Wahlkampf. Bill Clinton hatte seine guten und schlechten Momente. Doch Hillary war als First Lady von Arkansas der Sieg gewiß.

Angesichts des Golfkriegs trug Hillary Clinton 1991 beim Antrittsball ein altes Kleid. Das schien ein schlechtes Omen für den Jahresbeginn. Doch bis zum Sommer lief alles auf Hochtouren. Hillary war mit einem wichtigen Prozeß beschäftigt, und Bill stand kurz vor der Entscheidung, für die Präsidentschaft zu kandidieren.

Max Brantley erinnert sich an ein Gespräch, das er im Frühsommer mit Bill Clinton führte, als beide ihre Kinder, die auf dem Weg ins Sommerlager waren, zum Flughafen brachten. Clinton, sagt er, rang mit der Entscheidung, ob er für die Präsidentschaft kandidieren sollte oder nicht. Hillary, meint Brantley, drängte ihn sehr stark dazu. »Ich glaube zwar nicht, daß sie tatsächlich daran glaubten,

1992 zu gewinnen, aber sie wollten die Wahl für ihre Zukunft benutzen, um sich weitere Anerkennung zu verschaffen«, sagt er.

Es war eine angespannte Zeit, obwohl Hillarys Freunde nichts davon merkten. Connie Fails, die bereits eine Adoptivtochter hatte und ein weiteres kleines Mädchen, das sie in Thailand liebgewonnen hatte, mit nach Arkansas nehmen wollte, erzählt folgende Geschichte. Als es so aussah, daß es mit der Adoption nicht klappen würde, rief sie Hillary mit der dringenden Bitte um einen Empfehlungsbrief an die Vermittlungsstelle an. Man sagte ihr, Hillary sei weggefahren. Sie hinterließ eine Nachricht, daß es sehr dringend sei. Sie hätte nur 36 Stunden, dann würde sie nicht mehr an das Kind herankommen.

Hillary rief zurück, sobald sie die Nachricht erhalten hatte.

»Ich brauche die allerbesten Empfehlungsschreiben, die ich kriegen kann«, sagte Connie. »Da ist noch eine andere Familie, die das Kind haben will.«

»Erzähl mir von dem Kind«, sagte Hillary.

»Sie ist vier Jahre alt«, sagte Connie Fails, »und lebt in einem Waisenhaus in Thailand.«

»Und«, sagte sie, »sie hat keine Arme.«

Einen Moment lang herrschte Schweigen am anderen Ende der Leitung.

»Wo bist du?« fragte Connie.

»Ich bin an einem öffentlichen Fernsprecher am Kansas City Airport und weine«, antwortete Hillary.

»Du brauchst nicht um dieses Kind zu weinen, sie ist wirklich ganz schön zäh«, sagte Connie.

»Ich hab' dich so lieb«, sagte Hillary.

Der Brief lag am nächsten Morgen in der Gouverneursresidenz bereit.

»Ich habe später erfahren«, sagt Connie Fails, »daß sie gerade mitten im größten Prozeß ihrer bisherigen Laufbahn steckte. Und das, zehn Tage bevor Bill seine Kandidatur bekanntgab. Sie hat überhaupt nichts davon gesagt.«

Im Spätsommer schrieb Hillary an ihren ehemaligen Mentor in Wellesley, Alan Schechter: »Wir sind dabei, uns auf ein großes Abenteuer einzulassen.«

Das sollte sich als stark untertrieben erweisen.

Der Wahlkampf 1992

Januar 1992 war alles in allem der beste und zugleich schlechteste Monat für Hillary Rodham Clinton. Um die Präsidentschaftskampagne ihres Mannes, für die sie sich mit Leib und Seele engagiert hatte, hätte es nicht schlechter stehen können. Bill Clinton wurde permanent angegriffen; Zweifel an seiner Integrität und Kritik an seinem Südstaatenstil äußerten nicht nur Jerry Brown und seine jugendlichen Anhänger, sondern auch Paul Tsongas, der prinzipientreue Mann aus Neuengland, neben dessen stoischer Erscheinung jeder mit einem gewissen Stil einfach glatt wirken konnte.

Clinton, dessen Spitzenreiterposition damals nur auf einem fragwürdigen und vagen Vorsprung bei Meinungsumfragen beruhte, wußte seit langem, daß sein Wahlkampf auf unsicheren Füßen stand. Die Gerüchte, die ihn während der achtziger Jahre immer wieder verfolgt und ihm beim Wahlkampf 1990 mit besonderer Bösartigkeit zugesetzt hatten, würden wahrscheinlich nie verstummen. Und Arkansas selbst war politisch gesehen eher eine Belastung, denn seine Gegner nutzten die Bevölkerungsstatistik des Bundesstaates, um bei den Vorwahlen der Demokraten gegen ihn zu polemisieren. Der Staat, den er liebte, bestätigte mal wieder seinen Ruf als ärmster und angeblich korruptester Bundesstaat mit einer erzkonservativen, vom Hinterzimmer aus operierenden Legislative und einer ungebildeten, größtenteils ländlichen und politisch naiven Wählerschaft. Angeblich war allgemein bekannt, daß in Arkansas Gouverneur und Regierung von der Geflügel- und Holzindustrie des Staates beherrscht wurden. Das war wohl kaum eine Gegend, aus der man herausragende und prinzipientreue Politiker erwartete. Als die Vorwahl von New Hampshire bedrohlich näherrückte, blieb dem Clinton-Team noch ein Monat, um »Slick Willie« eine respektable Hülle zu verschaffen.

Wahlkampfmanager James Carville, sein Stellvertreter George Stephanopoulos und Hillary Clinton erarbeiteten zusammen eine Strategie. Damit die Kampagne Aussicht auf Erfolg hatte, würde man allen möglichen Geschichten zuvorkommen müssen, bevor sie durchsickerten, indem man die undichten Stellen entweder mit hieb- und stichfesten Dementis stopfte oder den Gerüchten einen positiven Dreh gab, bevor sie katastrophale Ausmaße annehmen konnten. Man würde Bill Clinton als gutmütigen, wohlmeinenden »Bubba« neu verpacken und damit das »Willie«-Problem kaschieren. Niemand war stärker an dieser Umverpackungsaktion beteiligt als Hillary. 1982 hatte sie ihre natürliche Haarfarbe, ihre Brille und ihren Mädchennamen aufgegeben, um ihrem Mann wieder auf den Gouverneursposten zu verhelfen – und das mit Erfolg. Für das Präsidentenamt war sie bereit, alles aufs Spiel zu setzen. Und zunächst sah es so aus, als ob das funktionierte.

Als die Geschichten über Bills eheliche Untreue überall im Land kursierten, griff Hillary rasch ein. Auf ihr Drängen stellte er sich im September 1991 der Presse – also noch bevor er seine Kandidatur bekanntgab. Das erinnerte an die Werbespots im Fernsehen, für die er damals Sendezeit gekauft hatte, nachdem er die Wiederwahl zum Gouverneur von Arkansas verloren hatte. Noch bevor er ankündigte, daß er erneut kandidieren wolle, hatte er sich bei den Wählern des Staates für die Fehler entschuldigt, die er, wie er zugab, während seiner ersten Amtszeit gemacht hatte. Bill hatte einiges aus dieser Erfahrung von vor zehn Jahren gelernt, und er hatte sich auch den Fehler, den Gary Hart gemacht hatte, zu Herzen genommen. Laut Meinungsumfragen hatten 39 Prozent der Wähler Bedenken, für einen Kandidaten zu stimmen, der seine Frau betrogen hatte. Die Umfragen ergaben auch, daß diese Zahl erheblich niedriger wäre, wenn die Frau über die Seitensprünge Bescheid wüßte und sie akzeptiert hätte.

Also gestand Bill Clinton damals im Herbst bei einem Frühstück mit Journalisten in Washington, bei dem Hillary an seiner Seite saß, daß seine Ehe nicht immer vorbildlich gewesen sei. Er und Hillary hätten sich sehr bemüht zusammenzubleiben, erklärte er, und sie wären stolz auf ihre Gemeinschaft.

»Wir sind uns der Pflichten bewußt, die unsere Ehe mit sich bringt, und fühlen uns unserem Kind und dem Partner gegenüber verantwortlich. Wir lieben einander sehr«, sagte er. »Wie bei fast allen Leuten, die seit zwanzig Jahren zusammen sind, ist unsere Beziehung nicht perfekt und problemlos. Aber wir sind zufrieden mit dem, was wir uns aufgebaut haben. Und wir beabsichtigen, weitere dreißig oder vierzig Jahre zusammenzubleiben, unabhängig davon, ob ich für die Präsidentschaft kandidiere oder nicht.«

Nach einer kurzen Pause schloß er mit den Worten: »Und ich meine, das sollte genügen.«

Und es funktionierte tatsächlich. Nachdem er die harte Prüfung durch Washingtoner Topjournalisten wie David Broder, Robert Novak, Morton Kondracke, Fred Barnes und Eleanor Clift überstanden hatte, wurde Clinton von der nationalen Presse als »äußerst geeignet für die Wahl« gekürt. Auch Hillary wurde gewürdigt. Nach der Frühstückskonferenz, kurz vor ihrem Abflug nach Little Rock, wo an Chelseas Schule ein Tag der offenen Tür stattfand, wurde sie von Journalisten gefragt, ob sie sich auch für eine gute Präsidentschaftskandidatin hielte. Dann bat man Bill um seine Meinung.

»Wenn sie kandidiert«, sagte er, »würde ich gerne verzichten.« Von da an erwies sich Hillary als unentbehrlich an seiner Seite.

Als das Wahlkampfjahr begann, wurde Hillary selbst zum Star. Sie war attraktiv, redegewandt und politisch geschickt – »sie hat sich besser im Griff, ist beherrschter, intelligenter und eloquenter« als er selbst, so der Kandidat. Während sich die Dinge zuspitzten, gewann sie an Stärke. Je schlimmer die Situation aussah, um so überzeugender wirkte sie. Indem sie entschlossen an seiner Seite stand, schien Hillary der häufig kraftlosen Kampagne Bill Clintons Gewicht zu verleihen. Vielleicht lief das unterschwellig so ab: Wenn Bill Clinton von einer so eindrucksvollen Frau unterstützt, bestärkt und sogar geliebt wird – wie könnte der durchschnittliche Wähler ihm dann die Gefolgschaft verweigern? Hillary war jemand, der nicht zauderte oder »schwafelte«, wie die Republikaner später gern von Bill Clinton behaupteten. Sie war, so wetteten viele, die bessere Politikerin. Deshalb ließ man sie zu Anfang des Wahlkampfes ziemlich frei walten.

»Zwei zum Preis von einem!« lautete das Angebot, das Bill Clinton in den ersten Wochen machte. »Kauft den einen, und ihr kriegt den anderen dazu!« rief er seinen Spendenbeschaffern zu, Hillary stets in seiner Nähe. »Wenn ich zum Präsidenten gewählt werde«, sagte er, »wird das eine nie dagewesene Partnerschaft sein, noch mehr als bei Franklin Roosevelt und Eleanor. Das waren zwei großartige Menschen, doch sie bewegten sich in unterschiedlichen Bereichen. Wenn ich gewählt werde, werden wir wie immer alles gemeinsam tun.«

Das war Hillarys Glanzzeit. Das breite Lächeln verschwand nur selten aus ihrem Gesicht, auch wenn ihr Blick wachsam blieb. Journalisten waren begeistert von ihrer Fähigkeit, Kontakt zu ihrem Publikum herzustellen, von der Art, wie sie ihre Botschaft rüberbrachte. »Warum kandidiert *sie* nicht?« fragten einige Beobachter. Man sprach von Hillary Clinton als Kabinettsmitglied, Vizepräsidentin oder Justizministerin. Sie selbst wies den Job des Vizepräsidenten rasch weit von sich: »Ich habe keine Lust, von einer Beerdigung zur anderen zu rasen«, doch die Vorstellung, ein hohes Regierungsamt zu übernehmen, schien für sie nicht ganz unrealistisch zu sein. »Ich brauche Bewegungsfähigkeit...«, sagte sie. »Ich möchte mich voll und ganz der Lösung von Problemen widmen.« Wenn sie sich auch nicht unbedingt als Kabinettsmitglied sehen wollte, so schloß sie doch die Möglichkeit nicht aus, als Allroundberater tätig zu werden.

Die Wahlkampfleitung war allerdings weniger kühn. Man wußte, daß die amerikanische Öffentlichkeit wahrscheinlich nicht sonderlich begeistert von einer First Lady wäre, die zugab, ein hohes Regierungsamt anzustreben. Abgesehen davon, daß das nach dem Postal Revenue and Federal Salary Act von 1967 (Einkommensregelung für hohe Staatsbeamte, auch Bobby-Kennedy-Gesetz genannt, da es als Reaktion auf dessen Ernennung zum Justizminister unter John F. Kennedy verabschiedet wurde) gesetzwidrig wäre. Doch diese Tatsache hängte man nicht an die große Glocke – oder man wußte nichts davon. Man hatte zunächst geplant, Hillary Clinton langsam aufzubauen. Das amerikanische Volk sollte sich allmählich an sie gewöhnen und sich schließlich für sie begeistern.

Doch dann nahm das Unglück seinen Lauf. Am 16. Januar wurde James Carville um 6.30 Uhr von seinem Telefon geweckt. Als er den Hörer in der Hand hielt, spürte er, wie sich sein Magen zusammenzog. George Stephanopoulos meldete sich mit einer schlechten Nachricht; er sprach schnell und mit bebender Stimme. Man hatte ihm einen Hinweis gegeben. Danach wollte der *Star*, eine Boulevardzeitung, einen Artikel veröffentlichen, in dem behauptet wurde, Bill Clinton habe seit zwölf Jahren eine Affäre mit einer Frau mit dem unglaublichen Namen Gennifer Flowers.

Die Geschichte war eigentlich nicht neu. Gerüchte über diese

Liebschaft waren schon so lange im Umlauf, daß das Ganze wie Schnee von gestern schien. Die Behauptung, daß der Gouverneur von Arkansas sich seit Jahren mit einer Nachtclubsängerin amüsierte, deren Ruhm darauf beruhte, daß sie einst als Star des Abends in der Pinnacle Lodge in Little Rock aufgetreten war (obwohl sie behauptete, früher Fernsehjournalistin gewesen zu sein), hatte aber genau den Touch von Anstößigkeit, um von Skandalblättern und »Dokumentar«-Sendungen wie *A Current Affair* hochgespielt zu werden. Doch bisher hatte man solchen Gerüchten nicht genügend Glaubwürdigkeit beigemessen, um sie in die Hauptschlagzeilen zu bringen. Der Gouverneur hatte das Verhältnis beharrlich bestritten, und Flowers schien eine so unzuverlässige Quelle, daß die Nachrichtenmedien sie nicht weiter verfolgt hatten. Selbst jetzt sagte sie, es sei nur eine lockere Bekanntschaft gewesen, wenn auch für sie anscheinend ernsthaft genug, um Telefongespräche auf Tonband aufzuzeichnen. Und diese Tonbänder hatte jetzt angeblich der *Star*.

Carville zog sich hastig an und rannte zu seinem Wagen. In wenigen Minuten war er am National Airport, wo das Privatflugzeug des Kandidaten auf dem Weg nach New Hampshire zwischenlanden würde. Die Wahlkampfmannschaft kam gerade noch rechtzeitig in ihrem Motel in Manchester an, um zu sehen, wie die *Star*-Story über das Faxgerät an der Rezeption lief.

»Meine zwölfjährige Affäre mit Bill Clinton« lautete die Schlagzeile. Die Mitarbeiter verwandelten das Motel in eine Art provisorischen Schlafsaal. Sie schliefen zu zweit in einem Zimmer und klemmten Handtücher zwischen die Türen, damit sie nicht zufielen und man sich jederzeit in jedem Zimmer treffen konnte.

Carvilles erster Anruf galt Hillary. »Wie geht es Bill?« fragte sie. Ihre Stimme gab keinerlei Zeichen von Beunruhigung zu erkennen, erklärte er später gegenüber *Newsweek*. Sie quetschte ihn aus, und er beantwortete ihre Fragen, dankbar für ihre Aufmerksamkeit und Konzentration. Das sei ein Kampf, versicherte ihm Hillary, den sie und Bill noch einmal gemeinsam austragen müßten.

Mit rasch schwindendem Optimismus kehrte Carville zum Gouverneur zurück. Verärgert mußte er nämlich feststellen, daß Clinton unbegreiflich gelassen war. Auf dem Weg zu einer Wahlkampfveranstaltung döste er zunächst im Bus vor sich hin und blätterte dann träge in *Lincoln on Leadership*. Als Carville ein paar Stunden später wieder mit Hillary sprach, hatte sich in ihr mittlerweile eine ganz schöne Wut angestaut. Sie sagte, sie wolle die Sache im Keim erstikken und an die Öffentlichkeit treten. Ted Koppel hatte sich bereits mit dem Clinton-Wahlkampfteam in Verbindung gesetzt und dem Gouverneur Sendezeit in der *Nightline* angeboten, um dem *Star* zu antworten. Die Wahlkampfleitung sagte erst ja, dann nein. Dem *Star* antworten? Das schien absurd. Aber irgendwie mußte der angerichtete Schaden begrenzt werden. Es war Zeit für eine weitere Runde der »Hillary and Bill Show«.

Da gab es allerdings logistische Probleme. Hillary war auf Wahlkampftour in Atlanta, und Bill wurde ganz von den Vorwahlen in New Hampshire beansprucht. Sie konnten sich unmöglich rechtzeitig treffen, um eine Erklärung für die Abendnachrichten vorzubereiten und abzugeben. Doch diesmal war die Terminplanung der Presse ihnen gnädig. Die Gennifer-Flowers-Geschichte kam nicht in die Abendnachrichten.

Die Clintons versuchten, sich so schnell wie möglich zu treffen. Bill Clinton war als erster in der Gouverneursresidenz. Es war Freitagabend, und ein Schaudern überkam ihn, als ihm einfiel, daß soeben in einem Gefängnis in Arkansas ein Mann hingerichtet wurde. Als Carolyn Staley anrief, war er selbst am Telefon.

»Heute gab es offenbar zwei Hinrichtungen«, sagte sie.

Bill Clinton antwortete so leise und langsam, daß sie Mühe hatte, ihn zu verstehen. Plötzlich sagte er: »Ich muß Schluß machen. Hillary ist gekommen.«

Bis spät in die Nacht arbeiteten sie eine Stellungnahme aus und gingen ihre jeweiligen Entwürfe durch. Letztlich lief alles auf die simple Alternative hinaus: entweder an die Öffentlichkeit treten oder aufgeben. Wenn sich Clinton im Wahlkampf eins nicht leisten konnte, dann waren das Ausflüchte und Halbwahrheiten, die als Zeichen von Unehrlichkeit ausgelegt werden konnten. Vor die Wahl einer minimalen Schadensbegrenzung oder eines aufs Ganze gehenden Frontalangriffs gestellt, entschlossen sich die Clintons – in der Hoffnung auf eine Wiederholung ihres Erfolgs vom vergangenen September – zum Kampf. Die Vorgehensweise, auf die sie sich schließlich einigten, war denkbar riskant, nämlich ihr Auftritt in einer Sondersendung der Talkshow *60 Minutes* direkt nach dem Superbowl. Es war eine recht beängstigende Vorstellung, daß die Zuschauer nach einem Nachmittag, den sie bierselig vor dem Fernseher verbracht hatten, das Abendprogramm mit einem Besuch der ersten Familie von Arkansas beginnen sollten, die in aller Öffentlichkeit ihre schmutzige Wäsche wusch.

Bill war verständlicherweise nicht ganz wohl bei der Idee. Es war eine Sache, vor zweihundert größtenteils abgebrühte Journalisten zu treten und es deren trockener Prosa zu überlassen, seine eigenen Gefühle zeitungsgerecht zu verpacken, aber etwas völlig anderes, zur Hauptsendezeit vor der Kamera im Fernsehen über Ehe und Untreue zu sprechen. Er wußte, daß sein Gesicht sehr viel aussagen konnte und leicht seine Gefühle verriet. Wie sollte man verhindern, daß sich seine Augen nicht plötzlich trübten oder daß er im unpassenden Augenblick den Mund hämisch verzog? Bei *60 Minutes* konnte man anders als bei Larry King nicht mit einer verständnisvollen Resonanz für diese Art öffentlicher Entschuldigung rechnen. Er und Hillary würden improvisieren und ihr ganzes Vertrauen auf das Verständnis der Fernsehzuschauer im ganzen Land setzen müssen.

Hillary hatte Grund zu der Annahme, daß die Leute vielleicht Verständnis zeigen würden. Am 18. Januar war sie bei einer Wahlkampfveranstaltung in Bedford, New Hampshire, gefragt worden, ob das Problem ehelicher Treue ihrer Meinung nach ein Wahlkampfthema sein sollte. Und sie hatte sich – mit Bill an ihrer Seite – an die vierhundertköpfige Menschenmenge gewandt und geantwortet: »In jeder Ehe gibt es ab und an Probleme zwischen den Ehepartnern, und ich bin der Meinung, daß das deren Sache ist.« Die Menge applaudierte fast eine halbe Minute lang. »Ich persönlich halte unsere Ehe für stabil«, fuhr sie fort. »Wir lieben einander, unterstützen einander, und wir haben etliche großartige und wichtige Dinge gemeinsam erlebt, die uns sehr viel bedeuten.« Sie sei stolz auf ihre Familie, meinte Hillary und fügte abschließend hinzu, daß die Einwohner von New Hampshire ihrer Meinung nach in erster Linie interessieren sollte, wie es in ihren eigenen Familien aussähe. Dieser Seitenhieb wurde mit stürmischem Beifall begrüßt. Angesichts der Rezession hatten die Leute offenbar viel weniger Interesse an Skandalgeschichten à la Gary Hart, als die Republikaner sich das möglicherweise erhofft hatten.

Am 26. Januar stand das Wahlkampfteam im überfüllten Vorraum der Clinton-Suite im Ritz-Carlton-Hotel in Boston wie versteinert vor dem Fernsehschirm, während der CBS-Reporter Steve Kroft sein 45-minütiges Interview aufzeichnete. »Ich habe zugegeben, daß ich Fehler gemacht habe«, sagte der Gouverneur in die Kamera. »Ich habe zugegeben, daß ich meiner Ehe Schmerz zugefügt habe.« Die Helfer, die bereits 1982 beim Kampf um die Wiederwahl zum Gouverneur von Arkansas für Clinton gearbeitet hatten, beschlich ein unheimliches Gefühl des Déjà-vu. Noch einmal fragte der Wunderknabe Mama und Papa, ob er wieder aus der Hundehütte herauskommen dürfe. Würde dieses Zu-Kreuze-Kriechen auch im nationalen Fernsehen wirken, fragten sich die Helfer. Und sie fragten sich mit gekreuzten Fingern und Gebete sprechend, ob ein geständiger Clinton auch in Zukunft daran denken würde, sich an die neuen Regeln zu halten?

Vor dem Interview hatte die Wahlkampfleitung beschlossen, daß Bill Clintons einzige Chance, nicht in einem endlosen Sumpf von Fragen über seine Ehe zu versinken, darin bestünde, daß er sich weigerte, über irgendeine angebliche Affäre im einzelnen zu reden. Doch der Gouverneur war nicht besonders geschickt in Interviews.

»Ich entnehme Ihrer Antwort, daß Sie kategorisch bestreiten, jemals eine Affäre mit Gennifer Flowers gehabt zu haben«, warf Kroft, in der Absicht, Clinton zu einem konkreteren Eingeständnis zu zwingen, seinen Köder aus.

»Das habe ich schon früher gesagt«, biß der Gouverneur prompt an. »Und sie auch...« Die Spannung im Vorzimmer war so stark, daß einer der Helfer einen Migräneanfall bekam. Andere brachen hysterisch in nervöses Gelächter aus. Carville, der – wie alle wußten – noch emotionaler als der Kandidat selbst war, verlor die Beherrschung und weinte.

So vorsichtig und ausweichend Clinton bei Problemen sein kann, mit denen er sich nur ungern auseinandersetzt, so sehr neigt er andererseits dazu, den Leuten gegenüber zu offen zu sein, und oft merkt er nicht so recht, wann er aufhören muß, Dinge über sich preiszugeben. Darin liegt möglicherweise die Wurzel seiner diversen Probleme vom Typ Gennifer Flowers. Ein Desaster zur Hauptsendezeit schien sich anzubahnen.

»Sie haben gesagt, daß es in Ihrer Ehe Probleme gegeben hat«, fuhr Kroft fort. »Was meinen Sie damit?«

»Ich meine ni...«, stockte Clinton.

»...Sie waren getrennt?« warf Kroft ein. »Bedeutet das Ehebruch?«

Clinton schwieg erneut. Hillary sah ihn scharf und durchdringend an. Nachdem sie so viele Jahre so eng zusammengearbeitet hatten, konnte der eine beinahe die Gedanken des anderen lesen.

»Ich denke, das amerikanische Volk, zumindest Leute, die schon lange verheiratet sind, wissen, was das bedeutet«, sagte Clinton herausfordernd.

Mit leicht erhobener Stimme setzten der Journalist und ein deutlich gereizter Clinton ihren verbalen Schlagabtausch fort. Schließlich schaltete sich Hillary ein:

»Niemand, der hier zusieht, würde sich wohl in seiner Haut fühlen, wenn er auf dieser Couch sitzen und haarklein über sein Leben und seine Ehe Auskunft geben müßte«, sagte sie. »Und ich glaube, daß es wirklich schlimm um dieses Land bestellt wäre, wenn wir nicht jedem seine Privatsphäre zugeständen.«

Botschaft: *Es reicht.*

»D-d-da bin ich natürlich ganz Ihrer Meinung«, stammelte Kroft. »Und ich stimme Ihnen auch vollkommen zu, daß wir das jetzt alle hinter uns bringen möchten.«

»Wir sind weiter gegangen als jemals jemand zuvor«, sagte sie, »und mehr werden wir nicht dazu sagen.«

Alle waren sich schließlich einig, daß das *60-Minutes*-Interview ein Erfolg war. Viele meinten, daß Hillary das Ganze gerettet habe. Einige, die dabei waren, gingen sogar so weit zu sagen, daß Hillary die bessere Figur abgegeben habe.

Sie hatte Bill während des ganzen Interviews ins Gesicht gesehen, nicht mit dem starren Geierblick einer Nancy Reagan (oder dem Ausdruck einer langsam in Wut geratenen Barbara Bush), sondern mit einer gespannten Aufmerksamkeit, die eine Art Nachsicht erkennen ließ. Wenn Bill sich nicht klar genug ausdrückte, sprang Hillary ein. Wenn er anfing zu schwafeln, fiel Hillary ihm ins Wort. »Sie hatte alles im Griff«, bemerkte Steve Kroft später *Vanity Fair* gegenüber. »Hillary ist härter und disziplinierter als Bill«, sagte er. »Und sie hat große analytische Fähigkeiten. Eine seiner Schwächen ist, daß er häufig nicht an die Folgen dessen denkt, was er sagt. Ihr ist das, glaube ich, immer klar. Sie merkt nach spätestens zehn Sekunden, daß sie gerade etwas sagen will, was ihrer Meinung nach nicht gut ankommen wird. Dann bricht sie es ab, bevor überhaupt jemand etwas davon gemerkt hat.«

Das *60-Minutes*-Team war am Abend vor der Sendung nach Boston gekommen, um seine Ausrüstung in der Hotelsuite der Clintons zu installieren. Kroft war beeindruckt vom unerschrockenen Elan der Frau des Kandidaten, die der gesamten Nation am Sonntag des Superbowls verkünden sollte, daß der Mann, den sie liebte, sie betrogen hatte. Sie fragte das Team eifrig über Farben und Kameraeinstellungen aus. Falls sie nervös war, ließ sie es sich nicht anmerken. »Wir überlegten hin und her, wer auf welcher Seite sitzen sollte, während die Leute mit Stuhlhöhen und ähnlichen Dingen herumspielten«, sagte er. »Wenn man nicht gewußt hätte, daß sie seine Frau ist, hätte man sie für eine Medienberaterin gehalten. Sie tat das jedoch nicht auf diktatorische Weise... Ganz im Gegenteil, sie war sehr reizend und charmant. Als sie aus dem Zimmer ging, sagten alle mehr oder weniger übereinstimmend: ›Mann, sie ist eine tolle Frau.‹«

Eine bewegende Szene, über die in den Medien kaum berichtet wurde, ereignete sich wenige Minuten vor Drehbeginn. Ein an einem Ständer angebrachter Scheinwerfer fiel krachend zu Boden, haarscharf an Hillarys Kopf vorbei. Sie sprang zur Seite auf Bill zu, worauf sie sich ungefähr dreißig Sekunden lang umarmten. Dann richtete sie sich wieder auf und setzte das Gespräch fort.

Als es so aussah, als könnte Hillary das *60-Minutes*-Interview vollkommen an sich reißen, begann das CBS-Team, ihre Beiträge zu kürzen, um zu verhindern, daß sie Bill an die Wand spielte. Doch trotz der sorgfältigen Schnitte wirkte Hillary deutlich redegewandter und selbstsicherer. Ihr war es zu verdanken, daß der *60-Minutes*-Auftritt unbestreitbar ein Erfolg wurde. Für die meisten Menschen zählen die Worte einer gepflegten, adrett gekleideten, verheirateten Frau mehr als die einer schlampig angezogenen und billig aufgemachten Nachtclubsängerin. So einschüchternd sie als Rechtsanwältin und Wahlkämpferin schon immer gewesen war, so bewies Hillary auch jetzt, daß sie als Ehefrau eine Kraft war, mit der man rechnen mußte. Und schon bald sollte sie zu einer noch beherrschenderen Figur in Clintons Wahlkampf werden.

Die nächste Katastrophe stand allerdings unmittelbar bevor. Wie Gail Sheehy am Rande des Wahlkampfs beobachtete, trug es sich folgendermaßen zu: In Pierre, North Dakota, schaltete Hillary Clinton am Montag, dem 27. Januar, wie gewohnt am Vormittag die Nachrichten ein – und erstarrte. Gennifer Flowers war wieder da, und zwar mit Tonbandaufnahmen von sich und Gouverneur Clinton. Hillary merkte, wie der Bildschirm kurz vor ihren Augen verschwamm. Das war entsetzlich. Sie wartete einen Augenblick, brachte ihren Gesichtsausdruck unter Kontrolle und wandte sich wieder ihren Mitarbeitern zu.

»Hol mir Bill ans Telefon«, forderte sie mit ruhiger Stimme ihren Wahlkampfmanager Richard Mintz auf, wobei sie es vermied, ihm in seine verweinten Augen zu sehen.

»Hillary«, begann Bill einige Minuten später. »Wer wird dieser Frau schon Glauben schenken? Jeder weiß doch, daß die Leute für Geld alles tun.«

»Das weiß eben nicht jeder«, antwortete sie mit ungeduldiger Stimme. So weit waren sie doch schon einmal.

»Bill, Leute, die dich nicht kennen, werden sagen: ›Warum haben Sie mit dieser Person überhaupt ein Wort gewechselt?‹«

Dagegen war nichts einzuwenden. Doch jetzt war nicht der richtige Zeitpunkt, sich über Strategien zu unterhalten. Hillary hatte um sechs Uhr einen Termin bei einer von Schweinemästern veranstalteten Grillparty in Pierre. Sie schüttelte noch ein wenig energischer als sonst allen möglichen Leuten die Hände und dankte Gott, daß diese kleine Gruppe von Sympathisanten zu den Abendnachrichten noch nicht zu Hause sein würde. Doch als Mintz zu ihr trat und ihr ins Ohr flüsterte: »Alle drei Sender machen mit der Flowers-Pressekonferenz auf«, erstarrte sie sichtlich. Mit zusammengebissenen Zähnen lächelnd, zog Hillary sich entschuldigend zurück. Sie rannte zum öffentlichen Telefon im Foyer, wobei ein Kamerateam von *Prime Time Live* sich an ihre Fersen heftete. Mintz flehte die Leute an, ihre Scheinwerfer nicht auf sie zu richten.

»Ich verspreche euch, ihr kriegt eine Aufnahme von ihr am Telefon, aber das ist nicht der richtige Augenblick«, sagte er.

Während sie den Telefonhörer umklammerte, erstarrte ihr Gesicht plötzlich vor Entsetzen. Sie schloß einen Augenblick die Augen. In Little Rock hatte man angeblich einer jungen Frau eine halbe Million Dollar geboten, damit sie aussagte, sie habe eine Nacht mit Bill Clinton verbracht. »Mein Gott«, dachte sie. »Was kommt als nächstes?«

Sie wandte dem Kamerateam, Mintz und ein paar Neugierigen aus dem Ort, die ihr gefolgt waren, den Rücken zu. So war das eben heutzutage im Wahlkampf, sagte sie sich. Deshalb hatte sich Bill vor fünf Jahren noch nicht um die Präsidentschaft beworben. Deshalb hatten sie gewartet, bis sie stark genug waren, bis Chelsea ein bißchen älter war, damit sie zumindest in der Lage wäre, den Unterschied zwischen der Wahrheit und zu politischen Zwecken aufgebauschten Lügen zu erkennen. Sie mußte einen Ausweg finden. Sie mußte das Schiff über Wasser halten.

In der relativen Privatsphäre ihres sechssitzigen Charterflugzeugs legte Hillary los. »Wenn wir vor Gericht wären, würde ich sagen, ›Miss Flowers, stimmt es, daß Sie im Juni 1990 von Associated Press danach gefragt wurden und nein gesagt haben? Wurden Sie nicht auch vom *Arkansas Democrat* danach gefragt und haben nein gesagt?‹ Ich würde sie in der Luft zerreißen.« Das anwaltsmäßige Sprechen war wie ein Mantra. Hillary wurde wieder sie selbst, besann sich auf ihre Kräfte. Obwohl sie auf das Tonbandgerät eines Reporters sprach, der sie damals wegen eines Interviews verfolgte, waren ihre Worte eindeutig für niemandes Ohren bestimmt. Der Reporter fungierte nur als eine Art Resonanzboden. Hillary hörte nicht auf zu reden bis zur Landung. Bis dahin mußte sie einen Plan haben.

»Ich werde nicht länger zusehen und sagen, ›daran ist die Presse schuld‹«, fuhr sie fort. »Wenn man jetzt schon Leute mit gekauften Geschichten zerstören kann, was kommt erst danach?... Ich glaube nicht, daß Bill klar ist, daß das Fernsehen immer nur eine Seite zeigt. Das ist wie Negativwerbung.« Sie hielt inne.

»In ihren Augen schien ein Licht aufzuleuchten«, beschrieb der Reporter das später. Die streitbare Hillary machte sich zum Kampf bereit.

»Das hätte ich ihm sagen sollen. 1980 haben die Republikaner mit ihrer Negativwerbung angefangen; 1992 haben wir bereits bezahlten politischen Rufmord.« Ihre Worte verlangsamten sich ein wenig, während sie dem Fluß ihrer Gedanken lauschte. »Bill begreift einfach nicht, daß man darauf genauso reagieren muß wie auf Negativwerbung – Dukakis hat das auch nicht begriffen.« Erregt steigerte sie ihr Tempo: »Sie ist die Tochter von Willie Horton!«

Rapid City, Iowa, lag vor ihnen. Der Flughafen war ein endloses schwarzes Feld. Nur ein einsames Schild auf einem provisorisch aussehenden Schuppen gab einen Hinweis auf die Stadt irgendwo in der Ferne. Hillarys weniger abgehärtete Mitarbeiter hatten unweigerlich die Vorstellung vom Ende der Welt.

Sie selbst hielt es während der holprigen Landung des Flugzeugs kaum auf ihrem Sitz aus. Sobald die Kabinentür aufging, war sie auch schon draußen, klapperte auf ihren hohen Absätzen über die

Betonlandebahn und probte in Gedanken das Gespräch, das sie gleich mit ihrem Mann und der Wahlkampfleitung über Konferenzschaltung führen würde.

Sie hatte eine völlig neue Strategie entworfen. Wir werden die »republikanische Angriffsmaschine« zum Übeltäter in diesem Skandal machen, sagte Hillary; warum soll in den Schlagzeilen eigentlich immer nur von Bill Clintons »Charakterproblemen« die Rede sein? Auch die Presse, beliebte Zielscheibe von Republikanern wie Demokraten, sollte eine Portion Schuld übernehmen. Hillary stellte die wichtigsten Punkte zusammen. »Wer vom *Star* erhält die Informationen? Wer stöbert all diese Details über Gennifer Flowers auf? Welche Gegenmaßnahmen können wir ergreifen? Wer spricht für uns in den Medien?«

Die bleichen Gesichter ihrer jüngeren Mitarbeiter ließen sie innehalten. Sie und Bill würden an vorderster Front kämpfen, versicherte sie ihnen. »Aber ich möchte, daß ihr das entsprechende Material zusammensucht.«

Noch Monate später war George Stephanopoulos dieser Abend lebhaft in Erinnerung. »Es war einfach mitreißend«, sagte er.

James Carville billigte Hillarys Rat – und ging sogar noch einen Schritt weiter. Als das *60-Minutes*-Interview gesendet wurde und er feststellte, daß man dem Gouverneur nur neun von den fünfzehn bis achtzehn Minuten Sendezeit, die CBS versprochen hatte, gegeben hatte, bemühte er sich gar nicht erst, seinen Ärger hinunterzuschlukken und das Beste aus der Situation zu machen. Statt dessen erklärte er öffentlich, die CBS habe Clinton betrogen. Sie hätten dem Gouverneur die stärksten Momente herausgeschnitten – wie zum Beispiel die Stelle, an der er erklärte, warum er Präsident werden wolle. Damit begann ein kurzzeitiger Kreuzzug gegen die Presse. Carville titulierte bald jeden Journalisten, der ihm über den Weg lief, als »bestechlichen Schmierfinken«. Bei einer Spendenbeschaffungsaktion in New Jersey schimpfte er vor Reportern und Kameraleuten derart herum, daß nach etwa fünf Minuten einer der neuen Helfer verwirrt fragte, ob er denn tatsächlich zum Clinton-Team gehöre. »Jawohl«, entgegnete Carville scharf, »und ich bin eine ganze Ecke teurer als Gennifer Flowers.«

Es stellte sich heraus, daß Flowers tatsächlich Geld bekommen hatte, 50000 Dollar sagte Bill Clinton, 130000 bis 170000 beteuerte Hillary. Und noch weitere interessante Details kamen ans Licht. Die

Star-Geschichte basierte in Wirklichkeit auf einem Gerichtsverfahren, das 1990 von einem gewissen Larry Nichols angestrengt worden war, einem ehemaligen Angestellten der Finanzbehörde von Arkansas, den man aus dem Staatsdienst geworfen hatte, weil er von seinem Büro aus mindestens 142 Ferngespräche geführt hatte, um Spenden für die nicaraguanischen Contras zu sammeln, und dabei eine gigantische Telefonrechnung auf Kosten der Steuerzahler verursacht hatte. Doch statt gegen die Kündigung zu klagen, fing er an, Klatsch über Clinton zu sammeln und darauf zu warten, endlich Rache nehmen zu können. Diese Gelegenheit erhielt er im Herbst 1990, als Clinton sich um seine Wiederwahl bemühte, während des besonders häßlichen Rennens gegen Sheffield Nelson. Nichols sandte mehrere hinterhältige Briefe an Clinton, in denen er andeutete, über irgendwelche sexuellen Verfehlungen Bescheid zu wissen. Als Clinton diese Briefe ignorierte, verklagte Nichols ihn unter dem Vorwand, daß seine Kündigung Teil einer Strategie gewesen sei, mit der man die Existenz eines Schmiergeldfonds vertuschen wollte, aus dem die außerehelichen Abenteuer Clintons finanziert würden. Er versuchte, fünf Frauen, Models und eine Schönheitskönigin, eine Wahlkampfhelferin von Clinton und die Flowers zu einer eidesstattlichen Aussage zu bewegen. Er erzählte einem Journalisten, er hätte Tonbandaufnahmen, in denen sich diese Frauen über ihre jeweiligen Affären mit Clinton ausließen, aber er rückte sie nie heraus. Mehrfach nannte er einen Termin und einen Ort, an dem diese Frauen unter Eid aussagen würden, aber nie tauchte jemand auf. Dann wandte sich Nichols an die Republikaner. Wie verlautet, hat er mit Robert Leslie, einem Mitglied des Republican National Committee, zu Mittag gegessen, und angeblich hat er sich auch mit Republikanern im Kapitol und beim RNC in Verbindung gesetzt, um finanzielle Unterstützung für seinen Prozeß zu finden, doch das wurde abgelehnt.

Die Berichte über die Kontakte zwischen Nelson und Nichols in jenem Herbst sind etwas widersprüchlich. Nichols behauptete, daß Nelson ihn in sein Büro bestellt habe, um ihm zu sagen, er möge den Fall nicht weiter verfolgen, weil das ansonsten ihm angelastet würde. Ein weiterer Republikaner aus Arkansas mit guten Beziehungen sagte allerdings, daß Nelson sich in der Öffentlichkeit ganz jovial verhielte, während er insgeheim Geschichten über Clinton verbreitete: Nelsons Pressesprecher John Hudges war ein Bekannter der Flowers und hatte mit ihr früher einmal bei einem kleinen Fernsehsender in Little Rock zusammengearbeitet. Er sagte, sie habe bereits 1977 über ihre Beziehung zu Clinton gesprochen. Zur absoluten Bestürzung des Nelson-Lagers beschlossen die lokalen Medien in Arkansas schließlich, daß die Beschuldigungen Nichols' verleumderisch seien, und brachten nichts mehr darüber. Zwei Tage vor der Wahl rief Nichols bei Mike Gauldin, Clintons Pressesprecher, an, und bat ihn um ein Treffen in einem Fernfahrerlokal ganz in der Nähe. Laut Gauldin schlug Nichols vor, seine Klage im Gegenzug für ein Haus und 150000 Dollar fallenzulassen, aber Gauldin lehnte das ab.

Als im Sommer 1991 die überregionale Presse über Little Rock hergefallen war, um diversen Gerüchten nachzugehen, war es unter anderem um eine Geschichte gegangen, wonach Clinton irgendwann in den achtziger Jahren ein uneheliches Kind gezeugt haben sollte. Allerdings konnte man für diese Beschuldigung keinen verläßlichen Zeugen auftreiben, und alle Frauen, die in dem Prozeß genannt worden waren, bestritten, jemals eine Affäre mit ihm gehabt zu haben.

Im Januar 1992 kam dann Stephen Edwards, ein Reporter des *Star*, nach Little Rock. Er ging in eine Kneipe, in der Flowers als Sängerin gearbeitet hatte, und fragte den Barkeeper: »Kennt hier jemand Gennifer Flowers?« Der Barkeeper deutete auf John Hughes, der zufällig gerade an der Theke saß. Der *Star* kam mit Flowers überein, ihr eine größere Summe für die Tonbandaufnahmen und ihre Aussage zu zahlen, daß sie zwölf Jahre lang Clintons Geliebte gewesen sei. Kurz darauf veröffentlichte der *Star* einen neuen Aufguß des Falles Nichols. In dieser Story behauptete Flowers, daß sie Clinton seit 1977 kannte und ihre Affäre mit ihm weiter bestanden hätte, als sie Anfang der achtziger Jahre nach Dallas gezogen war. Sie hatte ihren Freunden damals von Besuchen eines gewissen »Bill« aus Arkansas erzählt, doch es gibt keinerlei Beweise dafür, daß dieser »Bill« tatsächlich Clinton war.

Das Clinton-Lager bemühte sich mit aller Macht, diese Beschuldigungen zu entkräften, teilweise, indem man sie ins Lächerliche zog.

»Der *Star* schreibt, daß Marsmenschen auf der Erde gelandet seien und daß die Leute Kuhköpfe hätten«, sagt Bill Clinton in New Hampshire. »Diese Anklage ist absolut erfunden. Der Kerl wurde gefeuert, weil er illegale Telefongespräche geführt und versucht hat, mich zu erpressen, aber das habe ich mir nicht gefallen lassen.«

Hillary verglich die Geschichte mit »einer Unterhaltung mit Elvis«. In einem Gespräch mit Sam Donaldson in *Prime Time Live* sagte sie: »Diese Frau hat bekanntlich zugegeben, daß die Republikaner ihr Geld geboten haben, damit sie ihre Story ändert und meinen Mann mit hineinzieht, nachdem sie das zuvor wiederholt bestritten hatte. Und wir wissen auch, daß der damalige republikanische Gegenkandidat bei den Gouverneurswahlen seit seiner Niederlage versucht hat, diese Geschichte einzufädeln... Wenn jemand bereit ist, dir 130000 bis 170000 Dollar für eine Aussage zu zahlen, und du bist eine Viertelstunde lang berühmt, und dein Foto erscheint auf den Titelseiten sämtlicher Zeitungen, und du bist, trotz aller Lügen, die du erzählt hast, bloß eine gescheiterte Varietésängerin, die nichts hat, worauf sie zurückgreifen könnte – dann ist für mich die Sache sonnenklar.«

Selbst John Robert Starr, der Mann, der den Spitznamen »Slick Willie« erfunden hat, erklärte gegenüber Reportern, daß »an den Vorwürfen gegen Clinton nichts dran sei«, und fügte hinzu, Nichols sei im übrigen »kein besonders glaubwürdiger Zeitgenosse... Er hat keinerlei Beweise, absolut gar nichts, außer daß er dieselben Gerüchte gehört hat wie wir alle.«

Gennifer Flowers nächster Schritt bestätigte im Clinton-Lager nur die Auffassung, daß sie gekauft war; sie gab *Penthouse* ein ausführliches Interview mit zahlreichen Fotos.

Ob nun als Reaktion auf Enthüllungen, daß der *Star* Flowers bezahlt hatte, oder aufgrund von Carvilles ziemlich eindrucksvollen Auftritten, jedenfalls stellten die Medien – zumindest für eine Zeitlang – die Clinton-Flowers-Beziehung in den Hintergrund. Flowers – und der *Star* – waren einfach zu unseriös. Es gab allerdings noch eine letzte, denkwürdige Pressekonferenz, bei der Gennifer Flowers, die neben einer auf eine Wand projizierten Vergrößerung der *Star*-Geschichte stand, erklärte, es habe sie tief getroffen, daß Clinton ihre Beziehung abstritt.

Die anwesenden Journalisten zeigten wenig Mitleid. Kurz darauf drohte alles im Chaos zu versinken.

»Hat der Gouverneur ein Kondom benutzt?« rief ein Reporter unter schallendem Gelächter seiner Kollegen. Sie lachten noch lauter, als Blake Hendrick, Gennifer Flowers Anwalt, die Pressekonferenz abzubrechen drohte, »falls noch weitere unangemessene Fragen gestellt werden«.

Flowers gab allerdings zu, daß ein Republikaner aus Arkansas sie vor einem halben Jahr angesprochen und gefragt habe, ob sie sich öffentlich zu der Affäre bekennen würde.

Allmählich wurde den Medien klar, daß sie sich lächerlich gemacht hatten. Es stellte sich heraus, daß die Geschichten über Clintons Seitensprünge von einem Lebensmittelhändler namens Robert »Say« McIntosh stammten, einer politischen Schmeißfliege. Dieser Mann verkaufte Süßkartoffelpasteten von einem Lieferwagen und verteilte in Little Rock auf der Straße ziemlich reißerische Flugblätter, auf denen er Clinton außerehelicher Beziehungen beschuldigte. McIntosh hatte häufig verlauten lassen, daß er bereit wäre, seine Behauptungen unter das Volk zu bringen, wenn ihm jemand die Kosten bezahlte.

Als eine Art Wiedergutmachungsversuch wies *Newsweek* in einem Artikel sechs Ungereimtheiten in Gennifer Flowers Geschichte nach, unter anderem ihre Behauptung, sie hätte in der Fernsehshow *Hee Haw* mitgewirkt (was nicht stimmte), und sie hätte Clinton 1979 oder 1980 im Excelsior Hotel kennengelernt (mindestens zwei Jahre, bevor es eröffnet wurde). Die *New York Post,* die erfahren hatte, daß Flowers Gespräche mit anderen Liebhabern auf Tonband aufgenommen hatte, brachte eine Titelgeschichte mit der Überschrift: »Das war nicht das erste Mal.«

Die günstigsten Prognosen für Clinton waren inzwischen auf 67 Prozent gestiegen, die ungünstigsten lagen knapp über 20 Prozent. Die Wahlkampfmannschaft atmete erleichtert auf.

Der massive Frontalangriff des Clinton-Lagers, eine Taktik, die Hillary bereits Anfang der achtziger Jahre als einzig wirksam erkannt hatte, rettete auch diesmal Bills Kandidatur. Alle meinten übereinstimmend, daß die energische Art, in der sie ihn verteidigt hatte, die beste Waffe gewesen sei. Das Problem war nur, daß sie sich dabei selbst geopfert hatte.

Kurz nach Hillarys eindrucksvollem Auftritt in *60 Minutes* setzte ein bösartiger Gegenschlag ein. Während der kurzen Phase, in der die Attacken auf Bill Clinton nachließen, wurde eine neue »Angriffsmaschine« in Gang gesetzt. Und diesmal flogen die Steine nicht Bill an den Kopf, sondern Hillary.

Die Einzelheiten dieser Anti-Hillary-Kampagne sind kompliziert und vielschichtig und sollen in einem eigenen Kapitel behandelt werden. Was sich in den dramatischen Monaten Januar bis Juli abspielte, ist allerdings ziemlich offensichtlich.

Bereits in der ersten Februarwoche wurde Bill Clinton von Journalisten mit der Frage bombardiert, ob er nicht befürchte, daß seine Frau ihm die Schau stehlen könnte. Solche Fragen machten ihm eigentlich nichts aus. »Ich habe schon immer starke Frauen gemocht«, erklärte er bei einer Wahlveranstaltung am 7. Februar. »Es stört mich nicht, wenn die Leute sich für sie begeistern und sagen, auch sie könnte Präsidentin werden.«

Richard Nixon sah das allerdings ganz anders. Angesichts der ab Februar einsetzenden »Ko-Kandidatur« des Ehepaars gab er die kernige Bemerkung von sich, neben einer starken Frau »wirkt der Mann wie ein Schwächling«. Und weiter: »Hillary hämmert so laut auf dem Klavier herum, daß man Bill nicht hören kann. Man braucht eine Frau, die intelligent ist, aber nicht zu intelligent.«

Andere Männer in den Medien schienen bald ähnlich zu denken. Hillary plusterte sich ihrer Meinung nach allmählich zu sehr auf. Der normalerweise eher ausdruckslose Tom Brokaw, der sich für den »Super-Dienstag« – der Tag, an dem die Vorwahlen in den Südstaaten stattfinden – ein entsprechendes Outfit zugelegt hatte, zeigte sich entsetzt, als Hillary bei einer Wahlveranstaltung nach Auszählung der Stimmen triumphierend an ihrem Mann vorbeirauschte, auf das Podium stieg und als erste zum Mikrophon griff. Während Bill hinter den Kulissen auf und ab wippte, hielt sie gelassen eine Einführungsrede, in der kaum von ihrem Mann die Rede war, und wenn, dann sprach sie bloß von dem »Hoffnungsträger«. Sie schloß mit den Worten: »Wir glauben *leidenschaftlich* an dieses Land, und wir wollen nicht ein Jahr länger tatenlos zusehen, was mit ihm passiert!« Nachdem sie geendet hatte, bemerkte Brokaw über den tosenden Applaus des Publikums hinweg: »Das war nicht nur eine Einführung, das war eine ganze Rede von Mrs. Clinton.«

Nach Clintons Sieg bei den Vorwahlen in Illinois schalteten die Sender zur Wahlkampfzentrale, um eine Reaktion des Kandidaten zu bekommen, und stießen auf dieselbe Szene: Hillary trug eine lange, von Stolz erfüllte Einleitung vor, während sich Bill voll angespannter Ungeduld im Hintergrund aufhielt. »Wie ein Anhänger, der sehnsüchtig auf ein paar selbstgebackene Plätzchen wartet«, beschrieb William Safire die Situation. Brokaw und Peter Jennings

Oben: Einer der seltenen Augenblicke eines Gefühlsausbruchs. Hillary Clinton wischt sich die Tränen ab, als ihr Mann öffentlich verkündet, daß er 1988 nicht für das Präsidentenamt kandidieren wird.
(Arkansas Democrat-Gazette)

Unten: Die ganze Nation konnte Hillary Clinton – mit ihrem Haarreif – erleben, wie sie sich an der Seite ihres Mannes den Fragen in der Talkshow »60 Minutes« stellte.
(AP/Wide World Photos)

Oben: Arbeitspause zwischen zwei Auftritten während der Wahlkampagne.
(AP/Wide World Photos)

Unten: Auf einem Zwischenstop in Park Ridge während der Wahlkampfreise sah man Hillary Rodham Clinton an ihrer alten High School Maine South wieder im Mittelpunkt.
(AP/Wide World Photos)

schienen schon wieder verärgert zu sein. Safire warf Hillary vor, »die Position des Kandidaten zu untergraben«.

Er hatte schon früher über das Thema weiblicher Machtansprüche geschrieben. 1987 hatte er Nancy Reagan in ähnlicher Weise angegriffen, indem er behauptete, daß durch ihre »Einmischung« Ronald Reagans Position geschwächt würde und er schlapp und hilflos wirke. Damals hatten seine Worte ebenso schädliche Folgen, wie sie es auch 1992 wieder haben sollten.

Wie nicht anders zu erwarten, begann Ende März die öffentliche Meinung über die übereifrige Gattin des Kandidaten umzukippen. Ihre Popularitätsquote, die Anfang des Monats bei 65 Prozent lag, sank rasch. Zugleich wurde die Bemerkung ihrer Freunde, daß Hillary »stärker« sei als Bill, jetzt gegen sie verwendet. Selbst ihr Haarreif wurde nun als Zeichen dunkler Kräfte interpretiert.

»Sie hat etwas Beängstigendes an sich, etwas von Al Haig«, zitierte *Vanity Fair* einen nahen Beobachter.

Wenn die gemäßigte Presse inzwischen schon Schwierigkeiten mit Hillarys unkonventionellem Verhalten hatte, so hatten die Journalisten der Rechten ihr bereits den Krieg erklärt. Ein wohlwollender Artikel von Gary Wills im *New York Review of Books*, der sich ausführlich mit Hillarys juristischen Aufsätzen und Reden von vor vielen Jahren befaßte, rief eine Welle der Entrüstung bei den Rechten hervor. William F. Buckley's *National Review* brachte ein Titelbild mit einem Foto von Clinton und der Schlagzeile: HALT – ODER MEINE FRAU SCHIESST. Der *American Spectator* verglich in einem Artikel mit der Überschrift »Die Lady Macbeth von Little Rock« Hillary mit Eva Perón und nannte sie die »Winnie Mandela der amerikanischen Politik«. Der Artikel nahm Hillarys Rechtsauffassung auseinander und behauptete, daß sie dafür eintrete, Kindern das Recht zuzugestehen, ihre Eltern vor Gericht zu bringen, »um Familienstreitigkeiten zu lösen«. Zugleich beschuldigte er sie, illegale finanzielle Unterstützung an eine Reihe linksgerichteter Projekte weitergeleitet zu haben, während sie im Vorstand staatlich finanzierter Einrichtungen saß. Schon bald nannte ein weit verbreiteter Spendenaufruf der Rechten Hillary »eine radikale Feministin, die wenig Sinn für religiöse Werte und traditionelles Familienleben hat«.

Es sollte noch schlimmer kommen. Im März tauchte eine Geschichte auf, derzufolge Hillary und Bill zusammen mit einem Freund, James B. McDougal, der später Abgeordneter in der Clinton-Administration wurde und außerdem Direktor einer Spar- und Darlehenskasse in Arkansas war, in eine Grundstücksfirma namens Whitewater Development investiert hätten, die Grundstücke für Ferienhäuser in den Ozarks verkaufen wollte. Die Spar- und Darlehenskasse, die das Grundstücksprojekt teilweise finanzierte, ging einige Zeit später pleite und wurde von Hillary und ihrer Rose-Anwaltskanzlei bei der staatlichen Regulierung vertreten. Hillary gab auf der Stelle zu, daß sie für die Madison Guaranty Savings and Loan (S&L) juristisch tätig gewesen sei, betonte allerdings, daß das nichts mit den Transaktionen der S&L mit den staatlichen Behörden zu tun gehabt hätte. Sie erklärte außerdem, daß sie seit 1978 auf ihren Anteil am Verdienst der Rose-Anwaltskanzlei aus Regierungsaufträgen verzichtet habe, also von dem Zeitpunkt an, als Bill zum erstenmal ein Regierungsamt übernahm.

Vor einem Restaurant in Chicago sagte sie zu Journalisten: »Ich habe mich immer bemüht, meiner Sorgfaltspflicht so weit wie möglich nachzukommen, indem ich unter anderem auf einen Teil der Einnahmen meiner Firma verzichtet habe.« Dann kam heraus, daß die Clintons bei ihrer Steuererklärung von 1984 und 1985 mindestens 5000 Dollar für Zinsen geltend gemacht hatten, die für einen Bankkredit von mindestens 30000 Dollar gezahlt worden waren, den die Grundstücksfirma Whitewater Development für sie aufgenommen hatte. Diese Abzüge brachten ihnen ungefähr 1000 Dollar Steuerersparnis ein, aber da der Fehler mehr als drei Jahre zurücklag, bestand das Finanzamt nicht auf einer Nachzahlung. Die Anwälte der Clintons sagten, dieser Irrtum sei ohne böse Absicht unterlaufen aufgrund der unklaren Situation, wer nun welches von den Whitewater-Grundstücken besaß und wer für den zu seinem Kauf aufgenommenen Kredit verantwortlich war.

Viele weitere Fragen blieben offen, da die Akten der Whitewater Development unauffindbar waren. McDougal behauptete, sie seien auf Wunsch des Gouverneurs bereits vor Jahren in dessen Amtssitz abgeliefert worden. Die Clintons sagten, viele dieser Akten wären einfach verschwunden.

Es gab keinerlei Beweise, daß hier etwas nicht mit rechten Dingen zugegangen wäre. Die Bundesbehörden setzten McDougal schließlich als Direktor der Savings and Loan ab, und er wurde wegen Betrugs vor ein Bundesgeschworenengericht gestellt, das ihn allerdings später freisprach. Damals stellte man auch fest, daß er unter manisch-depressiven Anfällen litt, wenn er auch durchaus für vernehmungsfähig befunden wurde. Die ganze Geschichte war viel zu verworren, um jemals in die Schlagzeilen der Boulevardpresse zu kommen, und wäre auch sehr schnell wieder in Vergessenheit geraten, wenn nicht der ehemalige Gouverneur von Kalifornien, Jerry Brown, eine Anspielung der Art gemacht hätte, daß die Geschäftsverbindungen von Hillary und Bill an »Korruption« grenzten. Hillary ging zum Gegenangriff über, indem sie Brown vorwarf, ihm seien erfolgreiche Doppelverdiener ein Dorn im Auge, und sie wertete seine Bemerkung als einen »billigen und verzweifelten« Versuch, die Clintons mit Schmutz zu bewerfen.

»Sie sollten wissen«, sagte sie auf einer Station ihrer Wahlkampfreise in einer Großbäckerei in Chicago, »daß ich bei allem, was ich tat, immer nach bestem Wissen gehandelt habe. Im nachhinein können die Leute natürlich gut sagen: ›Du hättest dieses oder jenes tun sollen.‹ Ich kam gar nicht auf die Idee, daß jemand irgend etwas anderes annehmen könnte, als daß ich versuchte, in jeder Hinsicht das Richtige zu tun.«

Dann ließ sie die Bemerkung fallen, die sie bis zum Ende des Wahlkampfs verfolgen sollte: »Ich hätte genausogut zu Hause bleiben, Plätzchen backen und Teepartys geben können«, sagte sie. »Statt dessen habe ich mich entschlossen, meiner beruflichen Karriere nachzugehen, die ich bereits gestartet hatte, bevor mein Mann in die Politik ging.«

Sie war eindeutig wütend. Besonders hatte sie sich über eine lässig hingeworfene Bemerkung von Brown geärgert, durch die sie sich als berufstätige Ehefrau beleidigt fühlte. »Auf die Frage, wie er dazu stehe, daß die Anwaltsfirma seines Vaters in der Zeit, als er Gouverneur war, Geschäfte mit der Regierung gemacht habe, hat er geantwortet: ›Nun, ich kann meinem Vater keine Vorschriften machen‹«, erklärte Hillary in der Sendung *Today*. »Das war zwar sicher nicht sonderlich einfühlsam von mir, aber ich wollte ihm einfach klarmachen, daß ich den Eindruck hätte, er wolle mir nahelegen, mich auf die zeremonielle Rolle einer First Lady zu beschränken.«

Barbara Bush konnte ihre Wut gut verstehen und sprach sich gegen Browns Kritik und für Hillary Clintons Recht auf eine eigene Karriere aus. Doch die öffentliche Meinung reagierte keineswegs so verständnisvoll auf Hillarys Zornausbruch.

Ein erstaunlich großer Teil der Öffentlichkeit war empört. Hillary hatte bereits in *60 Minutes* die Leute mit ihrer Bemerkung: »Ich bin nicht so ein Frauchen, das wie Tammy Wynette an der Seite seines Mannes steht« vor den Kopf gestoßen. Dafür hatte sie sich öffentlich entschuldigen müssen, nachdem Wynette ihr in einem Brief geschrieben hatte: »Mrs. Clinton, Sie haben alle Männer und Frauen beleidigt, die dieses Lied lieben – und das sind mehrere Millionen. Und ich glaube, Sie haben auch jeden wirklichen Fan von Country Music beleidigt und all die Menschen, die es aus eigener Kraft zu etwas gebracht haben, die niemanden haben, der sie in ein Weißes Haus führt.«

Hillarys kompromißlose Intelligenz, ihre Kampfbereitschaft und ihre Weigerung, Dinge zu sagen, von denen sie nicht wirklich überzeugt war, waren schon seit Wochen den amerikanischen Wählern, die im allgemeinen gegenüber Veränderungen mißtrauisch sind, auf die Nerven gegangen. Ihr Kommentar über »Plätzchen und Teepartys« setzte dem Ganzen die Krone auf. Hillary hatte eine Grenze überschritten, die vielen Menschen immer noch heilig war. Millionen Frauen, die nie außer Haus gearbeitet hatten, empfanden Hillarys Aussage als beleidigend und arrogant. Von einem Tag auf den anderen wandten sie sich gegen sie, wobei ihre Entrüstung von der Presse noch geschürt wurde.

Die Arkansas Travelers, Freunde von Bill und Hillary, die ihnen im Wahlkampf halfen, sprachen mit Wählern, die sagten, sie würden nicht für Bill Clinton stimmen, weil sie selbst Plätzchen backten, weil ihre Töchter Plätzchen backten und weil sie »Angst« vor Hillary hätten. »Ich habe den Eindruck, daß sie die eigentliche Macht hat.« »Ich halte sie für eine sehr aggressive Frau und für übertrieben ehrgeizig.« »Sie kann mit uns nichts anfangen, und wir können mit ihr nichts anfangen«, so oder ähnlich wurde im April die Meinung des amerikanischen Durchschnittswählers wiedergegeben.

Eine Woche nach der fatalen »Plätzchen«-Bemerkung prägte William Safire den Ausdruck »das Hillary-Problem«. In einem in der *New York Times* vom 26. März veröffentlichten Leitartikel warf er Hillary Clinton eine »elitäre Haltung« vor und nannte ihre beiden Fauxpas – die »Plätzchen«-Bemerkung und ihren politisch unklugen, spöttischen Kommentar über Tammy Wynette – eindrucksvolle Beispiele für ihr Talent, »immer wieder ins Fettnäpfchen zu treten«. Im Jargon von Selbsthilfegruppen – den er eigentlich verabscheute, schlug Safire eine »Lösung des Hillary-Problems in sechs

Schritten« vor. Die wichtigste Forderung bestand darin, ihr in Zukunft zu verbieten, vom Podium aus Siegeserklärungen abzugeben oder Eingeständnisse zu machen.

Diese Art von Zensur wirkte auf Hillary wie ein Schock. Als Anwältin war sie es gewöhnt, ihre Worte immer sorgfältig zu wählen, so daß die Tatsache, daß man ihr einen Schnitzer nachsagte, ihr bereits wie ein Angriff auf ihre Persönlichkeit vorkam. Sie beharrte darauf, daß man ihre Worte aus dem Zusammenhang gerissen hätte, daß sie »falsch ausgelegt« worden seien. Ihre Ausdrucksweise, der wieder einmal die Wärme und Verbindlichkeit fehlte, die sie eigentlich dringend gebraucht hätte, war knallhart, und ihre unbewußte Sprödigkeit kaschierte die Tatsache, daß ihre Gefühle wirklich verletzt waren. Als man sie ein paar Wochen später auf diesen Fauxpas ansprach, gab sie – ganz untypisch – eine etwas zögerliche Antwort. »Ich weiß nicht, was ich davon halten soll... Ich glaube, ich muß etwas – vorsichtiger sein, wie ich meine Gefühle zeige, damit ich nicht ungewollt jemanden verletze«, sagte sie. »Ich verstehe, weshalb einige Leute glaubten, ich wollte Frauen kritisieren, die sich anders entschieden haben als ich – ja ich wollte genau die Entscheidung kritisieren, die meine Mutter und viele ihrer lieben Freundinnen getroffen haben. Nichts könnte weiter von dem entfernt sein, woran ich glaube.«

Obwohl die öffentliche Meinung sicher früher oder später bereit gewesen wäre, Plätzchen Plätzchen sein zu lassen, waren die Medien nicht gewillt, eine Situation, die soviel Zündstoff enthielt, nicht auszuschlachten. Im März stand Hillary immer wieder in den Schlagzeilen oder war das Thema von Titelgeschichten. Bald schien es, als ob das »Hillary-Problem« immer größer wurde, je mehr Zeitungsspalten ihm gewidmet wurden. So brachte beispielsweise die *New York Times* einen Artikel, in dem zwei ältere, zur Anti-Hillary-Fraktion gehörende Frauen, die nie außer Haus gearbeitet hatten, ausgiebig zu Wort kamen. Nachdem sie darüber debattiert hatten, ob sie sich nun als »Hausmütterchen im Ruhestand« oder als »Hausfrauen« bezeichnen sollten, und sich untereinander auf den zweiten Begriff geeinigt hatten (»Ist dieses Wort okay für Hillary?«), brachten sie ihre Meinung zum Ausdruck, daß Hillary nichts Gutes im Schilde führe.

»Sie will nur auf der Seite des Siegers stehen«, sagte die 71jährige Bernadine Elliott. »Und Sie können mir glauben, wenn er nicht gewählt wird, läßt sie ihn fallen. Sie werden noch an meine Worte denken.«

»Das stimmt. Sie wird ihn fallenlassen«, stimmte die 69jährige La-Roux Tanner zu. Obwohl ein Dutzend anderer Wählerinnen sich in dem Artikel positiv über Hillary aussprach, wurde in erster Linie das Zitat von Elliott von den Nachrichtenmagazinen aufgegriffen und wiederholt.

Es wurden aber noch weitere moralische Vorwürfe erhoben. Ende März berichtete die *Times*, Bill Clinton habe sich einmal für ein Gesetz stark gemacht, das Beamte verpflichten sollte, ihre persönlichen Verhältnisse offenzulegen; er habe es aber zusammen mit seinen Beratern wieder verworfen, noch bevor es den Wählern 1988 zur Abstimmung vorgelegt werden konnte. Auf diese Weise blieb ihm und anderen Beamten erspart, mögliche Interessenkonflikte offenzulegen, wie zum Beispiel die Geschäfte, die die Regierung mit der Anwaltskanzlei Rose abwickelte. Die Streichung des Gesetzes wurde während einer Sondersitzung im engsten Kreis beschlossen, bei der, wie die *Times* behauptet, Clinton, dessen engste politische Freunde und Verbündete, sowie Web Hubbel, ein Seniorpartner von Rose, anwesend waren, auch wenn Clinton und Hubbel das abstritten.

Hillary war verständlicherweise langsam verbittert – und man merkte ihr die Spannung allmählich an. Ihr Image als »Vamp« wurde keineswegs besser, als sie sich in einem Interview für die Mai-Ausgabe von *Vanity Fair* gegenüber Gail Sheehy über die »doppelte Moral« der Presse beklagte, die sich so ausführlich über die Seitensprünge ihres Mannes ausließe, während sie die seit langem bekannte frühere Affäre zwischen George Bush und Jennifer Fitzgerald, einer einstigen persönlichen Referentin des Präsidenten, die jetzt einen hohen Posten im Außenministerium bekleidete, ignorierte. Über ein Gespräch, das sie mit Anne Cox Chambers, der Vorsitzenden des Cox-Pressekonzerns, geführt hatte, berichtete Hillary: »Sie saß da in ihrem sonnigen Büro und sagte: ›Wissen Sie, ich verstehe überhaupt nicht, wie die damit durchkommen – jeder weiß, was George Bush so getrieben hat, und offenbar ist das auch in Washington allgemein bekannt.‹«

Indem sie George Bushs angebliche Affäre erwähnte, hatte Hillary ein Thema angesprochen, an das sich bisher noch kein Journalist in Washington herangewagt hatte. Noch einmal hatte sie eine bislang heilige Grenze überschritten. Die Zeitungen fielen sofort über sie her und hielten mit ihrer Schadenfreude kaum hinter dem Berg; sie lancierten Schlagzeilen wie: »Hillarys Rache«, »Hillary geht zur Boulevardpresse« und »Bills Frau schmeißt mit Dreck« verbergen. Selbst Barbara Bush brachte ihren Zorn öffentlich zum Ausdruck.

Hillary blieb nichts anderes übrig, als einen Rückzieher zu machen – und zwar schnell. In drei Tagen fand die Vorwahl der Demokraten in New York statt, und ein Skandal war das letzte, was Clinton in diesem Staat, der ihm nur mäßig zugetan war, gebrauchen konnte. Hillary übernahm ganz einfach eine Taktik aus der Bush-Kampagne – hau drauf und »bereue« – und entschuldigte sich am 4. April. Bei einer Wahlkampfveranstaltung für ihren Mann im St. Rose College in Albany sagte sie: »Das war ein Fehler. Die Leute stellten mir damals Fragen, und ich habe darauf geantwortet, aber niemand kann besser als ich nachempfinden, wie schmerzhaft es ist, sich unter vier Augen über derartige Gerüchte unterhalten zu müssen.«

Bushs »Jennifer« erregte nicht soviel Aufsehen, wie sich das Clinton-Lager möglicherweise erhofft hatte. Doch die Beschuldigung – ein strategisch schwacher Zug von Hillarys Seite – trug sehr wohl dazu bei, ihr Ansehen noch mehr zu untergraben. Es hätte natürlich auch so laufen können: Hillary erhebt den Vorwurf, Bill wäre rehabilitiert, und die Wahlkampfleitung könnte – falls Bush zurückschlug – seine Angriffe als bloßen Versuch bezeichnen, sein Gesicht zu wahren. Aber es funktionierte eben nicht. Die Bemerkung schadete Hillarys Ansehen in der Öffentlichkeit nur noch mehr. Ihr blieb nichts anderes übrig, als zu begreifen, daß die Wähler nur das hörten, was sie hören wollten, und nur glaubten, was sie glauben wollten. George Bushs Ansehen als Präsident konnte durch Beschuldigungen der Frau seines Herausforderers nicht angekratzt werden.

Hillarys Name wurde rasch zu einem Modewort für alles, das – nach gängigen Vorstellungen – an erfolgreichen berufstätigen Frauen ein bißchen zu kühl, zu opportunistisch und zu bösartig war. In einem Cartoon des *New Yorker* war eine Frau dargestellt, die eine Verkäuferin nach einem Blazer fragt und sagt: »Aber nicht zu Hillary-mäßig.«

Zur Zeit der Vorwahlen im Staat New York war Hillarys Popularitätsquote nach Meinungsumfragen auf 35 Prozent gesunken. Wenn auch eine Minderheit Hillary immer noch stark und ermutigend fand, so schien die überwältigende Mehrheit inzwischen auf Richard Nixons Vorstellungen über die Beziehung zwischen den Geschlechtern umgeschwenkt zu sein. Immer mehr Wähler, die ansonsten die Stärke und Offenheit der Frau des Kandidaten bewunderten, äußerten nun die Sorge, daß ihre Macht ein Zeichen für Bill Clintons Ohnmacht sein könnte. »Was sagt es über einen Präsidentschaftskandidaten aus, wenn die Leute meinen: ›Seine Frau wird ihm schon helfen. Seine Frau wird im Weißen Haus das Sagen haben?‹« fragte ein Wähler. »Ich will, daß der Präsident auch wirklich Präsident ist.«

Nach den New Yorker Vorwahlen zog sich Hillary von der politischen Bühne zurück. Im späten Frühjahr tauchte sie vollkommen gewandelt in der Rolle der vorbildlichen Ehefrau und Mutter wieder auf. Die Clinton-Wahlkampfleitung ließ verlauten, daß Hillary keinen besonderen Einfluß im Weißen Haus haben würde und daß sie selbst nur einen unbezahlten Job übernehmen wolle. Bei ihren Wahlkampfauftritten konnte man zwar immer noch leidenschaftliche Reden hören, das Ganze nun aber mit Donna-Reed-artigen Posen verbunden. Hillary zerschnitt Bänder bei der Eröffnung von neuen Wahlkampfzentralen und las Vorschulkindern vor Plastik-Bügelbrettern und Kochherden Geschichten wie »Chicka Chicka Boom Boom« vor. Sie übernahm beim Sprechen ein wenig den näselnden Tonfall von Arkansas und erzählte viel über Chelsea und ihr eigenes Interesse am Schulwesen. Bei Fototerminen war sie jetzt stets von kleinen Kindern umgeben. Ihre warme, mütterliche Ausstrahlung sorgte dafür, daß ihr Haarreif eher lehrerinnenhaft wirkte und nicht mehr wie die samtene Krone eines Yuppies aus der Hölle.

Doch ihr Hauptanliegen war, die Wähler davon zu überzeugen, daß Bill Clinton kein Schwächling sei. »Im Grunde ist er ziemlich stark«, sagte sie bei einer Wahlkampfveranstaltung. Sie wiederholte sein jüngstes Versprechen, ihr keinen Kabinettsposten anzubieten: »Das wird nicht passieren, und ich würde ihn ohnehin nicht annehmen.« Sie schwor, daß sie nicht an Kabinettssitzungen teilnehmen würde: »Das habe ich in Arkansas nicht gemacht und werde es auch jetzt nicht anfangen.« Und sie erhob Einspruch gegen die Frage, ob sie eine radikale First Lady neuen Typs werden würde: »Ich glaube nicht; ich hoffe, ich werde einfach ich selbst sein können.«

Ende Mai nannte sie in einem Gespräch mit David Frost die frühere Bemerkung ihres Mannes, daß seine Regierungszeit im Weißen

Haus eine »nie dagewesene Partnerschaft«, noch stärker als die der Roosevelts, werden würde, eine charmante Übertreibung.

Sie versuchte sogar, wenn auch ein wenig unaufrichtig, sich von dem Etikett »Feministin« zu distanzieren, das sie vor vielen Jahren so stolz für sich in Anspruch genommen hatte. Ebenso wie Bill glaubte sie an Gleichberechtigung, doch inzwischen lehne sie einiges von dem ab, »für das der Begriff heutzutage steht«.

»Ich glaube nicht, daß Feminismus, so wie ich ihn verstehe, die Ablehnung mütterlicher Werte impliziert, nämlich Kinder zu erziehen und sich um seinen Mann zu kümmern«, sagte sie. »Das halte ich einfach für Unsinn.«

Obwohl Hillary den feministischen Deckmantel nicht ganz ablegen wollte, stellte sie ihn auch nicht gerade zur Schau. Statt dessen zog sie Vergleiche zwischen sich und Barbara Bush. »Wir sind beide sehr engagierte Frauen. Wir kümmern uns sehr stark um unsere Familien und unterstützen unsere Männer«, sagte sie über Barbara, die sich auf ihrer Steuererklärung als »Hausfrau« bezeichnet. (Hillary wird unter dem Namen Rodham geführt.)

Das Bemühen, eine geistige Verbindung zu Barbara Bush herzustellen, war nie deutlicher zu spüren als am Memorial Day, als Hillary Clinton vor der Abschlußklasse des Wellesley College sprach. Barbara Bush war zwei Jahre zuvor gebeten worden, eine Rede zu halten, und die Einladung hatte auf dem stark feministischen Campus stürmische Kontroversen ausgelöst. Ungefähr ein Viertel der Absolventinnen hatte damals gesagt, sie hielten Barbara Bush, die das College abgebrochen hatte, um zu heiraten, für eine schlechte Wahl, und sie wäre nur wegen ihres Mannes eingeladen worden.

Ihrem neuen, »freundlicheren und sanfteren« Image entsprechend, war es Hillary bei dieser Rede ein wichtiges Anliegen, sowohl die Verdienste von Frauen hervorzuheben, die sich entschieden hatten, zu Hause zu bleiben, um sich um ihre Familie zu kümmern, als auch die Verdienste der Frauen, die einer beruflichen Karriere nachgingen. »Ob Sie nun Managerin in einem großen Unternehmen werden oder Raketen bauen, ob Sie sich um ein öffentliches Amt bewerben oder zu Hause bleiben und Ihre Kinder erziehen«, sagte sie, »Sie können heutzutage jede dieser Entscheidungen zu einer sinnvollen Lebensaufgabe machen.« Außerdem versetzte sie Dan Quayles Kreuzzug für die »Familienwerte« einen spitzen Seitenhieb: »Den Frauen, die ihren Kindern das Mittagessen einpacken oder morgens mit dem Bus zur Arbeit fahren, die ihre Abende bei Versammlungen des Eltern-Lehrer-Ausschusses verbringen oder sich in jeder freien Minute um ihre alten Eltern kümmern, braucht niemand in Washington etwas über Werte zu erzählen. Wir wollen nichts von einer idealisierten Welt wissen, die nie so gerecht und sorglos war, wie einige Leute gerne glauben möchten.« Aber sie konnte es sich auch nicht verkneifen hinzuzufügen, daß ihre Tochter Chelsea »unser ganzes Glück« sei.

Sie erzählte den Collegeabsolventinnen, daß sie es sich zu ihrer Lebensaufgabe gemacht habe, Kindern zu helfen, und daß sie, die jungen Frauen, das in ihrem künftigen Leben auch auf vielfältige Weise tun könnten. »Sie können es tun, indem Sie in die Politik gehen oder indem Sie Plätzchen backen«, sagte sie unter allgemeinem Beifall.

Bei ihrer schmalen Gratwanderung zwischen »Feminismus« und der demokratischen Version der »Familienwerte« war Hillary Clintons Popularitätsquote im Juli erschreckend tief gesunken, nämlich auf 29 Prozent. Der Nationalkonvent der Demokraten rückte näher; es war an der Zeit, sich noch mehr ins Zeug zu legen. Hillary hatte endlich die Attribute einer echten First Lady angenommen. Bei einer Veranstaltung in einer High School in Conway, Arkansas, wurde sie von einem der Schüler gefragt, wie ihre Rolle in einer zukünftigen Clinton-Administration aussehen würde. Hillary senkte ganz damenhaft die Stimme und sagte in sanftem Tonfall: »Ich möchte im Weißen Haus die Interessen der Kinder vertreten.« Das war »Sag einfach nein« mit perfekter Feinabstimmung. Aber Hillary ging noch weiter. Im Juni, am Tag der Vorwahl in Kalifornien, hatten ihre beiden Freundinnen Mary Steenburger und Linda Bloodworth-Thomason sie quasi als Geisel genommen und ihr drei Top-Stylisten angeschleppt: Christophe für die Frisur, Charlie Blackwell für Make-up und Cliff Chally für die Garderobe sowie drei Verkäufer von Ron Ross, einer Designer-Boutique in Studio City. Hillary hatte den Tag im Bademantel verbracht und immer neue Kleider anprobiert. Das Ergebnis war, daß Christophe ihr Haar um fünfzehn Zentimeter kürzte und es »honigblond« färbte und Hillary im Madison Square Garden mit einer vollkommen neuen und deutlich eleganteren Garderobe erschien. An dem Abend, an dem Bill Clinton im Madison Square Garden die Annahme seiner Nominierung verkündete, trug sie ein Kostüm aus hellgelber Seide. Sie nahm sogar Tipper Gore am Handgelenk und zog sie auf die Tanzfläche, wo sie wie »zwei Teenager aus den sechziger Jahren« wirkten, »die ihre verlorene Jugend wiedergefunden haben«, wie Bill treffend bemerkte.

Chelsea wurde aus der heimischen Geborgenheit gerissen und herumgezeigt, um der zweifelnden amerikanischen Öffentlichkeit zu beweisen, daß die Clintons tatsächlich ein Kind haben. Hillary gab ihre Ablehnung auf und gestattete der Zeitschrift *People*, einen Bericht über Chelsea zu bringen (allerdings wirkte ihre Tochter dabei nicht mit), und gab dafür ihre Meinung zu Themen wie durchstochene Ohrläppchen und sexuelle Aufklärung zum besten.

Kindererziehung, Nachtischrezepte und der 4. Juli waren von nun an Hillarys Hauptthemen. Sie duldete Fragen von Journalisten zu ihrer Kleidung. Sie trug Pastelltöne. Kurz vor dem Parteitag machte sie Furore, als sie mit ihrem Rezept für Schokoladenplätzchen gegen Barbara Bush antrat. Der Wettstreit wurde von der Zeitschrift *Family Circle* gesponsert, die Hillarys unglückseligen »Plätzchen«-Kommentar als Aufhänger benutzte, um das Rezept zusammen mit ein paar Meldungen über aktuelle Ereignisse abzudrucken.

»Ich will einfach Spaß haben«, hörte man sie an ihrem ersten Tag in New York sagen. »Ich will den Plätzchen-Wettstreit gewinnen.«

In den Tagen vor dem Parteikonvent warb Hillary mit einer Begeisterung, die nur das Ergebnis einer ungeheuren Verdrängung gewesen sein kann, für ihr Schokoladenplätzchenrezept. Am Montag erklärte sie vor Frauen von Kongressabgeordneten bei einer Teeparty, die ihr zu Ehren gegeben wurde, obwohl sie normalerweise nicht konkurrenzhaft sei (sie doch nicht!), sei sie ganz sicher zu gewinnen.

»Seht her, diesmal habe ich mich wirklich angestrengt«, flehte sie ihre Anhänger an. »Probiert meine Plätzchen. Ich hoffe, ihr mögt sie, aber als gute Demokraten solltet ihr auf jeden Fall für sie stimmen.« Ob Hillary sich überhaupt die Zeit genommen hatte, für den Backwettstreit anläßlich des Parteitags eine Ladung von ihren Plätzchen selbst zu backen, ist unklar. Die Plätzchen bei der Teeparty waren jedenfalls von Powell Weeks gebacken worden, dem Koch von Norma Asnes, einer Freundin von Mrs. Clinton. Andere Freundinnen backten ebenfalls Plätzchen und hätten sogar als einmaliges Zeichen weiblicher Solidarität den ganzen Madison Square Garden damit ausgelegt, wenn das Management das nicht aus hygienischen Gründen verboten hätte. In letzter Minute wurden bei der Soutine Bakery noch 6000 Plätzchen bestellt.

Zu einer der zweifellos albernsten Episoden im ganzen Wahlkampf geriet ein Artikel in der Sparte Modernes Leben der *New York Times*, in dem Hillary über ihr Plätzchenrezept sprach. Ihre Kommentare auf der ehemaligen »Damenseite« der Zeitung sind entsprechend haarsträubend: »Meine Freundinnen sagen, mein Rezept sei demokratischer«, rühmte sie sich, »weil ich pflanzliches Fett statt Butter verwende.« Hillarys Cookies, die aus Hafermehl und Pflanzenfett hergestellt waren, wurden von der Essenskolumnistin Marion Burros als politisch korrekter befunden – und weniger kalorienhaltig – als die buttertriefenden Plätzchen von Barbara Bush. Über dem Artikel prangte ein Foto von Hillary und Tipper Gore, die sich bei einer Tasse Tee im Waldorf von ihrer anstrengenden Cookie-Kampagne erholten.

Angesichts der hitzigen Gefechte beim Nationalkonvent der Demokraten wirkte Hillarys neues Image nicht überzeugend. Ihre mit großen Augen vorgebrachten Hausfrauenkommentare waren dermaßen unsinnig, daß sie schon fast bewußt falsch klangen. »Ich kann es kaum glauben, daß ich tatsächlich nach New York fahre, um zu sehen, wie mein Mann für die Präsidentschaft der Vereinigten Staaten nominiert wird« war ein Volltreffer. »Kitschig wie Kansas im August«, schrieb ein Zeitungsreporter über sie.

»Ich bin eine ganz altmodische Patriotin. Am 4. Juli muß ich immer weinen, wenn ich sehe, wie die Kinder die Speichen ihrer Fahrräder mit Kreppapier verkleiden, und das hier alles kommt mir so unwahrscheinlich, so unglaublich vor.« Ihre Wandlung gefiel eigentlich niemandem. Die *New York Times*-Reporterin Joyce Purnick bat in einem Leitartikel die Delegierten des Parteikonvents: »Laßt Hillary doch Hillary sein!« Und Roger Ailes, ein Berater der Republikaner, meinte: »Hillary Clinton mit Schürze ist wie Michael Dukakis auf einem Panzer.«

Der für seine geistvollen Bosheiten bekannte Journalist der *Arkansas Democrat-Gazette*, Paul Greenberg, urteilte ebenfalls, daß Hillary sich zu ihrem Nachteil verwandelt habe: »Als ich Hillary Rodham kennenlernte, war sie eine Frau, die sich über Unrecht aufregte und keine Angst hatte, das auch zu sagen. Sie war viel engagierter und weniger attraktiv im modischen Sinne. Jetzt ist sie hart, beherrscht, perfekt gestylt und angespannt. Aber irgendwie scheint sie etwas Widersprüchliches an sich zu haben. Man hat den Eindruck, daß sie irgendwas zurückhält.«

Nach dem triumphalen demokratischen Parteikonvent fühlte sich Hillary Clinton vermutlich ganz und gar nicht als Siegerin. Die sieben Monate auf dem politischen Schlachtfeld hatten ihren Tribut gefordert. Natürlich war Hillary nicht die Kandidatin; sie war nicht nach ihrem politischen Programm beurteilt worden. Es war immer gleich ihr ganzes Ich, das in die Schußlinie geriet, ihre Persönlichkeit, ihre Integrität und ihre Ehe. Es gibt wohl niemanden, der eine solche Situation ganz unbeschadet überstanden hätte. Und Hillary Clinton ist nicht der Typ, der seinen Schmerz nach außen hin zeigt, sich Freunden anvertraut oder sich bei ihnen ausweint.

Ein einziges Mal während des ganzen Wahlkampfs hat sie Trost bei einer Freundin gesucht. Es ging um die Art, wie sich die Presse über ihre Ehe ausließ. Doch dann war es im Endeffekt wieder Hillary, die sich zusammenreißen mußte, um die andere zu trösten. Es war während des schrecklichen Monats Januar, als überall von Gennifer Flowers die Rede war. Hillary rief ihre gute Freundin und Vertraute Carolyn Huber an, die bald anfing zu schluchzen. Mit ungewöhnlich sanfter und zitternder Stimme tröstete Hillary sie. Und was ganz untypisch für sie war, sie gab zu, wie sehr sie litt. »Es ist alles so furchtbar, Carolyn«, hatte sie gesagt, wie Huber in *Vanity Fair* berichtet. »Die Presse scheint zu glauben, man hätte keine Gefühle. Sie glauben ganz bestimmt nicht an die Bibel.«

Nachdem sie Bill Clinton »aus dem Reich der Toten zurückgeholt hatte«, wie er es beschreibt, wieviel Lebenskraft steckte da noch in Hillary? Nach dem Parteikonvent der Demokraten verglich Eleanor Clift in *Newsweek* die brave Ehefrau Hillary vom Juli mit der Löwin des vergangenen Winters und bemerkte: »Heute ist Hillary ein ausgebrannter, zugeknöpfter Roboter verglichen mit der vor Lebenskraft sprühenden Frau, die im Januar mit großer Entschlossenheit die politische Bühne betrat.« Das klingt zwar ziemlich drastisch, beschreibt aber durchaus zutreffend, wie sehr sich Hillary nach außen hin verändert hatte. Man weiß, daß Hillary manchmal etwas spröde, bisweilen sogar gehässig sein kann. Diese Eigenschaft kommt allerdings nur zum Vorschein, wenn sie wütend oder verletzt ist, und äußert sich meist in beißender Ironie.

Das wurde zu Anfang des Wahlkampfs sehr deutlich. In New Hampshire hatte Hillary ziemlich bald erkannt, daß die Berühmtheit, die die Clintons allmählich erlangten, durchaus ihre Schattenseiten hatte. Dies machte Hillary ihren Mitarbeitern eines Tages unverblümt klar, als bei einer Wahlkampfveranstaltung in Nashua erstaunlich viele Leute erschienen waren, obwohl Clinton nach den anfänglichen Pannen mit der Einberufungsgeschichte und seinen Seitensprüngen laut Meinungsumfragen stark an Popularität eingebüßt hatte. Einer der Helfer bemerkte erfreut, daß die Umfrageergebnisse offenbar falsch seien. Weshalb sollten sonst so viele Leute an einem kalten Neuengland-Tag kommen, um Clinton zuzujubeln? Mit einer Stimme, die jedes weitere Gespräch im Keim erstickte, antwortete Hillary: »Weißt du denn nicht, warum die hier sind? Die wollen doch nur die Freak-Show sehen.«

Hillarys drei Wandlungen – verletzte Ehefrau, dann streitbare Wahlkämpferin und schließlich perfekte Politikergattin – haben ebenso ihren Tribut gefordert wie die harten Angriffe der Presse gegen sie. Sie hat ihre Gefühle darüber, wie die Medien während des Wahlkampfs mit ihr umgegangen waren, in einem einfachen Kinderreim zusammengefaßt: »As I was standing in the street as quiet as can be / A great big ugly man came up and tied his horse to me« (Ich stand auf der Straße, ganz mucksmäuschenstill, da kam ein großer, häßlicher Mann und band sein Pferd bei mir an). Oder wie sie es gegenüber den Herausgebern des *Daily Sentinel* von Grand Junction Colorado ausdrückte: »Man kommt sich vor, als stände man mitten in einem Feuergefecht, und manchmal fliegen einem die Kugeln ganz schön dicht am Kopf vorbei.«

Im Sommer glaubte Hillary nicht mehr, daß die Medien auch nur ein winziges Interesse daran hätten, die Wahrheit über ihre Ehe oder ihre politischen Ansichten zu verbreiten. Die ganze Cookie-Geschichte war ein einziger Schwindel gewesen. Die Zeitschrift *Family Circle* hatte sie um ein Rezept gebeten, ohne ihr zu sagen, daß es für einen Backwettstreit mit Barbara Bush verwendet werden sollte. Mrs. Bush hatte dabei nicht die geringste Chance, denn ihr Rezept war aus einem 1986 in *McCall's* erschienenen Artikel kopiert. Ihre ernsthaften Äußerungen, ihre Ansprache vor einem proisraelischen Interessenverband und ihr Treffen mit den bundesweit höchstrangigen Politikerinnen blieben dagegen weitgehend unbeachtet. Sie war es leid, daß immer nur über ihre Frisur und ihre Kleider berichtet wurde. Und sie ärgerte sich über Zeitungsartikel, in denen davon die Rede war, man habe ihr einen »Maulkorb« verpaßt.

In Wahrheit hatte sie nie aufgehört, Reden zu halten, und war ganz bestimmt nicht aus dem Wahlkampf ausgestiegen. Doch bei der

Presse hatte sich der Eindruck festgesetzt, daß ihre Auftritte jetzt einen anderen Charakter hätten. Dies erhielt Mitte November eine zusätzliche Rechtfertigung, als die *New York Times* nämlich mit der sensationellen Meldung herausrückte, daß die Clintons Ende April in einem vertraulichen Wahlkampfmemo von Stan Greenberg, dem Meinungsexperten der Gruppe, sowie vom Chefstrategen James Carville und von Medienberater Frank Greer aufgefordert wurden, an ihrem Image zu arbeiten, um den Eindruck eines einfacheren und warmherzigeren Paares zu vermitteln. In dem vierzehnseitigen, vertraulichen Dokument mit dem Titel »Der Präsidentschaftswahlkampf – Zwischenbilanz« wurde vorgeschlagen, daß Hillary Clinton, um dem Eindruck der Wähler entgegenzuwirken, sie »kandidiere selbst«, »strebe nach Macht« und wolle »alle Fäden in der Hand halten«, »gemeinsame Auftritte mit ihren Freundinnen organisieren sollte, bei denen Hillary lachen und Späße machen konnte«, oder vielleicht eine Episode inszenieren, in der »Bill und Chelsea am Muttertag für Hillary eine Überraschung bereithalten«.

Seit ein paar Wochen gab Hillary keine längeren Interviews mehr, sondern teilte ihre Zeit nur noch häppchenweise an Journalisten aus, zum Beispiel während einer zwanzigminütigen Autofahrt zu irgendeiner Veranstaltung. Sie machte kein Smalltalk mehr und bemühte sich nicht, den Journalisten ihre Befangenheit zu nehmen. Ihre Antworten waren so kurz wie möglich. Sie vermied persönliche Äußerungen und sagte nur selten »ich«. Mit eigenartiger Förmlichkeit sprach sie von ihrem Mann nur als »Bill Clinton«.

Hillarys Selbstsicherheit, die zu Beginn des Wahlkampfs so auffallend gewesen war, war angeschlagen. Sie konnte nicht verstehen, daß man sie wegen der paar Ausrutscher, die ihr während des Wahlkampfs unterlaufen waren, dermaßen kritisierte. Sie ist nie über den Aufruhr hinweggekommen, den ihr Kommentar über »Plätzchen und Teepartys« ausgelöst hatte. Sie hat das nie ganz verstanden. In der Gouverneursresidenz von Little Rock hängt im Arbeitszimmer ein Gemälde, auf dem sie und Bill als Farmerehepaar in einer Parodie auf das Gemälde *American Gothic* dargestellt sind. Auf dem Gemälde wirft sie Bill einen Blick von der Seite zu, als ob sie sagen wollte: »Nicht schon wieder!« Würden die Rollen von nun an vertauscht sein? Würden ihre Ehe, ihr jeweiliges Selbstverständnis das aushalten?

Nach dem Parteikonvent der Demokraten sah man Hillary häufig mehr im Hintergrund stehen. Ihr Lächeln war ein bißchen breiter und sanfter. Als »designierte Gattin« stand sie »an der Seite ihres Mannes«. Sie trat im Nachmittagsprogramm des Fernsehens in der Sendung *Home* auf und stellte sich in einer Ratgebersendung namens *Club Mom* mit anderen Müttern gegenseitig Fragen. Sie hielt auch immer noch Wahlkampfreden, aber ohne viel Tamtam. Und sie nahm sich am Rande des Wahlkampfs immer wieder Zeit, um lange, ruhige Gespräche mit Chelsea zu führen. Man konnte sie auch oft beten hören: »Lieber Gott hilf mir. Das Meer ist so weit und mein Boot ist so klein.«

Das Rennen würde noch drei Monate dauern, und Bill Clinton war im Aufwind. Würde Hillary Rodham Clinton untergehen?

Und der Parteikonvent der Republikaner stand noch bevor.

Die Reaktion

»Woran glaubt *Hillary*?« brüllte Patrick J. Buchanan, während die kichernde und lärmende Menge der Delegierten seine Worte gierig aufsog.

»Woran glaubt *Hillary*?«

»Hillary glaubt, daß Zwölfjährige das Recht haben sollten, ihre Eltern vor Gericht zu bringen. Und *Hillary* hat die Institution der Ehe und der Familie mit Sklaverei und dem Leben in einem Indianerreservat verglichen.«

Pfiffe und Buhrufe waren zu hören.

»Nun, sprich für dich selbst, *Hillary*.«

Der Nationalkonvent der Republikaner im August 1992 war ein Fest des Hasses. Homosexuelle, Liberale, berufstätige Mütter, sie alle wurden zur Zielscheibe einer ultrarechten Kampagne, die, wie zahlreiche Parteimitglieder später übereinstimmend sagten, irgendwann außer Kontrolle geraten war. Allerdings mußte niemand mehr Schläge einstecken als Hillary Clinton.

Daß ihre Ansichten angegriffen wurden, war an sich nicht weiter erstaunlich. Schon seit Wochen war auf höchster Ebene im Bush-Lager die Anti-Hillary-Maschinerie in Gang gesetzt worden. Bushs Wahlkampfmanagerin Mary Matalin hatte an der Wand ihres Büros ein Foto von Hillary als böse Hexe von der Ostküste mit der Sprechblase: »Ich krieg' dich schon, meine Süße, und dein kleines Hündchen auch!« Eine Woche vor dem Parteikonvent hatte der republikanische Bundesvorsitzende Rich Bond mit seiner spöttischen Bemerkung: »Hillary Clinton, die Fürsprecherin der Familie, die der Meinung ist, Kinder sollten das Recht haben, ihre Eltern zu verklagen, anstatt ihnen im Haushalt zu helfen«, den ersten Schuß der Offensive abgegeben.

Als Pat Buchanan mit seiner schwülstigen Rede begann, reichte die bloße Erwähnung von Hillary Clintons Vornamen, um die im Astrodome versammelten Republikaner in gröhlendes Gelächter zu versetzen. Viele trugen Buttons mit der Aufschrift: »Wer backt noch ein paar Plätzchen für Bush?«

Aber Buchanan machte keine Späße. Mit todernster Stimme warf er Hillary Clinton vor, sie sei eine »radikale Feministin«, die als Teil einer tödlichen »Clinton & Clinton«-Administration dem Land »Abtreibung auf Wunsch – eine Kernfrage für den Obersten Gerichtshof –, Rechte für Homosexuelle, Diskriminierung von konfessionell gebundenen Schulen und Frauen in Kampfeinheiten« bescheren würde. Im Kulturkampf um die »Seele Amerikas«, von dem Buchanan an anderer Stelle gesprochen hatte, stand Hillary eindeutig auf der Seite der Verdammten.

Viel schockierender als Buchanans politische Rhetorik zur Hauptsendezeit waren jedoch die Angriffe auf Hillary Clinton, die sich nicht vor der Kamera abspielten und die sie in einer einzigartig finsteren und schülerhaften Weise dämonisierten. Unter den Delegierten, die Buttons trugen, auf denen Hillary lächerlich gemacht wurde, zirkulierte ein Buch mit dem Titel: *Hillarious: The Wacky Wit. Wisdom & Wonderment of Hillary Rodham Clinton*, ein schmales Bändchen des rechtsgerichteten Autors George Grant, in dem im Grunde recht harmlose, aber wohlüberlegte Äußerungen aus ihren zahlreichen Schriften und Reden parodistisch entfremdet werden, diese aber für eine allgemeine Hetzkampagne gegen Schwule, weltlichen Humanismus und gegen die Befürworter des Rechts auf Abtreibung umgemünzt wurden. Das Buch beginnt mit einer »Apologie« aus dem Buch der Psalmen, die treffend den Ton des ganzen Machwerks wiedergibt: »Doch er, der im Himmel thront, lacht, der Herr verspottet sie. Dann aber spricht er zu ihnen im Zorn, in seinem Grimm wird er sie erschrecken.«

Einige Delegierte des Konvents wandten ein, das Buch sei nicht negativ genug. Sie wollten sie schlachten. Und am Sonntag der Konventswoche tat eine kleine Splittergruppe, das Committee for Decent Family Values, ihnen den Gefallen. Sie hielten vor dem Astrodome eine Kundgebung ab, »um Hillary Clinton in den Boden zu stampfen«, in deren Verlauf ein lebender Elefant eine Puppe zertrat, die nach Aussagen der Gruppe für Hillarys »Anti-Familienwerte« stand. Eine merkwürdige Tat am Sabbat.

Interessanterweise kamen zahlreiche Angriffe auf Hillary Clinton von einer Frau, die vier Jahre zuvor selbst von der Presse lächerlich gemacht worden war, nämlich von Marilyn Quayle. Ihr Stolz war immer noch durch die Tatsache verletzt, daß 1988 Berater von Bush versucht hatten, ihr »einen Maulkorb zu verpassen«, und sie war immer noch sauer über Bemerkungen, in denen ihre Frisur mit Mary Tyler Moores Aufmachung in den siebziger Jahren verglichen wurde. Sie war wie ein Bär, der von einer Klette geplagt wird. Permanent kratzte sie an ihrer Wunde und wurde immer wütender. Dieselbe Frau, die erst vor vier Jahren über ihre mögliche Rolle als Gattin des Vizepräsidenten gesagt hatte: »Mein Gott, das bedeutet Teekränzchen und Kaffeeklatsch, ich würde verrückt«, setzte sich nun als exakter Gegenpol zu Hillary Clinton in Szene, als eine Frau aus derselben turbulenten Generation, die sich zufrieden für den traditionellen Weg entschieden hat. Sie wandte sich an die Leute aus der Baby-Boomer-Generation, die nicht »in die Subkultur übergewechselt sind«, nicht demonstriert, keine Drogen genommen und sich nicht »vor der Einberufung gedrückt« haben. »Damals hielten keineswegs alle die Familie für eine so repressive Einrichtung, daß Frauen sich nur außerhalb entfalten könnten.« Marilyn Quayle arbeitete als Wahlkampfmanagerin für ihren Mann, hatte ein eigenes Büro neben seinem im Old Executive Office Building, korrigierte ihn unverblümt bei Interviews und ist selbst überall im Land herumgereist, um für ihr Buch *Embrace the Serpent*, einen Thriller, zu werben. Aber dennoch schlug sie auf die Feministinnen ein: »Manchmal glaube ich, die Liberalen sind deshalb immer so sauer, weil sie an die großartigen Versprechungen der Befreiungsbewegungen glauben. Sie sind enttäuscht, weil die meisten Frauen überhaupt nicht von der Rolle befreit werden wollen, die ihrem wahren Charakter entspricht.« Sie ritt auf der Tatsache herum, daß die Clintons unterschiedlichen Kirchen angehören, wobei sie vergaß, daß sie 1988, als Gerüchte kursierten, wonach ihre Eltern Anhänger des fundamentalistischen Predigers »Colonel« Robert B. Thime waren, der für seine bösartigen Angriffe gegen Homosexuelle, Liberale und die Vereinten Nationen bekannt war, energisch darauf gepocht hatte, daß Religion eine private Angelegenheit sei.

Indem sie sich so eindrucksvoll in den Vordergrund schob und damit endlich die Prominenz erlangte, die man ihr 1988 versagt hatte, schien Marilyn Quayle auf ihre Art Hillary mit deren eigenen

Waffen schlagen zu wollen. Doch dieser Versuch scheiterte kläglich. Als die Quayle-Mannschaft ihr eigenes Pendant zu dem biographischen Film vorführte, den man beim demokratischen Parteikonvent gezeigt hatte und in dem Hillary erzählt, wie sie Bill in der Bibliothek von Yale kennengelernt hat, konnte man Marilyn mit Begeisterung berichten hören, wie sie J. Danford Quayle während des Jurastudiums in einem Seminar kennengelernt hatte: »Wir lernten uns über die Todesstrafe kennen.« Das klang nicht ganz so liebenswürdig wie bei Hillary. Doch wie ein Insider gegenüber dem Nachrichtenmagazin *Time* bemerkte: »Marilyn hat nichts Liebenswürdiges an sich.«

Barbara Bush hingegen blieb liebenswürdig und sogar bewundernswert, als sie von Fernsehkameras erwischt wurde, wie sie während der Buchanan-Rede mit finsterer Miene eine Bemerkung zu ihrer Nachbarin murmelte. Sie ging sogar so weit, zu beteuern, daß die Angriffe auf Hillary Clinton »nicht meinen Vorstellungen von einem fairen Wahlkampf entsprechen«, und sagte der *Washington Times*, sie fände es »widerwärtig«, wie Journalisten in Hillary Clintons Privatleben herumwühlten. Später gab sie jedoch stillschweigend ihr Einverständnis mit den Angriffen, indem sie erklärte, sie seien legitim, »wenn Hillary sich selbst zum Ko-Präsidenten ernennt«.

Als die Angriffe auf Hillary beim republikanischen Parteikonvent immer stärker wurden, konnte sich Bill Clinton die Frage nicht verkneifen, »ob George Bush diesmal für das Amt der First Lady kandidiere«. Das tat er natürlich nicht, aber er spielte Barbara gegen Hillary aus. Er glaubte, daß diese Schlacht leichter zu gewinnen sei als die eigene gegen den demokratischen Herausforderer. Barbara Bush war doppelt so beliebt wie er, und ein beträchtlicher Anteil der Bevölkerung betrachtete Hillary während des gesamten Wahlkampfs mit sehr gemischten Gefühlen.

Diese Strategie der Republikaner ging jedoch ins Auge.

Bereits am Samstag, dem 22. August, baten Bushs Wahlkampfhelfer in Einzelgesprächen die Redner beim Konvent, ihre Angriffe auf Hillary Clinton abzumildern. Pat Robinson, Sprecher eines christlichen Fernsehsenders, strich daraufhin in seiner Rede alle Hinweise auf sie. Mary Matalin schien nun die erste Kandidatin für einen Maulkorb zu sein.

Den Republikanern war eine fatale Fehleinschätzung unterlaufen. Man war davon ausgegangen, daß die Angriffe auf Hillary Clinton besonders gut bei älteren Weißen im Süden und bei Arbeitern aus ethnischen Gruppen im Norden ankommen würden. Von denen nahm man nämlich an, daß sie gutbezahlten, unabhängigen Rechtsanwältinnen besonders mißtrauisch gegenüberstünden. Man hatte allerdings nicht bedacht, daß niemand es gern sieht, wenn man seine Mutter, Ehefrau oder Tochter beleidigt. Mit ihrer Kritik an berufstätigen Frauen, insbesondere an berufstätigen Müttern, hatten die Republikaner die rund 60 Prozent verheirateten Frauen, die berufstätig sind, vor den Kopf gestoßen, ganz zu schweigen von dem noch höheren Prozentsatz unverheirateter Frauen, die arbeiten gehen. Sie hatten den Lebensstil der weitaus meisten amerikanischen Ehepaare unter Fünfzig angegriffen. Und sie hatten außerdem die Frauen in ihrer eigenen Partei verärgert, von denen viele, nachdem die Partei das Abtreibungsverbot auf ihr Programm gesetzt hatte, bereits ihren Austritt erwogen hatten.

Jane O'Reilly brachte in ihrem Artikel in der *Getting It Gazette*, einem feministischen Mitteilungsblatt, das auf beiden Parteitagen verteilt wurde, die Gefühle zahlreicher Frauen auf einen Nenner, indem sie schrieb: »Wir sind jetzt die politische Zielscheibe, die einst der Kommunismus und die Ausgabenverschwendung waren. Heutzutage sind die Frauen der Feind. Hillary Clinton wird als das ›andere‹ dargestellt… Aber wir sind Hillary Clinton.«

Das wirkliche Angriffsobjekt auf dem republikanischen Parteikonvent war natürlich gar nicht Hillary Clinton persönlich. Sie war lediglich ein Symbol für all das, was das amerikanische Familienleben seit den späten sechziger Jahren total verändert hatte, sehr zum Verdruß der Leute, deren Vorstellungen von häuslichem Glück sich an den Fernsehkomödien der fünfziger Jahre orientierten. Es spielte für die Republikaner überhaupt keine Rolle, daß die gesellschaftlichen Veränderungen der letzten zwanzig Jahre jenseits aller Partei-, Regional- und Klassenschranken stattgefunden hatten, und nicht nur, wie der *American Spectator* behauptete, unter »reichen«, an der Ostküste ausgebildeten »Feministinnen«. Ebensowenig, daß diese Veränderungen zum großen Teil wirtschaftliche Ursachen gehabt hatten.

Die Republikaner hatten sich Hillary Rodham Clinton, die Frau und Mitstreiterin von Bill Clinton, herausgepickt, um ihr die Zerstörung der Familie in die Schuhe zu schieben. Sie behaupteten, sie hätte in ihren Schriften die Zerstörung der amerikanischen Familie gefordert. Nichts ist weiter von der Wahrheit entfernt als eine solche Behauptung.

Um ihre Kampagne gegen Hillary Clintons »Familienwerte« zu stützen, hatten die Republikaner aus dem Zusammenhang gerissene Zitate und verzerrte Darstellungen der juristischen Artikel herangezogen, die Hillary in den siebziger Jahren als Anwältin und Fürsprecherin für die Rechte der Kinder geschrieben hatte. Ihre am häufigsten zitierte Bemerkung, die auch Pat Buchanan in seiner Rede am Eröffnungsabend des Parteikonvents so unverfroren aufgegriffen hatte, stammte aus einem Aufsatz, den sie 1973 für die *Harvard Educational Review* unter dem Titel »Die rechtliche Stellung von Kindern« geschrieben hatte. Darin führt sie aus: »Die Hauptrechtfertigung dafür, Leute in einem Abhängigkeitsverhältnis ihrer Rechte zu berauben, besteht darin, daß gewisse Individuen nicht in der Lage oder unwürdig sind, für sich selbst zu sorgen, und deshalb sozialer Einrichtungen bedürfen, in denen sie geschützt werden. Man nimmt an, daß die Gesellschaft unter den gegebenen Umständen das Beste für diese Individuen tut. Neben der Familie sind aktuelle oder historische Beispiele für derartige Einrichtungen die Ehe, die Sklaverei und die Indianerreservate.«

Auch wenn diese Bemerkung von konservativen Kreisen so interpretiert wurde, wie es Daniel Wattenberg im *American Spectator* ausdrückte, daß hier nämlich »die amerikanische Familie mit der Sklaverei gleichgesetzt« würde, ist das eindeutig nicht der Fall. Hier sollte lediglich gezeigt werden, wie das Gesetz in der Vergangenheit bestimmte Klassen von Menschen als abhängig von anderen behandelt hatte, als Menschen ohne das Recht, für sich selbst zu sprechen. Und damit gab Hillary nur altbekannte Tatsachen wieder. Bis in die jüngste Neuzeit hatten verheiratete Frauen nur wenige Rechte und waren juristisch ihren Ehemännern unterstellt. Da sie gesetzlich als Einheit mit ihrem Mann betrachtet wurden, hatte eine verheiratete Frau im 19. Jahrhundert in einigen Staaten nicht einmal das Recht, etwas unter ihrem eigenen Namen zu besitzen oder eine Klage bei Gericht einzureichen. Daß historisch gesehen tatsächlich deutliche Parallelen zwischen Sklaverei und Ehe in puncto Machtverteilung und -ausübung bestanden, war keine radikal neue Vorstellung. Überhaupt war der Tenor des Artikels keineswegs radikal. Hier wurden bloß Überlegungen darüber angestellt, inwiefern es dem Staat erlaubt sein sollte, in das Familienleben einzugreifen, wenn Eltern offenbar nicht in der Lage waren, angemessen für ihre Kinder zu sorgen. Insbesondere müsse Kindern die Möglichkeit eingeräumt werden, ihre Interessen vor Gericht zu vertreten.

Kinder hatten praktisch so gut wie keine gesetzlich verankerten Rechte, als Hillary 1973 als Anwältin des Children's Defense Fund diesen Aufsatz schrieb. Während man straffälligen Jugendlichen vor Gericht einen Rechtsbeistand zuteilte, ging man davon aus, daß aufgrund des »Abhängigkeitsverhältnisses« zwischen Eltern und Kindern nichtstraffällige Jugendliche kein Recht auf einen unabhängigen juristischen Beistand hätten. Dies, so Hillary Rodham, sei ein grobes Versäumnis und nehme Kindern die faire Chance, daß ihre besonderen Bedürfnisse und Interessen vom Gesetz berücksichtigt würden.

Sie schlug vor, den rechtlichen Status der Unmündigkeit abzuschaffen, wodurch auch die Annahme, daß Kinder rechtlich unmündig seien, hinfällig würde. Sie schrieb, daß sämtliche Rechtsmittel, die Erwachsenen verfassungsmäßig garantiert werden, auch Kindern zur Verfügung stehen müßten, sobald der Staat oder ein Dritter gegen sie vorgeht. Auch in späteren Schriften vertrat sie den Standpunkt, daß eine Rechtsauffassung, die jeden unter 18 oder 21 für »unmündig« erklärt, künstlich sei, die Sache zu stark vereinfache und die deutlich unterschiedlichen Fähigkeiten von Kindern verschiedener Altersstufen nicht in Betracht ziehe. Hillary plädierte für die Schaffung einer abgestuften Reifeskala, die die wachsenden Fähigkeiten von Kindern berücksichtigt und ihnen dementsprechend in einzelnen Bereichen allmählich mehr Rechte einräumt. Sie bemerkte, daß die Gesetzgeber das in einigen Bereichen bereits getan hätten, etwa beim Wahlrecht und beim Mindestalter für den Führerschein. »Die Abschaffung der Sklaverei und die Emanzipation verheirateter Frauen brachte den ehemals ›minderwertigen‹ Personen nicht automatisch die vollen Bürgerrechte, doch der Staat mußte zumindest anfangen, die Behandlung dieser Gruppen neu zu überdenken«, erklärte sie. »Die Abschaffung der Unmündigkeit muß nicht zwangsläufig bedeuten, daß Kinder vor dem Gesetz ausgereifte Mini-Erwachsene würden. Ihre persönlichen und verfahrenstechnischen Rechte können immer noch auf der Grundlage zuverlässiger Erkenntnisse über die Bedürfnisse und Fähigkeiten in bestimmten Altersstufen modifiziert werden.«

Hillarys Ansichten waren keineswegs radikal, aber sie waren ein wenig ihrer Zeit voraus. Anfang der siebziger Jahre gab es über die Rechte von Kindern nur wenige Schriften von ungefähr einem halben Dutzend Rechtswissenschaftlern. Man war allerdings dabei, den rechtlichen Status von Kindern zu verändern. Während der vergangenen zehn Jahre wurde in Fachzeitschriften mehrfach über Entscheidungen des Obersten Gerichtshofs berichtet, in denen es um Ausbildungsprobleme und die Rechte der Eltern ging, um Fragen wie Unterricht zu Hause oder was geschieht, wenn ein Kind sich weigert, in der Schule die Flagge zu grüßen.

Eine weitere häufig zitierte Äußerung von Hillary Rodham stammt aus ihrem 1979 erschienenen Buch *Children's Rights: Contemporary Perspectives*. Sie lautet: »Entscheidungen über Mutterschaft und Abtreibung, Schule, Schönheitschirurgie, die Behandlung von Geschlechtskrankheiten, über Beruf und anderes, wodurch die Entscheidung oder Nichtentscheidung die Zukunft des Kindes wesentlich tangiert wird, sollten nicht einseitig von den Eltern getroffen werden.« Dies wurde in konservativen Kreisen so ausgelegt, daß Teenager ihre Eltern verklagen könnten, damit sie ihnen eine Nasen- oder Mundkorrektur finanzierten. Doch in Wirklichkeit geht es, wie Davidson sagt, »in ihren Aufsätzen nicht um die Frage, ob Kinder die Möglichkeit haben sollten, ihre Eltern zu verklagen«. Das fragliche Zitat stammt aus einem längeren Abschnitt, in dem versucht wird, die »Extremfälle« einzugrenzen, in denen Gerichte befugt sein sollten einzugreifen, um die Rechte von Kindern gegen ihre Eltern zu verteidigen. Die ganze Frage der gerichtlichen oder staatlichen Einmischung in die Privatsphäre ist einer der Bereiche, in dem Hillarys Ansichten besonders verzerrt dargestellt worden sind.

Konservative Kreise haben Hillary eine Befürworterin einer stärkeren Einmischung des Staates in den häuslichen Bereich genannt. Doch tatsächlich hat sie über die Jahre hinweg in ihren Schriften immer wieder dargelegt, daß weniger mehr ist. Natürlich wurde ihre Auffassung, daß man Kinder ihren Fähigkeiten entsprechend behandeln sollte, es dem Staat erleichtern, Kinder im Fall von Mißhandlung der elterlichen Aufsicht zu entziehen, dennoch war Hillary Rodham eine der ersten Rechtswissenschaftlerinnen, die vor einer übertriebenen Einmischung in das Familienleben durch soziale Einrichtungen gewarnt hat. Und das lange bevor Klagen gegen die staatliche Jugendfürsorge wegen Verletzung der Rechte von Eltern und Kindern gang und gäbe wurden.

»Es ist notwendig, die begrenzte Macht des Rechtssystems zu erkennen, soziale Vereinbarungen vorzuschreiben und durchzusetzen«, schrieb Hillary 1973. Die meisten Familien seien besser in der Lage, sich um Kinder zu kümmern als der Staat, glaubte sie, und brachte damit die Angst vor »willkürlicher und schädlicher Einmischung des Staates« zum Ausdruck. Der Staat »hat die Pflicht, in Fällen schwerer Vernachlässigung oder psychologischer Schädigung einzugreifen, wenn zu erwarten ist, daß die Entwicklung eines Kindes durch seinen weiteren Verbleib in der Familie entscheidend beeinträchtigt wird«. Doch sie fügte hinzu, »der Staat sollte nicht die Rolle von Ersatzeltern übernehmen in den zahlreichen Fällen, wo die Einmischung zur Trennung des Kindes von seiner Familie führt«. Der Tenor des Ganzen ist, daß die staatlichen Bemühungen sich darauf konzentrieren sollten, Mißhandlungen zu verhindern und die Kinder nicht erst dann aus ihren Familien zu holen, wenn es schon zu spät ist.

Ein interessanter Aspekt in Hillary Rodhams juristischen Schriften, der die von Eigenverantwortung geprägte Auffassung von Sozialfürsorge, die die Clintons als gemäßigte Demokraten heute vertreten, bereits vorwegnimmt, kommt in ihrer Forderung zum Ausdruck, daß mit den Rechten, die man Kindern gewährt, auch gewisse Pflichten verbunden sind. Auf diese Weise schafft sie ein Verhältnis gegenseitiger Verantwortung zwischen Eltern und Kindern. Diese Idee fand ihren Niederschlag in einem Gesetz in Arkansas, das Schüler verpflichtete, zur Schule zu gehen, um einen Führerschein machen und behalten zu können. Mit ihrem Beharren auf persönlicher Verantwortung, das sich wie ein roter Faden durch Hillary Clintons gesamte Anwaltstätigkeit zieht, gehört sie eindeutig in das gemäßigte Lager der Sozialreformer, ebenso wie sie mit ihrer Betonung der Verantwortung des Individuums für den Erhalt der Familie der Hauptstromung amerikanischen politischen Denkens folgt. »Ihr Grundsatz, daß die Diskriminierung von Kindern Bestrafung verlangt und daß die Gerichte die Möglichkeit haben sollten, den Standpunkt von Kindern mit zu berücksichtigen, wird von mehr oder weniger allen Leuten, die über die Rechte von Kindern nachgedacht haben, als selbstverständlich angesehen«, erklärte Sanford J. Fox, Professor an der juristischen Fakultät des Boston College und Vorsitzender des Committee of Children's Rights der American Bar Association, im August in der *New York Times*.

In ihrem Porträt von Hillary Clinton als einer Radikalen haben die Republikaner auch deren enge Verbindungen zu bekannten liberalen Organisationen hervorgehoben. Insbesondere nahm man Anstoß an ihrer Tätigkeit im Vorstand der Legal Services Corporation, deren Vorsitzende sie zwei Jahre lang war und für die sie insgesamt von 1978 bis 1981 gearbeitet hat. Den Konservativen ist diese Einrichtung, die Rechtsberatungsstellen für Mittellose finanziert, ein Dorn im Auge. Sie haben einige umstrittene Prozesse, die während Hillary Rodhams Amtszeit von LSC-Filialen geführt wurden, scharf kritisiert. Bei einem Prozeß in Connecticut sollte der Staat die Kosten für eine Geschlechtsumwandlung übernehmen. Bei einem anderen ging es darum, zwei Drittel des Staates Maine an Indianerstämme zu übereignen. Selbst Demokraten übten Kritik an den besonders strittigen Fällen der Organisation. Doch muß man bedenken, daß es sich um eine stark dezentralisierte Einrichtung handelt, und es ist unklar, wieviel Einfluß der Vorstand auf die Entscheidung der Filialen hatte, bestimmte Fälle zu übernehmen.

Auch ihre Arbeit für den Children's Defense Fund, einem nicht parteigebundenen Interessenverband, dessen Vorsitz Hillary von 1986 bis Februar 1992 führte, brachte sie in Konflikt mit den Interessen der Konservativen und manchmal sogar mit Bill Clinton. 1991 setzte sich die Organisation für eine Steuererhöhung von 11,6 Milliarden Dollar ein mit dem Vorschlag, die Steuerbefreiung für ererbten Kapitalgewinn abzuschaffen, und für eine weitere Erhöhung von 13 Milliarden Dollar durch eine Verdoppelung der Steuern auf Tabak und Alkohol.

Der CDF spielte auch eine Schlüsselrolle im Rahmen der Jugendfürsorge-Debatte des Kongresses im Jahr 1990. In diesem Jahr reiste Hillary Clinton mit einer Arbeitsgruppe von professionellen Jugendfürsorgern zwei Wochen durch Frankreich. Sie besuchten Schulen und sprachen mit Ministerial- und Regierungsbeamten, Pädagogen und Fachleuten aus dem Gesundheitswesen. Beeindruckt stellte sie fest, daß es in Frankreich gesetzlich geregelten, bezahlten Urlaub für die Geburt oder Adoption eines Kindes gibt sowie staatliche Programme für die Gesundheitsfürsorge von Kindern, daß die Lehrer in den Vorschulen besser bezahlt werden und die Schulen selbst in puncto Sicherheit viel besser ausgestattet sind.

»Wir lernten ein koordiniertes und umfassendes System kennen, das von allen Parteien unterstützt wird und in dem Ganztagsschule,

Vorschulerziehung und Gesundheitsfürsorge lückenlos ineinandergreifen – und das praktisch jedem Kind zur Verfügung steht«, schrieb sie in einem Leitartikel in der *New York Times.* »Doch noch viel wichtiger ist der überall in Frankreich verbreitete Glaube, daß Kinder eine kostbare, nationale Ressource sind, für die die Gesellschaft gemeinsam die Verantwortung trägt, und daß es ein Ziel jedes Jugendfürsorgesystems sein sollte, den Kindern eine erfolgreiche Entwicklung zu ermöglichen.

Mit diesen Betrachtungen geriet sie sofort in Konflikt mit den orthodoxen Republikanern. »Während der achtziger Jahre schien sich die ganze Debatte um die Jugendfürsorge in den USA immer wieder um die ›Familienwerte‹ zu drehen«, schrieb sie. »Dabei geht man davon aus, daß die Eltern allein entscheiden können..., was das Beste für ihre Kinder und damit für die Gesellschaft ist, ...und dementsprechend handeln können... Doch diese Auffassung hat es unserer Regierung und – in einem noch viel größeren Ausmaß – der Wirtschaft gestattet, die Bedürfnisse der amerikanischen Kinder und ihrer Eltern zu ignorieren.« Sie rief die amerikanische Regierung auf, von Frankreich zu lernen. Doch George Bush legte weiter gegen jede vom Kongreß eingereichte Gesetzesvorlage zur Schaffung eines Erziehungsurlaubs sein Veto ein.

In manchen Fragen vertrat der Children's Defense Fund einen Standpunkt, der Hillary und Bill Clinton zu politischen Gegnern werden ließ. Als sich der CDF für eine Reihe bundesweiter Standards in der Jugendfürsorge einsetzte, stellte sich Bill Clinton, der damals Vorsitzender der National Governors' Association war, dagegen und gewann.

Auch beim Thema ABC-Jugendfürsorge-Programm, einem Entwurf zur Förderung bundesweiter Standards, zentralisierter Dienstleistungen und ausgebildeter Sozialhelfer schieden sich ihre Geister. Hillary trat energisch fur den Entwurf ein, während Bill ihn ablehnte. Und schließlich fiel er 1990 auch im Kongreß durch. In Clintons eigenem Entwurf für die Jugendfürsorge in Arkansas sind ebenso wie in seinem Bildungsreformprogramm Elemente mit elterlichen Entscheidungen vorgesehen.

Der vielleicht spektakulärste Konflikt zwischen den beiden fand im März 1991 statt, als der Children's Defense Fund zusammen mit fünfzehn weiteren Gesundheits- und Verbraucherorganisationen einen Brief an den Sprecher des Repräsentantenhauses Thomas

Foley schickte, worin man ihn bat, einem Antrag der National Governors' Association nicht zu folgen, das Inkrafttreten neuer Medicaid-Leistungen um zwei Jahre hinauszuschieben. Der CDF erklärte, daß die Ausweitung des Medicaid-Programms erforderlich sei, damit schwangere Frauen und Kinder die notwendige Gesundheitsfürsorge erhielten. Als Vorsitzender der Vereinigung hatte Bill Clinton sich für den Antrag der Gouverneure bereits stark gemacht. Als stellvertretender Vorsitzender der Health Policy Task Force in der NGA hatte er wiederholt geklagt, daß für zusätzliche Ausgaben der Staaten für Medicaid Gelder aus dem Bildungsbereich und von anderen wichtigen öffentlichen Leistungen abgezogen würden. Er trat dafür ein, daß das Land eine Lösung in der Frage der Gesundheitsfürsorge finden müsse, die die einzelnen Staaten nicht zusätzlich belaste. Als Vorsitzende des CDF arbeitete Hillary zwangsläufig direkt gegen ihn.

Über ihre Meinungsverschiedenheiten zu sprechen, war für Hillary eine heikle Sache. »Bills Haltung, die seiner Verantwortung als Gouverneur durchaus entspricht, ist eher durch finanzielle Erwägungen bestimmt«, sagte Hillary dem *Arkansas Democrat*. »Die Haltung des CDF ist dagegen eine politische. Auf lange Sicht wird das Land die Diskrepanz zwischen beiden lösen müssen.«

Die Unterschiede in ihren politischen Auffassungen lassen erkennen, daß sie in sozialen Fragen im großen und ganzen liberaler ist als er und daß er mehr Rücksicht auf finanzpolitische Grundsätze nimmt und darauf, welchen Einfluß eine Sache auf sein politisches Image haben wird.

Beide haben sich für die Benachrichtigung der Eltern im Fall einer Abtreibung bei einer Minderjährigen eingesetzt. Er hat es allerdings lange abgelehnt, daß Medicaid die Kosten übernimmt. Erst im Sommer 1991 hat er sich offiziell »pro-choice«, also für die freie Entscheidung der Frau, bekannt.

Doch selbst wenn Hillary ein wenig liberaler ist als Bill, dann ist sie doch keineswegs eine Radikale. Schon in den späten sechziger und frühen siebziger Jahren hat sie eine radikale Haltung vermieden und ist seitdem ganz gewiß nicht nach links gerückt.

Freunde meinen, auch wenn sie vielleicht etwas liberaler ist als Bill, dann sei der Unterschied nur graduell.

»Ich halte sie für liberaler als ihn«, sagt Carolyn Ellis. »Aber beide sind sehr pragmatisch, und Pragmatismus kennt keine Etiketten.«

Pragmatismus scheint überhaupt die beste Definition für Hillary Clintons politische Philosophie zu sein.

Ihre Freunde sehen das zum Teil als Resultat der langen Zeit, die sie mit Politik zu tun hatte.

»Ich glaube, ihre Ansichten sind mit der Zeit weniger ideologisch geworden und sind jetzt mehr von Erfahrung geprägt«, sagte Richard Stearns, ein Freund von Bill aus der Zeit in Oxford. »Als ich sie kennenlernte, schien sie ideologischer an Fragen und Entscheidungen heranzugehen, als sie das heute tut. Ihre Ansichten sind immer noch entschieden liberal, aber sie sind nicht mehr so einseitig liberal wie früher.«

Die Wurzel ihres politischen Pragmatismus könnte durchaus in ihrer Religion liegen, die wohl das zentrale Element in Hillary Clintons Leben darstellt, nach ihrem Mann und ihrer Tochter. Wenn sie in der Stadt sind, sieht man Hillary und Chelsea jeden Sonntag auf ihrem gewohnten Platz auf der linken Seite in der Nähe des Pfarrers in der First Methodist Church von Little Rock, einem roten Ziegelbau aus der Jahrhundertwende, dessen schlichter Innenraum nur von zwei prächtigen Rosettenfenstern geschmückt wird. Wegen ihrer zentralen Lage zwischen Gouverneursresidenz und Kapitol zieht diese Kirche eine ethnisch und sozioökonomisch sehr gemischte Gemeinde an.

Die Clintons haben sich ausgiebig über die Tatsache auseinandergesetzt, daß sie verschiedenen Kirchen angehören. Die Methodistenkirche wurde im 18. Jahrhundert von John Wesley begründet, einem britischen Sozialreformer, der sich für die Armen eingesetzt und sein Lebensende als Prediger unter ihnen verbracht hat. Die Kirche verkündet immer noch seine Lehre von sozialer Gerechtigkeit und persönlicher und gesellschaftlicher Verantwortung. Bill Clinton gehört einer Baptistengemeinde an, der Immanuel Baptist Church, die politisch weit von den Methodisten entfernt ist.

»Der Methodismus betont das Gleichgewicht zwischen persönlicher Glaubensausübung und dem gesellschaftliche Aspekt dieses Glaubens«, sagt Don Jones. »Seine Sorge gilt den Unterprivilegierten und den Kindern, er will die Welt reformieren. Dieser Gedanke spielt eine wichtige Rolle im Methodismus, ganz im Gegensatz zur Southern Baptist Church. Ich meine, die beschäftigen sich mehr mit dem persönlichen Seelenheil, mit Bekehrung und ähnlichen Dingen. Das tun die Methodisten zwar auch, aber sie stellen immer die gesellschaftliche Verantwortung in den Vordergrund. Das gefällt Hillary daran.«

Ein Vorfall, der sich während des Golfkriegs ereignete, macht den Unterschied zwischen Hillarys fortschrittlicher und Bills konservativer Kirche sehr deutlich. An dem Sonntag, den die Kirchen bundesweit zu einem Tag der Besinnung angesichts des Krieges erklärt hatten, trafen sich die Clintons nach dem Gottesdienst mit einem alten Freund zum Brunch.

»Was hat der Pfarrer heute morgen bei dir in der Kirche gesagt?« fragte Hillary den Freund.

»Er hat gebetet, daß die Menschen überall in Sicherheit sein mögen und niemand ums Leben komme«, sagte der Freund, der an einem Methodisten-Gottesdienst teilgenommen hatte.

»Meiner auch«, sagte Hillary und fragte mit einem schelmischen Lächeln: »Und bei dir, Bill?«

Bei ihm hatte es einen ziemlich kämpferischen Ruf nach einem raschen und tapferen amerikanischen Sieg gegeben. Bill lächelte und sagte nichts.

Als Chelsea ungefähr zehn war, hatte Hillary beschlossen, um der Familieneinheit willen dem Baptismus eine Chance zu geben. Sie ging in Bills Kirche und schickte Chelsea zur baptistischen Sonntagsschule. Doch das war nur ein kurzfristiges Experiment. Obwohl es ihr wichtig war, daß Chelsea die Möglichkeit hätte, sich ganz für eine Kirche zu entscheiden, eine Entscheidung, die für sie ebenso wichtig sein sollte, wie für Hillary die Aufnahme in die Methodistengemeinde gewesen war. Sie war dennoch erleichtert, als sich Chelsea für die Methodisten entschied. Dorothy Rodham war ebenfalls froh. In der Zeit, als Chelsea in die Sonntagsschule der Southern Baptists ging, hatte sie ihrer Großmutter einmal Blasphemie vorgeworfen, weil diese »O Gott!« gesagt hatte, als sie aus Versehen ein Glas vom Küchentisch stieß. Einige der Sonntagsschullehrer in Bills Kirche waren extrem konservativ. Und Dorothy Rodham war nicht begeistert von der Idee, daß ihre Enkelin eine fundamentalistische Baptistin werden könnte.

Der Methodismus hat in Hillary Rodhams Familie eine lange Tradition. Ihre Urgroßeltern waren bereits in England Mitglieder der Wesley-Gemeinde gewesen. Sie selbst hatte als Teenager durch die seelsorgerische Jugendarbeit von Don Jones zu ihrem Glauben gefunden und sich dann am College weiter damit beschäftigt, indem sie die theologischen Schriften von Karl Barth und C.S. Lewis las und sich in studentischen Arbeitsgruppen mit dem Alten und Neuen Testament auseinandersetzte.

Als junge Frau war sie allerdings keine so aktive Kirchgängerin wie in den vergangenen zehn Jahren. Sie sagt, daß sie vor zwölf Jahren wieder stärker angefangen habe, sich mit religiösen Dingen zu beschäftigen. Bei einem Picknick mit Vic Nixon, dem Pfarrer, der sie und Bill getraut hatte, im Garten hinter der Gouverneursresidenz gab dieser ihr eine neue Ausgabe des Katechismus, und sie haben sich darüber unterhalten. Danach war sie, wie sie sagt, »wieder bereit, mich auf geistliche Dinge zu konzentrieren«.

Sie hat in der Sonntagsschule ihrer Kirche Erwachsene unterrichtet und sogar einmal eine Vortragsreise durch Arkansas gemacht und den Leuten erklärt, »was es bedeutet, Methodist zu sein«. Als Erwachsene hat sie sich immer wieder bemüht, das Studium der Lehren von John Wesley und anderen Theologen fortzusetzen, und ihre Pfarrer häufig mit ihren Kenntnissen beeindruckt.

»Sie ist so wißbegierig und offen und hat einen wachen Verstand«, sagt Don Jones. »Sie ist praktisch eine Laientheologin.«

Bischof Dick Wilke von der United Methodist Church, Arkansas, ist der gleichen Meinung: »Sie versteht den Glauben unserer Kirche in biblischer und theologischer Hinsicht so gut wie jeder andere Theologe, den ich kenne. Sie ist Methodistin aus intellektueller Überzeugung. Sie hat auch die soziale Haltung der Methodistischen Kirche ausgiebig studiert, und ich glaube, sie hat sich davon leiten lassen.«

Fragt man sich, was diese Kombination von Religion und Politik in ideologischer Hinsicht für Hillary bedeutet, so landet man wieder bei jenem soliden Pragmatismus, den ihre Freunde ihre wesentliche Eigenschaft genannt haben.

Reinhold Neihbur, der Theologe, der Jones am stärksten beeinflußt hat, schrieb einmal, daß die Fähigkeit der Menschheit zu Gerechtigkeit die Demokratie möglich mache, doch unser Hang zum Bösen mache die Demokratie notwendig. Diese dialektische Denkweise, meint Jones, ist die Grundlage von Hillarys Sicht der Welt.

»Sie ist eher pragmatisch als ideologisch liberal«, sagt Jones. »Und ich denke, ihr Pragmatismus hat etwas mit ihrem Glauben zu tun. Sie ist ein zutiefst gläubiger Mensch. Und ich bin der Meinung, daß ihre sozialen Anliegen, ihr Sinn für soziale Gerechtigkeit auf einer religiösen Grundlage beruhen. Selbst ihr Feminismus. Ich denke, daß ihr Glaube sie daran hindert, verbissen ideologisch in irgendeiner Sache zu werden. Für eine allein weltlich orientierte Feministin kann der Feminismus sehr leicht zu einer eigenen Religion werden. Das ist dann die Linse, durch die man alles sieht. Ich glaube nicht, daß Hillary das jemals passieren könnte. Das bedeutet nicht, daß sie sich nicht sehr stark für feministische Belange engagiert. Aber ich denke, ihre wichtigste Eigenschaft ist, daß sie immer in der Lage ist, ein Problem aus einem gewissen Abstand zu betrachten und dabei Kritik mit einzubeziehen, selbst wenn sie sich für solche Dinge wie das Recht auf Abtreibung einsetzt. Als Bill einmal vor der Entscheidung stand, ob das Todesurteil für einen Serienmörder und Vergewaltiger in eine lebenslängliche Haftstrafe umgewandelt werden sollte, quälte Hillary sich lange damit herum und hat mich schließlich gefragt, wie ich darüber denke. Und ich habe gesagt: ›Nun, ich glaube, es gibt so etwas wie strafende Gerechtigkeit, die zu der Vorstellung von Gerechtigkeit dazugehört. Und ich denke, einige Menschen haben wegen der abscheulichen Taten, die sie begangen haben, das Recht zu leben verwirkt.‹ Darauf erwiderte sie: ›Ja, da stimme ich mit dir überein.‹ Doch sie rang immer noch mit der Frage, ob sie das als Christin mit gutem Gewissen sagen könnte. Es war immer noch eine Spur von Unsicherheit da. Und das führe ich auf ihren Glauben zurück«, sagt Jones. »Er läßt sie fast dialektisch denken.«

Nun ist eine liberale, dialektische Pragmatikerin in Arkansas allerdings häufig gezwungen, Positionen zu vertreten, die zumindest rein sprachlich den Konditionen des amerikanischen Liberalismus nicht entsprechen. Hillary Clinton hat einmal gesagt, sie glaube, daß ganze Bevölkerungsschichten einfach arm sind. Doch als sie sich Mitte der achtziger Jahre für eine Verbesserung des staatlichen Bildungssystems einsetzte, hat sie ganz moderat mit der Schaffung von Arbeitsplätzen argumentiert. In einer Wahlkampfrede im September unterstützte sie die von Bill Clinton vorgeschlagenen Reformen im Sozialrecht, wonach alle körperlich gesunden Sozialhilfeempfänger verpflichtet waren, wieder arbeiten zu gehen, wenn sie zwei Jahre lang Unterstützung erhalten hätten.

Während sie im August in Arkansas für eine neue Initiative warb, die schwangeren Frauen Gutscheine für eine Vorsorgeuntersuchung anbot, benutzte Hillary diesen Anlaß, um ein bundesweites Gesund-

Oben: Frauen aus Stahl, mit einem bezaubernden Lächeln: Hillary Clinton und Tipper Gore, Gesinnungsgenossinnen und Seelenverwandte.
(AP/Wide World Photos)

Unten: Nach dem Konvent demonstriert Hillary, daß sie Familienwerte keineswegs ablehnt.
(AP/Wide World Photos)

Oben: Wichtige Information oder Liebesgeflüster? Die Fotografen sagen, die Clintons nutzten die Veränderungen in ihrem Privatleben, um sich auf Fotos besser zur Geltung zu bringen.
(AP/Wide World Photos)

Unten: »Dies ist meine Lebensentscheidung. So definiere ich mich als Person: das Wichtigste sind Bill und Chelsea«, sagte Hillary zu Journalisten.
(Cynthia Johnson/Time magazine)

heitssystem zu fordern. Zugleich sprach sie sich aber auch dafür aus, Sozialhilfeleistungen an bestimmte medizinische Vorsorgeuntersuchungen zu binden. »Ich hoffe, wir werden die Gewährung von Sozialhilfe daran knüpfen, daß die Leute die für ihre Familie vorgeschriebenen Vorsorgemaßnahmen auch befolgen«, sagte sie... So sollte beispielsweise niemand Sozialhilfe erhalten, der nicht nachweisen kann, daß er seine Kinder hat impfen lassen. Sie appelliert also wieder einmal an die Eigenverantwortung des Individuums.

Angesichts ihrer Vorstandsposten bei Wal-Mart, TCBY and La Farge, die ihr in den Jahren 1986 bis 1991 jährlich 129000 Dollar an Direktorengehältern eingebracht haben, kann Hillary kaum als industriefeindlich gelten. Und diese Verbindung war ihr sehr nützlich, als sie versuchte, wirtschaftliche Unterstützung für Programme wie HIPPY zu bekommen. Doch es stieß nicht gerade auf allgemeines Wohlwollen, als im April berichtet wurde, daß eine in Ohio ansässige Tochterfirma der Lafarge Corporation, von der Hillary Clinton ein jährliches Direktorengehalt von 31000 Dollar bezog, giftige Abfälle verbrannte, um einige Zementfabriken mit Brennstoff zu versorgen. Gegen die Firma in Ohio – Systech – hatten Umweltschützer, Bürgerinitiativen und staatliche Kontrollstellen schwere Vorwürfe wegen Verpestung der Umwelt erhoben. Ob Hillary Vorstandsentscheidungen bezüglich der Systech mit getroffen hat oder nicht, ist unklar. Sie sagte damals, daß die Lafarge Schritte unternommen hätte, um mehrere zehn Millionen Gallonen giftiger Abfälle zu beseitigen, die ansonsten auf Mülldeponien gelandet wären. Doch Kritiker fanden diese Äußerungen sehr inkonsequent von einer Frau, die sich selbst als Umweltschützerin bezeichnet. Im Gegensatz zu Bill Clinton, den man nach seiner stürmischen ersten Amtszeit häufig als zu »sanft« gegenüber der Industrie bezeichnet hat, wird Hillary im großen und ganzen als jemand gesehen, der über Wege nachdenkt, industrielle Ressourcen möglichst sozialverträglich einzusetzen.

Bei der Unterstützung einer Initiative, die astronomisch hohe Schwangerschaftsrate bei Teenagern zu senken, hat Hillary Clinton mit einer merkwürdigen Mischung aus progressiven und konservativen Argumenten operiert. Sie trat im Sommer 1986 für das Projekt Adolescent Pregnancy Child Watch ein, indem sie sagte, es sei dringend erforderlich, bessere Ausbildungschancen für Mädchen und junge Frauen zu schaffen. Doch anstatt sich für Sicherheit und Verhütung einzusetzen, forderte sie Abstinenz. »Es geht nicht um Geburtenkontrolle, sondern um Selbstkontrolle. Man sollte ruhig nein sagen.« Sie erklärte, es sei moralisch falsch, »wenn Kinder sich sexuell betätigten. Es verstößt gegen alle traditionellen Moralvorstellungen und löst Gefühle und Erfahrungen aus, mit denen die Kinder noch nicht umgehen können«. In ihren Reden warnte sie die jungen Leute davor, daß eine zu frühe Schwangerschaft ihr Leben zerstören könnte. »Das sind wertvolle Leute. Sie sollten mit dem Sex noch ein bißchen warten. Sie sollten sich lieber erst um ihre Ausbildung bemühen und an die Zukunft denken.«

Im selben Jahr forderte sie in einem progressiveren, mehr feministisch orientierten Schreiben besser ausgebildete Hebammen, um die steigende Säuglingssterblichkeit zu bekämpfen, und befürwortete ein Ausbildungsprogramm für Hebammen an der medizinischen Hochschule von Arkansas.

Hillary Clintons Verhältnis zum Feminismus bietet eine interessante Erklärung für die Art, wie sie ihre liberale Haltung äußert. Obwohl sie 1977 bei der Abfassung des von der Regierung herausgegebenen »Handbook on Legal Rights for Arkansas Women« mitarbeitete und 1980 und 1987 an seiner Aktualisierung beteiligt war, obwohl sie Vorsitzende der ersten Commission on the Status of Women in the Profession innerhalb der American Bar Association war und in unzähligen weiteren Gremien mitgewirkt hat, die sich mit den Belangen der Frauen in Arkansas und in ganz Amerika befaßten, hat sie eindeutig Bedenken, sich als »Feministin« zu bezeichnen.

»Die meisten Leute möchten nicht mit den besonders extremen Ansichten in Verbindung gebracht werden, die unter dieser Bezeichnung ausgestreut werden«, sagte sie *U. S. News and World Report*. Obwohl sie selbst die Welt zweifellos aus einem feministischen Blickwinkel betrachtet, spricht sie lieber von »Frauenfragen« und »menschlichen Problemen«. Das tat sie sogar in ihrem für die ABA verfaßten Bericht über die Stellung von *Frauen*, in dem sie die Diskriminierung von Frauen im Jurastudium, bei Vorstellungsgesprächen, in Firmen und bei Gericht beschreibt und zu dem Schluß kommt, daß man Frauen, die in diesem Fach anfangen zu arbeiten, erst einmal Inkompetenz unterstellt.

Die Vermeidung des Begriffs »feministisch« hängt teilweise allerdings auch mit politischen Erwägungen zusammen. »Ihr ist schon immer klar gewesen, daß man nichts erreichen kann, wenn einem die Leute nicht zuhören«, erklärt Betsey Wright. »Sie läuft halt nicht in Arkansas rum und sagt ›Ich bin Feministin‹, weil genau das die Leute davon abhält, dir richtig zuzuhören. Doch sie hat damit keine Probleme. Sie versteht sich eindeutig als Feministin, und das bedeutet für sie, daß für alle Menschen bessere Bedingungen geschaffen werden müssen. Sie glaubt, daß eine wahrhaft feministische Haltung darin besteht, jeden Menschen frei entscheiden zu lassen, was er sein will und was das Beste für ihn ist. Und in dieser Hinsicht haben sie und Bill viel gemeinsam.«

Man weiß von Hillary Clinton aber auch, daß sie sich sehr diplomatisch verhalten kann. Als sie von *U.S. News and World Report* gefragt wurde, ob die Entscheidung im Fall *Roe* gegen *Wade*, die den Amerikanerinnen das verfassungsmäßige Recht auf Abtreibung brachte, eine juristisch wohlüberlegte Entscheidung gewesen sei, antwortete sie im Stil von Clarence Thomas: »Darüber habe ich mir schon seit langem keine Gedanken mehr gemacht.«

»Sie ist der Überzeugung, daß Frauen die gleichen Chancen haben sollten wie Männer, die gleiche Bezahlung für die gleiche Arbeit, und daß Frauen, bloß weil sie Eierstöcke haben, nicht vor den Herausforderungen des Lebens zurückschrecken sollten«, folgert ihre Freundin Nancy Snyderman, die sich auch als Feministin versteht. »Sie glaubt ganz fest daran, daß Männer und Frauen auf einer Stufe stehen sollten.«

Letztlich ist es eine müßige Frage, ob sich Hillary Clinton nun als Feministin bezeichnet oder nicht. In ihrem Leben spielen feministische Prinzipien und feministische Probleme eine derart wichtige Rolle, daß es sinnlos wäre, Theorie und Praxis voneinander zu trennen. Die manchmal scheinbar untypischen Äußerungen Hillarys könnten einfach die heutige Version ihrer in Wellesley und Yale so ausgeprägt vorhandene Fähigkeit sein, zwischen streitenden Gruppen zu vermitteln und mit jedem zu kommunizieren. Nirgendwo zeigt sich diese Fähigkeit deutlicher als darin, wie sie über Feminismus redet.

»Feminismus« ist, wie Hillary weiß, für sehr viele Amerikaner ein anrüchiges Wort, und auf Arkansas trifft das besonders zu. Trotzdem versteht sie es häufig, eine deutlich feministische Note in einen ansonsten wenig feministischen Vortrag zu bringen. Das erklärt zum Teil, weshalb sie in Arkansas Anhängerinnen in ganz unterschiedlichen gesellschaftlichen Gruppen hat.

So vertrat sie beispielsweise 1986 auf einer von der Arkansas Division of Aging and Adult Services gesponserten Konferenz einen auffallend gemäßigten Standpunkt bei Frauenthemen.

Sie sagte, daß sie sehr wohl wisse, wie »erschreckend« es für viele Frauen sei, daß sich die traditionelle gesellschaftliche Rolle so drastisch verändert habe. Außerdem erklärte sie, sie wolle, daß Frauen ihre traditionelle Rolle als »Klebstoff« der Familie behielten, doch fügte sie hinzu, daß jeder auch seine eigenen Bedürfnisse erkennen müsse. »Ich fürchte, daß Frauen immer das Schlechteste von beiden Welten bekommen.«

Als sie im Juli 1992 vor einer Klasse mit begabten Schülern einer High School sprach, fiel ihr auf, daß die jungen Frauen sich nur zögernd zu Wort meldeten, und sie sagte, sie könne das verstehen. Sie sprach von den »widersprüchlichen Signalen«, die selbst bei sehr sprachgewandten und ansonsten durchaus selbstbewußten Frauen häufig eine Scheu auslösen, das Wort zu ergreifen. »Das ist die sogenannte Double-bind-Situation, in der Frauen sich befinden. Auf der einen Seite heißt es, ja, sei schlau, setz dich durch, ... Und auf der anderen Seite, verletze niemanden, tritt niemandem auf die Füße, oder niemand wird dich mögen, weil du zu bestimmend bist.«

Das kennt sie sehr gut.

Von allem, was die Republikaner Hillary Clinton vorgeworfen haben, ist der Vorwurf eines streitbaren, radikalen Feminismus wohl mit am lächerlichsten. Sie hat jahrelang die traditionellen weiblichen Opfer gebracht – wenn auch auf unkonventionelle Weise. »Wenn Hillary das machen könnte, was sie am allerliebsten tun würde, wäre sie nicht Partnerin in einer Anwaltskanzlei«, sagte Jan Piercey, eine enge Freundin und Zimmergenossin aus Wellesley, zu Gail Sheehy. »Das mußte sie machen, weil sie für das Einkommen der Familie verantwortlich war.«

Sie gab ihren Namen auf und stellte sich an die Seite ihres Mannes. Sie verzichtete auf ihre Jugendträume, um die seinen zu unterstützen.

»Ich *persönlich* glaube«, erklärte Hillary gegenüber *Vanity Fair*, »daß eine Frau ihre Familie und ihre Beziehungen zu anderen Menschen – was letztlich die Grundlage dessen ist, was man ist und wie man sich seiner Umwelt gegenüber verhält – an die oberste Stelle setzen sollte. Aber ich bin nicht der Meinung, daß ich – oder Barbara Bush – den Frauen erzählen sollten, was *sie* an erste Stelle zu setzen haben... Wir müssen uns von der Vorstellung lösen, daß es nur eine richtige Entscheidung gibt.«

Entscheidungsfreiheit ist der Eckpfeiler von Hillary Clintons gemäßigtem Feminismus. Sie weiß, welche Schranken Frauen überwinden müssen, um sich frei entscheiden zu können, und sie hat sehr viel Verständnis dafür: »Meine Freundinnen, die voll berufstätig sind, bedauern häufig, daß sie keine Familie haben«, sagte sie im April 1992 in der Fernsehsendung *Today*. »Meine Freundinnen, die den ganzen Tag zu Hause sind, werden sauer, wenn jemand fragt: ›Sag mal, was machst du eigentlich?‹ Und diejenigen von uns, die versuchen, beiden Rollen gerecht zu werden, werden von Schuld und Zweifeln geplagt, weil wir meinen, nichts richtig zu machen.«

Sie weiß, daß es Heuchelei ist zu behaupten, man könnte alles haben. »Vollzeithausfrauen werden bei uns nicht für voll genommen«, sagte sie. »Außerdem erhalten Familien nicht soviel Unterstützung, daß mehr Frauen es sich leisten könnten, zu Hause zu bleiben, wenn sie das wollten. Wir wissen die Arbeit von Frauen und die Opfer, die sie bringen, nicht zu schätzen. Bei uns gibt es keinen Erziehungsurlaub, wie in vielen anderen Ländern, mit denen wir konkurrieren. Wir sollten einmal darüber nachdenken, dann würden wir feststellen, daß Frauen in mancher Hinsicht sogar zwei Ganztagsjobs ausüben, daß wir es ihnen nicht leichtmachen und daß sie mehr Unterstützung und Anerkennung dafür bekommen sollten.«

Ihre eigene Odyssee von Entscheidungen und Zugeständnissen versetzt ihre Freundinnen in Erstaunen. »Damals in den siebziger Jahren haben wir oft scherzhaft gesagt, daß wir uns selbst ausgetrickst hätten, als wir meinten, es ginge schon, einen Beruf zu haben *und* alles andere auch. Dabei haben wir uns zuviel zugemutet«, sagt Connie Fails. »Doch Hillary hat bewiesen, daß man beidem gerecht werden kann, wenn man sich selbst gewisse Richtlinien und Beschränkungen auferlegt, sich von niemandem beherrschen läßt, sondern alles selbst in der Hand behält. Darin ist sie ein Vorbild.«

Eines ist vor allem klar, daß Hillary Clinton selbst entscheiden will, als was sie sich bezeichnen möchte. Im Juli 1992 erklärte sie den 2000 Delegierten bei der Jahresversammlung des National Federation of Business and Professional Women's Club, daß sie sich gegen jeden Versuch zur Wehr setzen würde, sie ausschließlich als Karrierefrau oder als Ehefrau und Mutter abzustempeln. »Ich bin das alles, und ich bin mehr als die Summe der einzelnen Teile: Ich bin ich«, sagte sie. »Ich habe stets dieses Schubladendenken abgelehnt, durch das man mir oder jeder anderen Frau die Würde oder die Identität zu nehmen versucht. Denn was ich will..., ist eine Gemeinschaft, in der wir uns gegenseitig achten und die Komplexität unserer Persönlichkeit anerkennen.«

Die vielleicht schwierigste Aufgabe für Hillary Clinton besteht augenblicklich darin, die Kindheit ihrer Tochter zu beschützen. Ihre Sorge in dieser Hinsicht ist nicht neu, auch wenn sich das Problem dadurch verstärkt hat, daß Chelsea bundesweit ins Rampenlicht geraten ist. Ironischerweise hat sich Hillary trotz all des Geredes der Leute, die in ihr eine Gegnerin elterlicher Autorität sehen, im Laufe der Zeit als sehr beschützende und sogar altmodische Mutter erwiesen.

»Ich bin fest davon überzeugt, daß Kinder eine richtige Kindheit brauchen, eine Zeit der Unschuld, um sich an die Welt der Erwachsenen zu gewöhnen«, sagte sie gegenüber *People.*

So hat Hillary immer sorgsam ausgewählt, welche Filme Chelsea sehen, wo sie hingehen und mit wem sie verkehren durfte. Als sie noch ziemlich klein war, gab es Streit, weil sie die Ohrläppchen durchstochen haben wollte – Hillary selbst hat das nicht und ihre Mutter auch nicht. In diesem Sommer hat Hillary – wie sie sagt auf Bills Drängen – ihrer Tochter zum erstenmal erlaubt, sich einen für Kinder nicht geeigneten Film *(Lethal Weapon 3)* anzusehen. Mit zehn hat sie ihr noch verboten, mit ihren Freundinnen an einem Tanzkurs für Jungen und Mädchen teilzunehmen, weil sie der Meinung war, sie sei zu jung für derartige Aktivitäten. Sie nahm allerdings auch daran Anstoß, daß es sich offenbar um eine Gruppe von ausschließlich weißen Kindern handelte.

»Sie paßt sehr gut auf ihre Tochter auf«, sagt Ellen Brantley, Richterin und Mutter einer von Chelseas besten Freundinnen. »Sie erzieht Chelsea auf ziemlich altmodische Weise. Sie und ihre Freundinnen werden nicht einfach beim Einkaufszentrum abgesetzt. An der Art, wie sich Chelsea anzieht und wie sie aussieht, kann man erkennen, daß sie auf keinen Fall ermutigt wird, vorzeitig erwachsen zu werden. Sie läuft noch nicht geschminkt und in unpassenden Klamotten herum. Sie darf sich ganz wie ein zwölfjähriges Mädchen verhalten. Wenn jemand behauptet, Hillary sei übertrieben freizügig oder halte nichts von Familie, dann ist das einfach lächerlich.«

Chelsea ist zweifellos der wichtigste Mensch in Hillarys Leben, und nicht zu Unrecht beschreibt sie sich selbst als eine »fanatische« Mutter. Selten verpaßt sie ein Softball-Spiel oder eine Ballettaufführung, bei der Chelsea mitwirkt. Wenn sie unterwegs ist, überwacht sie Chelseas Hausaufgaben per Fax. Während des Wahlkampfs fuhr sie sogar alle paar Tage nach Hause, um mit ihr zusammenzusein. Aber sie hat auch gesagt, sie hielte wenig davon, Zeit immer nur »anspruchsvoll« zu nutzen. »Triviale« Dinge weiß sie ebenso zu schätzen, wie mit Bill und Chelsea Memory, Scrabble oder Rommé zu spielen, ins Kino zu gehen, zu lesen, Ausflüge oder einen Einkaufsbummel zu machen. Mitten im Wahlkampf unternahm sie mit Chelsea einen Wochenendtrip nach Hawaii. Freunde sagen, daß die beiden wie Freundinnen sind.

Bei Chelseas Erziehung hat Hillary sich bemüht, ihr ihre wichtigsten Werte zu vermitteln: Bildung, Rassengleichheit, Toleranz und Integrität. Als Chelsea sechs war und keine Lust hatte, ihr Zimmer aufzuräumen, haben sich die Clintons mit ihr zusammengesetzt und ihr eindringlich erklärt, daß kleine Mädchen keine Dienstboten hätten, die hinter ihnen aufräumen, und daß sie lernen müßte, bestimmte Dinge selbst zu tun. Die Clintons haben Chelsea immer auf öffentliche Schulen geschickt. Für die naturwissenschaftlich orientierte Magnet-School, die sie zur Zeit besucht, hat sie sich wie alle anderen Kinder aus ihrer Gegend per Losverfahren beworben. Ihre Eltern ermuntern sie unermüdlich, ihren Neigungen zu folgen. »Wir haben uns wirklich sehr bemüht, ihr ein Selbstwertgefühl zu vermitteln und auf ihre Interessen Rücksicht zu nehmen und nicht zu versuchen, sie in ein öffentliches Image zu pressen«, sagte Hillary zu Charles Allen.

Chelsea ist in der achten Klasse, lernt Deutsch, besucht Kurse in höherer Mathematik und hat von ihrem Vater den starken Kampfgeist beim Spiel geerbt, aber sie scheint nicht sehr leicht formbar zu sein. Sie ist ein aufgewecktes Mädchen, das bereits eine Klasse übersprungen hat. Sie spielt Volleyball in der Schulmannschaft und Softball bei den *Molar Rockers*, einem Team, das von einem Zahnarzt gesponsert wird. Aber am liebsten mag sie Ballett. Sie hat bereits in einer *Nußknacker*-Aufführung in Little Rock getanzt.

Die einzige Unsicherheit, die Hillary Clinton sich je hat anmerken lassen, betraf ihre Fähigkeit, Chelsea eine glückliche und normale Kindheit zu verschaffen. Diese Angst erscheint merkwürdig bei einer Frau, deren Spezialgebiet es ist, sich um die Belange der Kinder zu kümmern. Andererseits ist sie angesichts ihres starken Engagements und ihres Wissens um die heutigen Probleme der Kindheit und des Erwachsenwerdens vielleicht nur allzu verständlich.

»Ihr größtes Anliegen ist es, dafür zu sorgen, daß Chelsea in bestmöglichen Familienverhältnissen aufwächst. Und manchmal denkt sie, daß es für ein Kind anstrengend und schwierig sein muß, dermaßen im Scheinwerferlicht aufzuwachsen, weil die Eltern so stark im öffentlichen Interesse stehen«, sagt ihre Freundin Eleanor Acheson. »Hillary ist klar, daß es immer schwierig ist, seine Kinder richtig zu erziehen, daß man sich aber unter diesen extremen Umständen besonders bemühen muß. Sie hat sich sehr viele Gedanken darüber gemacht und dann das getan, was für sie typisch ist. Sie hat sich der Herausforderung gestellt und hart daran gearbeitet.«

Die vielleicht schwierigste Aufgabe war, das Gennifer-Flowers-Fiasko zu überstehen. Wie sich Hillary und Chelsea gefühlt haben müssen, als sie an den Kassenständern im Supermarkt vorbeikamen und ihnen das Titelbild von Flowers auf dem *Star* entgegenprangte, ist schwer zu sagen. Aber Chelsea hat darauf bestanden, sich *60 Minutes* mit ihren Eltern zusammen anzusehen. Eng nebeneinander sitzend haben sie es gemeinsam überstanden.

»Was hältst du davon?« fragte Bill sie am Schluß.

»Ich bin stolz, daß ich solche Eltern habe«, antwortete Chelsea.

Angesichts der Tatsache, wer Hillary Clinton ist und woran sie glaubt, ist die Heftigkeit der Reaktion gegen sie – sowohl von rechts als auch von links – um so rätselhafter.

»Ich weiß wirklich nicht, was ich davon halten soll«, sagte Hillary der *Time*. »Das meiste davon kann ich gar nicht persönlich nehmen, da die Art, wie ich dargestellt werde, verzerrt und falsch ist. Das hat doch gar nichts mit mir zu tun.«

Wahrscheinlich geht es um alles andere als um sie.

Viele Amerikaner wissen selbst nicht so recht, was sie von den Veränderungen, die sich in den letzten zwanzig Jahren ereignet haben, halten sollen. In dieser Zeit haben sich die Rollen von Mann und Frau in der Ehe dramatisch gewandelt. Bill und Hillary Clinton spiegeln diesen Wandel wider. Sie sind eine Art Modell für das, was Naomi Wolf die neue »gleichberechtigte, partnerschaftliche Familie« genannt hat oder Gloria Steinem »Die Familie als Demokratie«.

»Die Clintons stehen für eine Form von aktiver Partnerschaft, für die es bisher bei uns kein Vorbild gegeben hat«, sagt Ann Lewis, die Parteiberaterin der Demokraten. »Doch das Leben, das sie führen, entspricht viel stärker dem Leben vieler Amerikaner, als das von George und Barbara Bush. Die vertreten einen älteren Lebensstil, den sich heute kaum noch jemand erlauben kann und den auch kaum noch jemand anstrebt. Doch die Politik hinkt oft der Wirklichkeit hinterher. Das politische System braucht eine Weile, um sich gewissen Veränderungen anzupassen.«

Die Clintons sind wahrhaftig ein Vorbild für heutige amerikanische Familien. Doch die Öffentlichkeit nimmt Veränderungen oft nur zögernd wahr und akzeptiert sie erst, nachdem sie bereits lange eingetreten sind. Die amerikanische Gesellschaft hat sich unwiderruflich gewandelt, doch die Bevölkerung klammert sich immer noch an Bilder aus der Vergangenheit, weil sie Angst vor einer unbekannten Zukunft hat.

»Hillary Clinton steht für etwas, das gleichzeitig extreme Angst und starke Zustimmung auslöst, je nachdem, welchen Teil des ›amerikanischen Volkes‹ man betrachtet«, sagt Naomi Wolf. »Sie ist die Verkörperung einer feministischen Zukunft, eine Frau, die durch ihren eigenen beruflichen Erfolg und den Einfluß auf ihren Mann feministische Werte mit realer Macht verknüpft. Für berufstätige Frauen und für Frauen, die versuchen, Arbeit und Familie miteinander zu verbinden, stellt sie ein ermutigendes Vorbild dar, zugleich gibt sie eine Idealvorstellung vom Einklang zwischen gelungener Partnerbeziehung und wirklicher Macht. Doch für diejenigen, die gegen den Feminismus sind, weil sie einen doppelten Konkurrenzkampf am Arbeitsplatz und doppelt so viele Pflichten für die Männer zu Hause befürchten, ist sie ein wandelnder Alptraum.«

Männer wie Frauen fühlen sich von Hillary Clinton in ihrer Rolle als äußerst erfolgreiche berufstätige Ehefrau und Mutter bedroht, meint Jean Baker Miller, Psychiaterin am Stone Center des Wellesley College und Expertin zum Thema Geschlechterrollen.

»Heutzutage haben viele Frauen das Gefühl, daß alles, was sie machen, nicht gut genug sei«, sagt Miller. »Aus diesem Grund mag es manchen Frauen schwerfallen, Hillary Clinton gegenüber eine positive Einstellung zu finden. Das liegt daran, daß es ihnen Mühe macht, sich selbst positiv zu sehen.«

Die öffentliche Reaktion auf Hillary Clinton ist, laut Miller, eine

Projektion all der Sorgen, Ängste und Bedenken, die die Amerikaner angesichts der Veränderungen in ihrem eigenen Leben empfinden.

»Auf Hillary Clinton wurden alle widersprüchlichen Gefühle angesichts der Tatsache abgeladen, daß Frauen so enorme Fortschritte gemacht haben, aber immer noch einen weiten Weg vor sich haben. Die ganze Geschlechtsrollenproblematik betrifft die Leute so unmittelbar, daß es ihnen schwerfällt, Veränderungen zu akzeptieren.«

In einem Interview mit der Journalistin Ellen Goodman im vergangenen Jahr vertrat auch Hillary den Standpunkt, daß die Amerikaner immer noch Probleme mit der Vorstellung von einer unabhängigen und starken Ehefrau haben – ganz zu schweigen von der Vorstellung einer solchen Frau im Weißen Haus. »Ich glaubte, ich hätte das verstanden, bevor dieser Kampf losging«, sagte sie während des Parteikonvents der Demokraten. »Schließlich lebte ich so. Ich hielt mich alles in allem für eine vom Schicksal begünstigte Frau, weil ich einen Beruf habe, der mir Spaß macht, und eine Ehe führe, die für mich eine Partnerschaft im wahrsten Sinne des Wortes ist und in der ich sehr glücklich bin.

Ich glaubte, ich hätte das nötige Maß an Selbstbestimmung gefunden und es geschafft, meine eigenen Bedürfnisse mit denen meiner Familie in Einklang zu bringen… Ich glaubte, wir Frauen würden allmählich die richtigen Bedingungen für ein Leben finden, die es uns erlauben, Ehe, Familie und berufliche Interessen miteinander zu verbinden. Ich bin wohl einfach von diesen Unterstellungen überrumpelt worden, die wenig damit zu tun haben, wie wir alle – nicht nur ich – uns einen Weg durch dieses Neuland bahnen… Wir versuchen alle, unseren eigenen Weg zu finden, und wir haben keine gemeinsame Sprache…

Vielleicht stehe ich nur in vorderster Front.«

Die Angriffe auf dem republikanischen Parteikonvent, so extrem sie auch waren, fanden keineswegs in einem Vakuum statt. Laut einer Umfrage von *TIME/CNN* hatten im letzten Jahr ein Viertel aller Wähler gesagt, daß ihre Entscheidung bei der Präsidentschaftswahl von ihrer Meinung über Hillary Clinton beeinflußt sei. Von diesen 25 Prozent sagten ungefähr doppelt so viele, daß sie eher gegen als für Clinton stimmen würden, weil sie Hillary nicht mochten. Das war eine ganz beträchtliche Anzahl und eine ziemlich harte Meinung über die Frau eines Kandidaten.

Doch Hillary Clinton war mehr als die Frau eines Kandidaten. Sie war abwechselnd Dämon und Ideal. In ihrer Rolle als Dämon bestätigte sie das Urbild der ränkeschmiedenden, todbringenden Frau, das durch den Vergleich mit Lady Macbeth heraufbeschworen und als Kombination aus »glühendem Ehrgeiz, wilder Entschlossenheit, Unterdrückung eines beeinflußbaren Mannes und einem beunruhigenden Mangel an menschlichem Gefühl«, wie es der *American Spectator* ausdrückte, beschrieben wurde. Offenbar ist dieses Urbild in unserer Gesellschaft noch nicht ausgestorben.

Historisch betrachtet geschieht dieser wütende Rückschlag gegen einflußreiche Frauen zu einer Zeit, in der Frauen im wirtschaftlichen und politischen Bereich immer mehr Macht bekommen. Der sich bereits im letzten Jahr anbahnende starke Anstieg des Frauenanteils in Repräsentantenhaus und Senat könnte bei all denen unterschwellige Warnsignale ausgelöst haben, die – bewußt oder unbewußt – Angst vor weiblicher Macht haben. Brownie Ledbetter, die als Mitglied des National Women's Political Caucus in Arkansas über mehr als zehn Jahre beobachtet hat, wie sich die Haltung gegenüber Frauen in der Politik und gegenüber Hillary Clinton veränderte, hat es folgendermaßen formuliert: »Die Republikaner wählten sich ausgerechnet das Jahr der Frau und haben uns daran aufgespießt.«

Hillary Clinton war nur eines der Opfer.

»Das Leben kann eine übersinnliche Bedeutung haben«, sagte Hillary Rodham Clinton 1992 in einer Ansprache vor der Abschlußklasse des Hendrix College, einem methodistischen College in Conway, Arkansas, wo man ihr gerade einen Ehrentitel verliehen hatte.

»Nehmt euch fest vor, Selbstsucht, Zynismus und Haß zu vermeiden. Haltet euch an die dauerhaften Werte, die man euch beigebracht hat. Haltet euch insbesondere an den Wert, der allen Menschen gegeben ist und auf dem ihre Gleichheit beruht. Achtet und vertraut Menschen aller Rassen, Religionen und Hautfarben. Behaltet immer die universelle Menschenwürde im Auge und nicht nur eure eigene Sicherheit.«

Es war eine der ergreifendsten Reden, die sie jemals gehalten hat. Es hätte genausogut ein persönliches Gebet sein können. Mitten im Wahlkampfjahr, unter dem Kugelhagel der Presse und den Angriffen aus der Öffentlichkeit wirkte diese Rede wie ein Glaubensbekenntnis.

Solche Bekenntnisse und ihr starker Glaube haben Hillary Clinton das Wahlkampfjahr 1992 überstehen lassen. An solchen Gedanken richtete sie sich auf, während sie – zur Verwirklichung des Clinton-Teams – überall im Land herumreiste. Ein kleines Notizbuch mit Zitaten aus der Bibel, aus Gedichten und erbaulichen Schriften begleitete sie überall hin. Ein starker Glaube an sich selbst und die Richtigkeit ihrer Auffassungen reisten ebenfalls mit.

Hillary Clinton war verblüfft und verletzt über die Härte und Unversöhnlichkeit der Angriffe, die im vergangenen Jahr gegen sie erhoben wurden. Doch selbst in den schlimmsten Zeiten, wenn sie persönlich total unter Beschuß stand, reagierte sie mit einer auffallenden Gelassenheit. Sie überstand den Parteikonvent der Republikaner ohne einen einzigen öffentlichen Zornesausbruch oder Widerlegungsversuch. Sie war höflich, ja sogar verständnisvoll. Es schien fast so, als bemühte sie sich, die andere Wange hinzuhalten und denen zu verzeihen, die eindeutig nicht wußten, was sie taten.

In einem Interview mit *People* verteidigte sie sogar Kritiker wie Marilyn Quayle, die sie so heftig angegriffen hatte: »Viele Leute aus der Baby-Boomer-Generation mußten – zumindest aus ihrer Sicht – so viele Enttäuschungen einstecken, zum Teil wegen des außerordentlich großen Konkurrenzkampfs um Jobs, um mögliche Ehepartner, ja um praktisch alles. Und wegen dieses Gefühls, zu kurz gekommen zu sein, wissen sie nicht recht, was sie von sich halten sollen, geschweige denn von anderen Leuten aus ihrer Generation.«

»Wir alle versuchen, unserem Leben einen Sinn zu geben und herauszufinden, wer wir wirklich sind«, sagte sie dem *U. S. News and World Report.*

Manche Freunde von ihr sehen in Hillarys Gelassenheit ihre hervorstechendste und bewundernswerteste Eigenschaft. Sie hat eine unglaubliche innere Kraft und einen ungewöhnlich starken Glauben. Diese Kraft – so meinen sie – sei der Grund, weshalb sie trotz der Schläge, die sie im Wahlkampf einstecken mußte, nicht ihren Mut verloren hat.

»Das konnte ihrem Inneren nichts anhaben«, sagt ihre Freundin Carolyn Ellis. »Hillary hat die wunderbare Fähigkeit, immer das Beste in den Menschen zu sehen. Sie findet immer eine Erklärung für alles, und dann wird sie nicht wütend.«

Als verschiedene Leute aus dem Wahlkampfteam ihr rieten, heftiger auf die Angriffe, die die Republikaner gegen sie starteten, zu reagieren und Barbara und Marilyn ebenfalls mit Dreck zu bewerfen, lehnte Hillary das ab. *»Laßt uns erst mal abwarten«*, sagte sie. »Wir wissen, daß das, was sie sagen, nicht wahr ist. Das einzige, worum wir uns Sorgen machen müssen, ist, ob die Wähler das für wichtig halten. Und ich glaube, das tun sie nicht.«

Sie hatte recht. Glaube siegte über Angst, und Weitblick leuchtete durch die politische Nebelwand. Es war besser, an das Urteilsvermögen der Leute zu glauben, als Feuer mit Feuer zu bekämpfen.

»Man kann über eine Menge Dinge, die um einen herum ausgestreut werden, hinwegsehen und sie schlicht ignorieren, wenn man sie als irrelevant, nebensächlich oder einfach nur als bösartig und dumm ansieht«, sagte sie *Newsweek*. »Wenn man nicht über sich selbst hinausschauen kann und alles, was man tut, nur dem persönlichen Ehrgeiz dient, dann könnte man keine Kampagne gegen eine derart geballte Angriffsfront durchstehen.«

Hillarys Weigerung, ihre Gegner mit deren eigenen Mitteln zu bekämpfen, der sie – abgesehen von dem Ausrutscher mit Jennifer Fitzgerald – während des ganzen Wahlkampfes treu blieb, ist eine Haltung, die man nicht nur in dieser Zeit an ihr beobachten konnte. Sie ist vielmehr Teil einer Aufgabe, die sie sich selbst als Mensch gesetzt hat.

»Damals im April habe ich zu ihr gesagt, du hast doch mehr Teeinladungen gegeben, als jede andere von uns das jemals in ihrem Leben tun wird. Warum erzählst du das den Leuten nicht«, sagte Ellis zu ihr.

Hillary dachte einen Augenblick nach und antwortete ihrer alten Freundin: »Weil ich den Menschen so nicht in Erinnerung bleiben möchte.«

Wohin, Hillary?

Was für eine First Lady wird Hillary Clinton sein?

Die Nation wartet ungeduldig auf eine Antwort. Bisher weiß man nur, wie es mit ihr in Arkansas war. Und gute Bekannte der Clintons aus Arkansas sagen, sie wird so sein, wie wir sie erlebt haben.

»Sie wird ihrem Mann eine liebevolle Helferin sein. Sie wird seine beste Kritikerin sein. Ihm und seinen Mitarbeitern wird sie eine Beraterin sein«, meint Betsey Wright. »Und sie wird sich nicht aufdrängen. Die anderen werden sich an *sie* wenden.«

»Sie wird den amerikanischen Kindern der beste Fürsprecher sein, den sie je gehabt haben«, sagt Skip Rutherford, ein Pädagoge aus Little Rock. »Und im Weißen Haus wird eine persönlichere, offenere, aufgeschlossenere und freundlichere Atmosphäre herrschen als je zuvor in der Geschichte Amerikas.«

»Sie wird das sein, was sie schon immer war«, sagt ihre Freundin Carolyn Staley. »Bill Clintons beste Freundin.«

Mit »Freundin« ist wohl kaum alles erfaßt. Als First Lady wird Hillary Clinton das sein, was sie seit langem ist, Bill Clintons zuverlässigste Beraterin, seine Vermittlerin und sein Ombudsmann – einige meinen sogar, sein Gewissen.

»Sie ist da stark, wo er schwach ist«, sagt der Journalist John Robert Starr. »Er sieht zwar, was zu tun ist, doch er wird bei allem, was er macht, immer zuallererst an die politischen Konsequenzen denken. Hillary hingegen wird handeln, wenn sie meint, daß es richtig ist. Sie ist sozusagen sein Rückgrat.«

In den Wochen vor der Amtseinführung äußerte Hillary Clinton sich kaum über derartige Fragen. Die »Sphinx von Little Rock«, wie die *Washington Post* sie getauft hatte, hat sich in ihrer – bald ehemaligen – Residenz verkrochen. Sie gibt keine Interviews, zeigt sich möglichst wenig in der Öffentlichkeit und läßt die Neugier der Nation vor sich hinbrodeln, während sie über ihre zukünftige Rolle nachdenkt. Freunde und Kollegen sprechen von einer Zeit der Selbstbesinnung.

»Sie möchte sich in ihrer neuen Position richtig verhalten«, sagt Staley, »weil das nicht mehr ausschließlich ihre Sache ist, sie spricht zwangsläufig nicht mehr nur für sich selbst. Sie versteht sich als eine Art Symbol für viele Amerikanerinnen, doch sie möchte dabei jede Konfrontation vermeiden und statt dessen auf eine lockere Art, die die Leute hoffentlich zu schätzen wissen, alte Vorurteile und Mißverständnisse beseitigen.«

Hillary, die perfektionistische Anwältin, würde nie etwas sagen, wenn sie sich nicht sicher wäre. Und wenn sie etwas aus dem Wahlkampf im letzten Jahr gelernt hat, dann, daß sie niemals sprechen sollte, bevor sie lange und gründlich nachgedacht hat, weil ihr ihre Fehler nie verziehen werden. Wenn Hillary Clinton anfängt nachzudenken, dann löst das eine Denklawine aus.

»Sie ist sehr weitblickend«, sagt Nancy Snyderman. »Sie hat ihre Kräfte nicht bloß für einen kurzfristigen Erfolg eingesetzt. Hillary läßt sich nicht festlegen. Die Leute müssen einfach abwarten und sie gewähren lassen. Sie wird das Land nicht im Stich lassen.«

Bald wird die Nation wissen, wie Hillarys Vorstellung von ihrem Amt als First Lady aussieht. Ein paar Dinge hat sie bereits klargemacht. Sie will sich für die Belange der Kinder einsetzen, eine Stimme für Rassenintegration und für Meinungsvielfalt in der Regierung, für ein bundesweites Gesundheitssystem, Fortschritt im Bildungswesen und, wenn möglich, auch im Wohnungsbau. Sie wird für Frauen, für die Armen und für Minderheiten sprechen. Sie wird sich für eine bessere Kinder- und Schwangerschaftsfürsorge einsetzen und das Head-Start-Programm ausweiten. Sie wird sagen, was sie denkt, und versuchen, im Weißen Haus ein neues geistiges Klima zu schaffen.

Doch was sie auch tut, es wird ganz gewiß in die Geschichte eingehen, weil Hillary Clinton Amerikas Vorstellung von dem, was eine First Lady bewirken kann, radikal verändern wird. Sie ist stark, unabhängig, hat keine Angst, sich durchzusetzen, und ist sowohl privat als auch beruflich in ihrer Ehe ein gleichberechtigter Partner. Sie ist die erste Frau im Weißen Haus, die einen ähnlichen intellektuellen Hintergrund hat wie ihr Mann, eine eigene berufliche Karriere, die genauso anspruchsvoll ist wie seine, und politische Erfahrung, die sich mit der seiner Berater messen kann. Sie ist die erste in Washington, die ihre eigene berufliche Machtbasis hat, die erste First Lady, die nur durch die Tatsache, daß sie die Frau des Präsidenten ist, daran gehindert wird, ein Mitglied des Kabinetts zu werden.

»Sie wird ein ganz neuer Typ von Frau im Weißen Haus sein«, sagt Ruth B. Mandel, Leiterin des Center for the American Woman and Politics an der Rutgers University.

Unklar ist noch, wie sehr Hillary Clinton als First Lady politisch aktiv werden kann. Sie wird keinen Posten an einer höheren Stelle in der Regierung einnehmen. Doch davon abgesehen, ist alles möglich. Vor der Wahl, in jenem stressigen Monat August, hatte sie gesagt, daß es sie reizen würde, wieder einmal, wie vor zehn Jahren, in Arkansas in einem Sonderausschuß zu arbeiten, diesmal vielleicht in einem Familienförderungsprojekt. Doch im November, als die Wahl vorbei war, tauchte Hillary ganz schnell in der Rolle von Clintons Topberaterin auf, die ihre Hand bei allen wichtigen Berufungen und politischen Äußerungen im Spiel hat. So machte er bei seiner ersten Pressekonferenz nach der Wahl Hillarys Anti-Raucher-Haltung zu einem zentralen Punkt in seiner Verteidigung der Ernennung von Vernon Jordan zum Chef seines Übergangsteams, nachdem Bedenken gegen Jordan erhoben worden waren, weil dieser zum Vorstand der RJR Nabisco Inc. gehört, einem Firmenkonsortium mit Schwerpunkt in der Tabakindustrie.

»Wer mich kennt und die öffentlichen Äußerungen meiner Frau, hat wohl kaum einen Grund zur Sorge, daß wir der Tabaklobby zu nahe stehen könnten«, sagte Clinton. Die *Washington Post* kommentierte das mit folgender Schlagzeile: *»Hört, was er sagt, und beobachtet sie.«*

Als Mickey Kantor nicht zum Stabschef des Weißen Hauses berufen wurde, hieß es, daß auch Hillary zu den Beratern gehört habe, die ihn ablehnten. Später jedenfalls saß sie mit ihrem Mann und seinen drei engsten Beratern zusammen, um eine Regierungsmannschaft aufzustellen. Sie war wohl auch die treibende Kraft hinter Clintons Entscheidung, Donna Shalala, Chancellor der University of Wisconsin, zur Gesundheitsministerin zu machen. Shalala, eine äußerst liberale Frau, ist eine Freundin und Kollegin von Hillary aus dem Children's Defense Fund. Ebenso wurde Clintons Entscheidung, sich bei der Besetzung des Postens des Generalstaatsanwalts auf weibliche Kandidaten zu konzentrieren, auf Hillary zurückgeführt.

Bill Clinton machte kein Hehl aus Hillarys Einfluß in diesen Angelegenheiten.

»Sie hat mich bei diesen Entscheidungen beraten«, wurde er in der *New York Times* zitiert, »wie sie das bei all meinen Entscheidungen in den letzten zwanzig Jahren getan hat.«

Im November kam Hillary ebenfalls in die Schlagzeilen, als sie an Bills erstem Treffen mit den demokratischen Kongreßabgeordneten teilnahm.

»Sie blieb die ganze Zeit, redete sehr viel und wußte über einige Dinge mehr als wir«, sagte Clinton nach dem Treffen über ihre Rolle.

Einige Spitzenkräfte des Übergangsteams berichteten im Dezember der *New York Times*, daß sie oft mehr mit Hillary zu tun hätten als mit Bill. Ein paar von ihnen, die offenbar sehr unglücklich über diese Situation waren, sagten, sie hätten Angst vor ihr.

Wenn man bedenkt, was Hillary Clinton bereits in einer Phase relativer Passivität und Isolation an Einfluß genommen hat, dann ist die Vorstellung, was sie leisten wird, wenn Clinton erst einmal im Amt ist, einfach überwältigend.

»Sie ist an allen Entscheidungen beteiligt, auch an Grundsatzdebatten und der Zusammensetzung des Kabinetts«, sagt ein Spitzenbeamter aus dem unmittelbaren Umfeld der Clintons. »Ich glaube, es gibt nichts, wo sie nicht ihre Finger im Spiel hätte. Und ich glaube, daß sie auch später an allem beteiligt sein wird. Abgesehen von Fragen der nationalen Sicherheit.«

Schon vor der Wahl hat Hillary sich sehr viele Gedanken über die Rolle der First Lady gemacht. Zwischen einzelnen Wahlkampfveranstaltungen hat sie Bücher über berühmte First Ladys gelesen, deren Erfahrungen verglichen und nach Anhaltspunkten für sich selbst gesucht. Doch die Lehren aus der Vergangenheit waren anregend und unzureichend zugleich. Noch nie hat es eine First Lady gegeben, die Hillarys berufliche Qualifikation hatte. Und keine der First Ladys war so völlig ein Produkt unserer Zeit wie sie.

Nicht weiter verwunderlich ist, daß Hillary die größte Affinität zu Eleanor Roosevelt empfand. Als sie bei einem Empfang der Menschenrechtsgruppe Peace Links den Eleanor Roosevelt Living World Award an Rosalynn Carter verlieh, wies sie darauf hin, daß

Roosevelt damals heftig von der Presse angegriffen worden war, weil sie ihre Meinung öffentlich geäußert hatte, noch bevor Franklin ins Weiße Haus einzog. »Trotz aller äußeren Veränderungen hat sich offenbar wenig geändert«, sagte sie. Sie schwor, sie würde »soviel Aufruhr wie möglich machen, um auf Probleme hinzuweisen, die für die Welt wichtig sind«.

Solche Bemerkungen haben zu Spekulationen geführt, daß Hillary den Weg fortsetzen wird, den die fortschrittliche First Lady zur Zeit der Weltwirtschaftskrise und des Zweiten Weltkriegs eingeschlagen hat. Sie besuchte die Truppen im Pazifischen Ozean und in England, setzte sich für die Interessen der Afroamerikaner und der Frauen ein und reiste überall im Land herum, sozusagen als Franklin D. Roosevelts »Augen und Ohren«.

»Für sie ist Eleanor Roosevelt eine Idealistin, eine Frau, die etwas bewirkt hat«, sagt Kris Rogers. »Und ich glaube, sie hofft, daß ihr das ebenfalls gelingen wird.«

Wie Hillary war auch Eleanor Roosevelt massiver Kritik seitens der Öffentlichkeit und der Presse ausgesetzt. Roosevelts Innenminister Harold Ickes hat ihr sogar einmal gesagt, »sie solle bei ihrem Strickzeug bleiben«. Nachdem sie mit ihren Reisen und ihrem Einsatz für die Armen Freunde und Feinde des Präsidenten gleichermaßen verärgert hatte, begannen Roosevelt-Kritiker, Buttons mit der Aufschrift *»Eleanor will ich auch nicht«* zu tragen und ihre liberalen Ansichten zu einem Wahlkampfthema zu machen.

Doch trotz dieser Parallelen ist Hillary Clinton eindeutig eine First Lady unserer Zeit. Sie hat eine fachliche Ausbildung in Politik und eine Machtbasis in einer einflußreichen Gruppe von Freunden und Freundinnen, die ihre Arbeit unterstützen.

»Eleanor Roosevelt hatte zwar gute Absichten und eine starke Anhängerschaft, aber sie hatte bei weitem nicht die berufliche Qualifikation, die Hillary Clinton hat«, sagt Betty Boyd Caroli, Autorin des Buches *First Ladies*. Bei Hillary wird ihre Ausbildung und ihr beruflicher Erfolg von großer Bedeutung dafür sein, wie man sie in Washington ansehen wird und wie ihre Beziehung zu anderen Fachleuten in der Administration sein wird.

»Ich glaube, das ist einer der Gründe, weshalb so viele Leute Angst vor Hillary Clinton haben«, sagt Caroli. »Sie hat die nötige Qualifikation, um alles zu machen, was sie will.«

Trotz ihrer eigenständigen Aktivitäten war Eleanor Roosevelt für traditionsgebundene Amerikaner keine so bedrohliche Gestalt wie Hillary Clinton. Sie wurde in ihrer Zeit als eine Ausnahme betrachtet, als eine merkwürdige, leicht schrullige Frau und nicht als Vorreiterin eines gesellschaftlichen Wandels.

»Sie wurde nicht als Bedrohung des männlichen oder des politischen Establishments empfunden«, sagt Edith Mayo, Kuratorin der Ausstellung: »First Ladys: politische Rolle und öffentliches Image« im Smithsonian. »Doch bei Hillary geht es um mehr als ihren persönlichen Einsatz, ihre Intelligenz und ihr Selbstbewußtsein, sondern sie steht quasi für eine ganze Reihe von Veränderungen in der Rolle, die Frauen in Amerika gesellschaftlich und privat spielen. Heutzutage, wo sich die Rolle der Frau so grundlegend verändert hat und Frauen im öffentlichen Leben viel aktiver sind, stellt Hillary eine größere Bedrohung dar.«

Auch die Beziehung zwischen Eleanor und Franklin Roosevelt war eine völlig andere als die der Clintons. So hatten sie sich nicht nur zu dem Zeitpunkt, als Roosevelt Präsident wurde, stark auseinandergelebt, sondern sie hatten auch in wichtigen Fragen, wie dem Thema Menschenrechte, sehr unterschiedliche Auffassungen.

Als Franklins Abgesandte und Informationsbeschafferin hatte Eleanor eine gewisse Steuerungsfunktion, doch bei politischen Entscheidungen wurde sie nie um ihre Meinung gefragt.

»Mrs. Roosevelt hatte sehr wenig Einfluß auf die politische Marschrichtung«, sagt Lewis Gould, Geschichtsprofessor an der University of Texas, der dort ein Seminar über First Ladys gibt. »Sie konnte ihrem Mann zwar ein Problem vortragen, doch wenn die eigentliche Entscheidung fiel, war sie sehr häufig gerade mal wieder unterwegs, um für ihn Augen und Ohren aufzusperren.«

Franklin Roosevelt distanzierte sich sogar ausdrücklich von Eleanors Ansichten zu Themen wie Frauenfragen und Rassismus. Auf diese Weise hatte er mit ihren unpopulären Themen nichts zu tun, konnte sich aber in ihrem Ruhm sonnen, wenn die Öffentlichkeit mit ihrem Handeln einverstanden war.

Weder Bill noch Hillary wären in der Lage, etwas von sich zu weisen, was der andere gesagt hat. Dazu stehen sie sich zu nah. Sie testet seine Ideen, durchlöchert seine Theorien, kommentiert seine Reden und weist auf die Schwachstellen in seiner Politik hin. Keiner von ihnen würde etwas in Abrede stellen, was der andere auf der politischen Bühne gesagt hat.

»Ihre Partnerschaft hat viele Dimensionen«, sagt Wright. »Es ist mehr als Elternschaft, Liebe und gegenseitige Unterstützung. Es ist auch eine stark intellektuelle Partnerschaft.«

Eine solche Partnerschaft bietet viele Möglichkeiten für eine Machtteilung, die sogar so weit gehen kann, daß die Grenzen, wer was entscheidet, verwischt werden. Eine solche Möglichkeit, unbefugt Entscheidungen treffen zu können, war für die amerikanische Öffentlichkeit schon immer ein wunder Punkt am Amt der First Lady, »dem einzigen Amt auf Bundesebene, dessen Inhaberin weder entlassen noch wegen Amtsmißbrauchs angeklagt werden kann«, wie es William Safire in der *New York Times* formuliert hat.

Doch, wie die *New York Times*-Kolumnistin Anna Quindlen im letzten Jahr so treffend bemerkte, hat das Volk auch James Baker nicht gewählt.

Bedenken bezüglich der persönlichen, fachlichen und intellektuellen Macht der First Ladys sind nichts Neues. Angriffe in dieser Richtung sind so alt wie das Amt der First Lady selbst.

Betty Ford wurde kritisiert, weil sie sich für den Verfassungszusatz über die Gleichberechtigung von Mann und Frau einsetzte und dafür aktiv unter den Abgeordneten warb. Rosalynn Carter, die ihren Mann bei diplomatischen Missionen nach Lateinamerika vertreten hatte, wurde so heftig angegriffen, daß sie nicht länger als seine persönliche Abgesandte fungieren konnte. Nancy Reagan wurde vor allem wegen ihres Einflusses auf Ämtervergabe oder Entlassungen von politischen Mitarbeitern innerhalb und außerhalb des Weißen Hauses kritisiert. »Das ist die moderne Version eines Themas, das die gesamte Geschichte der First Ladys durchzieht, von Abigail Adams bis zum heutigen Tag«, sagt Edith Mayo. »Und sie besagt, daß jede Frau, die politisch aktiv ist, zu politischen Fragen ihre Meinung sagt oder ihre Position und ihren Einfluß benutzt, auf Ablehnung stößt und lächerlich gemacht wird.«

Wie Hillary hatte auch die Frau von William Jennings Bryan, Präsidentschaftskandidat im Jahr 1896, einen Hochschulabschluß in Jura. Die Zeitschrift *Harper's Bazaar* bezeichnete sie als eine »Intellektuelle« und spielte sie gegen Ida McKinley aus, die sehr viel traditionellere Frau des republikanischen Kandidaten, die man als »feminin« bezeichnete und deren »weibliche Eigenschaften« hervorgehoben wurden. Der Artikel kam zu dem Schluß, daß Ida McKinley die geeignetere Frau für das Weiße Haus wäre.

Abigail Adams, die Frau des zweiten Präsidenten, wurde von Kritikern, die der Meinung waren, daß sie zu viel Einfluß bei der Vergabe von Ämtern hätte, »Mrs. President« genannt.

Mary Todd Lincoln wurde von den Gegnern ihres Mannes nachgesagt, daß sie mit den Südstaaten sympathisiere.

Edith Wilson, die Frau von Woodrow Wilson, die ihren Mann nach seinem Schlaganfall vor der Öffentlichkeit abschirmte, prüfte alle Dokumente, die er unterzeichnen sollte, und ließ nur wenige Besucher zu ihm, bis sich einer der Senatoren beschwerte: »Wir haben eine Petticoat-Regierung!«

Hillary Clinton ist noch nicht einmal die erste First Lady, die eine Abneigung gegen Hausarbeit an den Tag legt, wie in ihrem »Cookie«-Kommentar offensichtlich wurde. Auch bei ihrem Rundgang mit Barbara Bush durch das Weiße Haus zeigte sie wenig Interesse für neue Tapeten und ähnliches, statt dessen überlegte sie, wo zusätzliche Bücherregale angebracht werden könnten. Mit dieser Einstellung trat sie lediglich in die Fußstapfen von Sarah Polk, die in den vierziger Jahren des vorigen Jahrhunderts First Lady war. Als ein Kritiker während Polks Wahlkampf bemerkte, er würde seine Stimme dem Gegner von James Polk geben, weil dessen Frau die bessere Butter mache, antwortete Sarah Polk, wenn sie erst einmal im Weißen Haus wäre, dächte sie gar nicht mehr daran, Butter zu machen oder Hausfrau zu spielen. Dann würde sie ihren Mann beraten. Das galt als skandalös.

Was Hillary Clinton nun tatsächlich als First Lady tut, könnte lange nicht so wichtig sein, als wie sie es macht und wie es dargestellt wird. Da die Rolle der First Lady in erster Linie eine symbolische Rolle ist, sind manche Beobachter der Meinung, sie könne eigentlich machen, was sie wolle, solange die Symbolik stimme.

»Die Macht dieser Position kommt durch die Presse«, sagt Sheila Rabb Weidenfeld, die unter Betty Ford Pressesprecherin des Weißen Hauses war. »Die First Lady ist eine symbolische Leitfigur, und Symbolik spielt für die Presse eine große Rolle. Egal, was du sagst oder tust, es hat immer irgendwelche Auswirkungen.«

Rosalynn Carter erhielt den Spitznamen »die stählerne Magnolie« und wurde heruntergemacht, weil sie an Kabinettssitzungen teilgenommen habe, obwohl das tatsächlich nur einmal geschehen ist, nämlich in Walter Mondales Abwesenheit und nach Aufforderung von Jimmy Carter. Diese Details wurden jedoch nicht erwähnt.

Ihrer damaligen Pressesprecherin Mary Finch Hoyt zufolge war es nicht so sehr Rosalynn Carters Verhalten als die Art, wie die Presse es darstellte, weshalb letztlich in der Öffentlichkeit der Eindruck entstand, sie hätte die Grenze des symbolisch akzeptablen Verhaltens überschritten.

»Zu Anfang hatte Mrs. Carter in der Presse ein verschwommenes Image, und am Ende wurde sie als so mächtig dargestellt, daß die Mitarbeiter des Weißen Hauses ihr einen Maulkorb verpassen mußten«, sagt sie. »Und dabei machte sie immer noch dasselbe. Sie hat in der ganzen Zeit, die sie im Weißen Haus war, nichts anderes gemacht.«

Doch die Symbolik kann verändert werden; und wenn das auch für viele schmerzlich ist, so ist es dennoch notwendig. Die Frauen haben zuviel erreicht, um sich von irgendwelchen nostalgischen Gefühlen zurückhalten zu lassen. »Ich glaube, es ist an der Zeit, die Rolle der First Lady zu verändern und ihr die Moglichkeit zu geben, so zu sein, wie es für sie, ihren Mann und ihre Familie am besten ist«, meint Eleanor McGovern, die Frau des ehemaligen Präsidentschaftskandidaten George McGovern. »Hillary Clinton ist der neue Typ Frau, und viele Menschen in unserem Land haben einfach nicht Schritt gehalten mit der heutigen Vorstellung von Karrierefrauen. Ich denke, es wird noch eine Weile dauern, bis die Leute sich daran gewöhnt haben, aber es ist ganz bestimmt gut für das Land, eine solche First Lady zu haben. Vielleicht hilft es uns allen, ein wenig erwachsen zu werden.«

Man ist immer davon ausgegangen, daß eine First Lady eine gewisse Macht hat. Was jedoch häufig in Frage gestellt wurde, ist die Form, in der sich diese Macht äußern darf. Die Beziehung zwischen First Lady und Präsident ist bisher stets von der Vorstellung des 19. Jahrhunderts über öffentliche und private Sphären geprägt gewesen, wobei die männliche Sphäre die moralisch korrumpierende Außenwelt und die weibliche das moralisch intakte Zuhause ist. Diese Aufteilung, die die Frauen total vom öffentlichen Leben ausschloß, vermittelte den viktorianischen Männern das Gefühl, daß es abseits der sündigen Geschäftswelt immer noch einen moralisch einwandfreien Bereich in ihrem Leben gäbe. Die meisten First Ladys haben – zumindest in der Öffentlichkeit – dafür gesorgt, daß ihre Arbeit nicht mit dieser Trennung der Sphären kollidierte. »Rosalynn Carter arbeitete zwar politisch und in der Regierung mit Jimmy Carter zusammen, aber sie tat das in untergeordneter und helfender Funktion«, sagt Mandel. »Bei Barbara Bush war der Eindruck getrennter Sphären viel stärker: Sie kümmerte sich um die Kinder und die Familie, er um Politik und Regierung.«

Dolly Madison arbeitete eine Zeitlang als Jack Madisons Sekretärin, doch sie hielt das vor der Öffentlichkeit geheim. Eleanor Roosevelt konnte ihre Aktivitäten damit rechtfertigen, daß ihr Mann behindert war und sie somit wieder nur die traditionelle weibliche Helferrolle ausübte.

»Eleanor Roosevelt war immer sehr bescheiden und sagte, sie würde ihren Mann niemals beraten, sondern nur für ihn reisen und ihm anschließend darüber berichten. Sie sagte, sie fungiere für ihn nur als seine Augen und Ohren und tue das, was er nicht tun könne. Sie war so bescheiden, daß sie sogar Briefe an Leute schrieb, in denen sie sagte: ›Ich möchte nicht, daß Sie glauben, ich würde Franklin in irgendeiner Weise beeinflussen‹«, sagt Caroli.

Hillary Clinton wird die erste First Lady sein, die diese Trennung der Sphären durchbricht. Ihre Macht ist weltlich, ihre Mittel sind Professionalität und Erfahrung. Sie wird auch nicht, wie Nancy Reagan, die ansonsten als große Machtkämpferin angesehen wurde, auf die traditionell »weibliche« Tour operieren, indem sie hinter den Kulissen manipuliert. Sie wird einfach mitmachen. Diese Direktheit, angeblich der ehrenhaftere Weg, könnte zu einem Problem werden.

»Hillary Clinton und ihr Mann leisten in der Öffentlichkeit Vorarbeit in einem Bereich, der meines Erachtens genauso wichtig ist wie jedes andere politische Problem, oder vielleicht sogar noch wichtiger als die meisten, und das ist die gleichberechtigte Beziehung zwischen Mann und Frau«, sagt die feministische Autorin Gloria Steinem. »Das wird noch lange ein strittiger Punkt sein, denn einer gleichberechtigten Beziehung zwischen Mann und Frau stehen mindestens fünftausend Jahre patriarchale Herrschaft entgegen.«

Unabhängig davon, welche politischen Aktivitäten Hillary Clinton entwickelt, wird sie allein durch die Tatsache, wer sie ist und wie sie ihre Ehe gestaltet, eine radikale Veränderung im Weißen Haus bewirken.

»Hillary Clinton als Individuum und die Clintons als Paar werden langfristig gesehen einen ebenso großen, wenn nicht sogar noch größeren Einfluß auf unsere Kultur haben, als all das, was Bill Clinton als Präsident tut«, sagt Mandel. »Sie werden neue Leitbilder prägen und für die Leute eine Vorbildfunktion haben als Eltern und als Ehepaar mit zwei unabhängigen Karrieren. Bill Clinton ist praktisch einmalig – zumindest in seiner Position – als mächtiger Mann, der sich von einer ebenso starken und unabhängigen Frau nicht bedroht fühlt. Durch ihn wird es auch anderen Männern leichterfallen, Frauen zu lieben, die genauso stark und unabhängig sind wie sie selbst.«

Indem sie Barbara Bushs Platz einnimmt, die zwar beliebt ist, aber durch die Art, wie sie sich und ihre Familie sieht, für eine unrealistische Vergangenheit steht, wird Hillary Clinton möglicherweise das Land dazu bringen, sich von idealistischen Vorstellungen zu befreien und die Dinge so zu nehmen, wie sie sind. Diese bloße Hinwendung zur Realität würde eine radikale Veränderung bedeuten und größere Auswirkungen auf das Land haben, als man sich das durch politische Initiativen oder Gesetze je erhoffen könnte.

»Es gibt natürlich viele Paare wie die Clintons«, sagt Mandel. »Aber wir hatten noch nie ein solches Paar an so herausragender und einflußreicher Stelle. Indem sie so sind, wie sie sind, und das tun, was sie tun, werden Bill und Hillary Clinton den Leuten erlauben, so zu denken und zu handeln, wie sie es seit langem gewohnt sind, wie es bisher aber von unseren herrschenden kulturellen Leitbildern noch nicht offiziell sanktioniert wurde. Sie werden Beziehungsformen gesellschaftsfähig machen, die zwar schon sehr verbreitet sind, doch bisher in Lehrbüchern, Filmen und Fernsehkomödien nicht dargestellt wurden und auch in den Bereichen, die für die Allgemeinheit tonangebend sind, nicht vertreten waren. Mit ihnen haben wir das erste Paar, das uns gewissermaßen erlauben wird, so zu sein, wie wir schon lange sind.

Nachdem das parteipolitische Gemetzel des Wahlkampfjahres zu Ende war, schien es auch mit der Dämonisierung von Hillary Clinton auf wundersame Art vorbei zu sein. Plötzlich war sie kanonisiert. Sie ist für die Frauen dermaßen zu einer Heldin geworden, daß der *San Francisco Chronicle* Ende November bemerkte, ihre Anhängerinnen hätten sie auf einen Status »irgendwo zwischen Wunderfrau und Cinderella« erhoben. Die *Washington Post* glaubte die Anfänge eines »Hillary-Kults« zu erkennen. Sogar die Flughafenbehörde von Little Rock erwog kurzfristig, Adams Field, den größten Flughafen des Staates, auf ihren Namen umzutaufen.

Selbst die Gerüchte, die seitdem über sie in Umlauf sind, scheinen ausgesprochen wohlwollend zu sein. So meldete WUSA-TV in Washington kürzlich, Hillary Clinton wolle als »Partnerin im Präsidentenamt« gelten; das stimmte allerdings nicht. Ebenfalls dementiert wurde, daß sie wieder dazu übergegangen sei, ihren Geburtsnamen Rodham zu benutzen. Das gleiche galt auch für eine Geschichte, wonach sie sich angeblich mit aller Macht für die Ernennung von Anita Hill zur Bundesrichterin in Oklahoma eingesetzt habe.

Die Mythen um die neue Präsidentschaft werden rasch gesponnen.

Vor fünf Monaten war Hillary Clinton für manche Leute der leibhaftige Teufel. Jetzt ist sie eine Art Racheengel – Stimme der ehemals Entmachteten, Hoffnung der Frauen im Lande. Ihren Aufstieg zu beobachten war sehr spannend, bewegend und aufregend. Man gerät leicht in Gefahr, in ihr etwas Übermenschliches sehen zu wollen. Aber man darf nie vergessen, daß sich hinter diesem Lächeln, dieser Stimme und diesem Haarreif – er ist tatsächlich wieder da – eine ganz normale Frau verbirgt. Eine Frau, die Leiden und Triumph erfahren hat. Eine Frau mit dem richtigen Traum für unsere Zeit.

Was für eine First Lady wird Hillary Clinton sein? Wie wird das amerikanische Volk ihr erlauben zu sein? Dabei vergessen wir die allerwichtigste Frage: Wie wird sie selbst sein wollen?

Der vielleicht wichtigste Aspekt im Hinblick auf die Machtposition, die Hillary Clinton künftig einnehmen wird, ist ihre heutige Fähigkeit, so zu sein, wie sie sein will. Damit wird sie für Frauen, Mädchen und Familien im ganzen Land ein Vorbild sein. »Wie Kinder tun wir nicht das, was man uns sagt, sondern wir richten uns nach dem, was wir sehen«, sagt Gloria Steinem. »Deshalb wird das Beispiel, das sie uns setzt, sehr wichtig sein.«

Das Recht auf freie Entscheidung – Hillary Clinton wird es im kommenden Jahr mit ihren eigenen Entscheidungen dokumentieren. Das Recht, sie selbst zu sein – es hat in Arkansas funktioniert, es kann auch hier wieder funktionieren.

»Hillary Clinton hat die Chance, der First Lady eine neue Identität zu geben, nämlich ihre eigene, und wenn sie wirklich von sich überzeugt ist, wird das amerikanische Volk sie auch so akzeptieren«, sagt die Historikerin und Biographin Doris Kearns Goodwin. »Die Haltung der Amerikaner ist oft ambivalent und konfus, so daß sie selbst nicht wissen, was sie eigentlich wollen. Wenn sie genügend Selbstvertrauen zeigt, wird die Bevölkerung auf ihre Art ansprechen. Das ist die wichtigste Lektion, die man von Eleanor Roosevelt lernen kann; am Ende ihrer Amtszeit akzeptierten die Leute sie nämlich so, wie sie war. Die Lektion aus dem Wahlkampf hingegen lautet, daß Hillary nach ihren eigenen Maßstäben leben muß und sich nicht mehr darum sorgen darf, was die anderen denken. Solange sie sich in ihrer Rolle wohl fühlt, wird das Land meines Erachtens positiv darauf reagieren.«

Wenn das Land es schafft, Hillary, eine Frau die so verteufelt und gleichzeitig verehrt wird, einfach als Person zu sehen, die zufällig in der Politik ist; wenn das Land sich an die Tatsache gewöhnen kann, daß sie genauso ist wie wir und nicht so, wie wir niemals sein werden, aber gerne wären, dann wäre ein großer Fortschritt erreicht in der Fähigkeit, Frauen als vollwertige Menschen zu sehen, als Handelnde und nicht nur als Gefäß für unsere Hoffnungen, Befürchtungen und Träume. Wenn Hillary Clinton dazu beitragen kann, das zu verändern, dann eröffnen sich ganz neue Welten für Frauen mit politischen Ambitionen. Auch wenn sie selbst die Chance auf ein politisches Amt in Arkansas verpaßt hat, ebenso die Chance, Generalstaatsanwältin oder Richterin am Obersten Gerichtshof zu werden, und auch wenn sie sich selbst keine eigene Machtbasis geschaffen und nicht für die Präsidentschaft kandidiert hat, eines ist gewiß: allein durch die Tatsache, daß sie im Weißen Haus ist und den Vorstellungen von Macht, Professionalität und Partnerschaft ihren Stempel aufprägt, wird sie zukünftigen Generationen von Frauen den Weg in die Politik ebnen.

Und wer weiß? Vielleicht wird die Wirtschaft, dieses grauenvolle Chaos, Bill Clinton letztlich doch das Genick brechen. Vielleicht werden die Comeback Kids bei der Wahl in vier Jahren einen weiteren mörderischen Kampf durchzustehen haben. Vielleicht wird Clinton nebst Frau 1996 zum rhetorischen Schlagabtausch gegen Quayle, Buchanan & Co. antreten müssen. Vielleicht macht Clinton Geschichte.

Das heißt, Hillary.

Nachwort von Susan Faludi

Hillarys große Sünde

Hillary Clinton polarisiert die amerikanische Öffentlichkeit – grob gesprochen: in Männer und Frauen. Die einen sind fasziniert und hingerissen, die anderen ziemlich erschrocken über die engagierte Anwältin und Feministin, die sich besonders im Kampf um mehr Kinderrechte profiliert hat.

Die gängige feministische Erklärung für die Hysterie, die Hillary Clinton entfacht hat, lautet so: Die Wächter der rostig gewordenen Gesellschaftsordnung – die Gelehrten, die politischen Holzer, die religiöse Rechte – halten ihre Hosen krampfhaft fest, weil Hillary Clinton eine unabhängige Frau ist. Sie fühlen sich bedroht von dieser Inkarnation der modernen Frauenbewegung, von ihrer Professionalität, von ihren feministischen Ansichten, von ihrem Versäumnis, einen Haufen Kinder großzuziehen, von ihrer finanziellen Unabhängigkeit und davon, welch große Rolle sie in der Karriere ihres Mannes Bill spielt.

Aber ist das die ganze Wahrheit? Schließlich ist Hillary Clinton nicht die erste First Lady mit einem gleichberechtigten Verhältnis zu ihrem Mann. Von Abigail Adams über Sarah Polk bis zu Rosalyn Carter haben zahlreiche First Ladys sich geweigert, den Part des Ich-verstehe-rein-gar-nichts-vom-politischen-Geschäft-Frauchens zu spielen. Sie waren an den politischen Entscheidungen ihrer Männer beteiligt. Sie nahmen an Kabinettssitzungen teil (Helen Taft), schrieben Reden (Bess Truman) und kontrollierten die politische Korrespondenz (Edith Wilson).

Hillary Clinton ist auch nicht die erste Feministin im Ostflügel des Weißen Hauses. Schon Eleanor Roosevelt kämpfte gegen Gesetze, die verheiratete Frauen während der Depression vom Arbeitsmarkt aussperrten. Betty Ford warb dafür, das Gebot der Gleichberechtigung in die Verfassung zu schreiben; sie ließ sich eigens zu diesem Zweck ein zusätzliches Telefon in ihr Büro installieren.

Ebenso ist Hillary Clintons Versäumnis, Megamutterschaft zu

demonstrieren – sie hat ›nur‹ eine Tochter –, keine Abkehr von Gewohntem. Die Washingtons und die Polks hatten überhaupt keine Kinder. Auch die Tatsache, daß Hillary als Anwältin und mehrfache Aufsichtsrätin entschieden mehr Dollar verdiente als ihr Mann, der Gouverneur, ist keine Abirrung. Wie Betty Boyd Caroli in ihrem Buch ›First Ladies‹ schreibt, waren die meisten Präsidentenfrauen reicher als ihre Männer.

Aber auf keine dieser Frauen wurde auch nur halb so brutal von der Presse eingeprügelt wie auf Hillary Clinton. Ihre Autonomie ist nur die halbe Geschichte. Nicht so sehr ihre Unabhängigkeit ist aufreizend, nein, sie genießt sie auch noch! Damit tut sie etwas, was ihre Vorgängerinnen nicht gewagt haben. Sie hat die ernste, pflichtbewußte Haltung abgelegt. Ihre Züge gleichen nicht dem Stereotyp des harten, verbissenen weiblichen Arbeitstiers in der Politik; sie ist keine Jeane Kirkpatrick. Ebensowenig gibt sie vor, Macht und Öffentlichkeit wären ihr aufgezwungen worden. Dies ist ihr Sündenfall: Hillary Clinton hat Spaß – für jeden sichtbar, für jeden spürbar.

Eleanor Roosevelt liebte das Leben im Scheinwerferlicht, aber selten gab sie das preis. Hillary Clinton wirft in vollem Rampenlicht ihren Kopf zurück und lacht, sie wippt auf ihren Absätzen und tanzt.

Wisch das Lächeln aus deinem Gesicht! befahlen ihr die Medien. In den vielen Breitseiten, die beispielsweise die renommierte *National Review* auf Hillary abfeuerte, kochte die Wut nie so hoch wie über das Vergnügen, das die First Lady in spe an der Politik findet. Den ›lächelnden Barrakuda‹ nannten sie sie.

Auch *Time* rümpfte die Nase über Hillarys unverhohlene Begeisterung und ihre politische Leidenschaft: ›Zunächst schien sie sich nicht genügend bewußt darüber zu sein, daß nicht sie die Kandidatin war. Anstatt wie eine Topfpflanze beiseite zu stehen, genoß sie es, ausführlich über Probleme und politische Lösungen zu sprechen.‹

Andere Kolumnisten monierten mit erhobenem Zeigefinger, daß Hillary Clinton ›strahlte‹, daß ›sie ihre Arme weit öffnete‹ und ›die Bühne einnahm‹.

Der *American Spectator* gab sich besonders angeekelt von ihrer mittlerweile berühmten Rede, die sie zum Studienabschluß in Wellesley, dem Elite-College für Mädchen, gehalten hat: Darin verschrieb sie sich einer ›ekstatischen … Lebensweise‹. Indem

sie Gleichheit mit Ekstase, Freiheit und Lachen verband, verging sich Hillary Clinton gegen eine kardinale Vereinbarung. Amerikanischen Frauen wird konzediert: Okay, Mädels, zieht los und macht euer Befreiungsding, aber das kostet was – ihr habt dafür mit eurem persönlichen Glück zu zahlen. Frauen haben diese Lehre geschluckt.
Um unsere Weiblichkeit unter Beweis zu stellen, um den Schlingen und Pfeilen des Antifeminismus zu entgehen, haben wir gelernt, der Welt zu versichern, daß wir zwar unser Leben zu meistern vermögen, aber nur zum Preis von Trübsal. Wir betonen, daß wir arbeiten, weil wir es müssen, nicht etwa, weil wir Spaß an unserem Job hätten.

Sexualität für Frauen ist mit denselben Warnungen versehen, nach dem Motto: Wenn du Spaß am Sex hast, stell dich gefälligst auf die Folgen ein. Dies mag übrigens der Grund dafür sein, daß jene, die ein Verbot von Abtreibung fordern, bereit sind, ein Auge zuzudrücken, wenn die Frau vergewaltigt oder Opfer von Blutschande wurde; sie muß dann nicht mehr bestraft werden, denn sie kann kaum Vergnügen an solcher Begegnung gefunden haben.

Begeisterter Aktivismus wird in dasselbe trübe Licht gestellt wie sexuelle Aktivität. In der Tat, *public woman* bedeutete traditionell: Prostituierte. Die Damen der Nacht und die Damen des öffentlichen Auftritts schienen in den Augen der Gesellschaft ein und dasselbe zu sein. Viktorianische Eiferer erregten sich über das ›hurenhafte‹ Verhalten der unzweideutig nicht hurenden Frauen jener Tage: der Reformerinnen und der Suffragetten. In seiner Ansprache an das ›Institut der jungen Damen von Pittsfield in Massachusetts‹ betonte William Buell Sprague 1844, daß er seine Tochter lieber in einem Kloster sähe, denn ›auf der ganzen Welt vor promiskuitiven Zuhörern Brandreden schwingend‹.

Die Verbindung von sexuellem mit politischem Vergnügen erklärt auch einen der bizarren Ausrutscher eines Journalisten auf der Suche nach der Hillary-Bedrohung. In der Fernsehsendung ›Nightline‹ über die angemessene ›Rolle‹ einer First Lady fragte Ted Koppel R. Emmett Tyrell vom *American Spectator:* »Was würden Sie mit ihr (Clinton) machen – sie für die nächsten vier Jahre in ein Kloster sperren?«

Eleanor Roosevelt bemerkte einst, daß Frauen entweder biblische ›Marthas‹ oder ›Marias‹ sein können. Entscheide dich: kicherndes Partygirl oder Aktivistenschlampe. Eleanor entschied sich fürs Marientum.

Die Marien unter den First Ladys präsentierten sich mürrisch und selbstverleugnend. Sie bestanden darauf: Ihre politischen Aktivitäten seien eine schwere Last – ein ›prachtvolles Leiden‹, wie Abigail Adams es nannte. Und die Liste der First Ladys, die über ihre Unfähigkeit zum öffentlichen Auftritt stöhnten, ist unendlich lang – die Fähigsten unter ihnen stöhnten am lautesten. Mrs. Roosevelt ›ließ keine Gelegenheit aus, ihren Einfluß herunterzuspielen‹, schreibt ihre Biographin Blanche Wiesen Cook, und sie ›war selten auf direkte Konfrontation aus‹.

Hillary Clinton aber ist eine Martha-Maria, eine unabhängige Frau, die sich fröhlich und ungeschützt in den Strom des öffentlichen Lebens stürzt. Ihre Weigerung, die bußfertige Maria zu spielen, versetzt die antifeministischen Kommentatoren am meisten in Rage. »Es gibt keinen Grund, ihr zu vergeben, da sie nicht bereut hat«, wütet Daniel Wattenberg im *American Spectator*.

Einen Moment lang, als die Gennifer-Flowers-Story hochkam, Bills angebliches Verhältnis, sah es so aus, als würde Hillary doch endlich noch zur leidenden Maria. Weit gefehlt!

Es ist die Lust an weiblicher Unabhängigkeit, die mit Hillary Rodham Clinton ins Weiße Haus einziehen wird. Allein schon dadurch, daß eine unabhänige Frau sich nicht ins Büßergewand schmeißt, hat sie die Frauenrechte befördert. Ihre Anwesenheit dort wird uns ständig daran erinnern, daß die Gründerväter den Amerikanern mehr als Leben und Freiheit garantierten. Sie versprachen uns auch das Recht, unser Glück zu machen.

Susan Faludi ist Autorin des Buches *»Die Männer schlagen zurück. Wie die Siege des Feminismus sich in Niederlagen verwandeln und was Frauen dagegen tun können.«*